MARISA SCHMID

SEELEN Schimmer

SPIRITUELL WACHSEN

Entdecke deine intuitiven Gaben für ein erfülltes Leben in Harmonie mit deiner Seele

EMF

EIN BUCH DER
EDITION MICHAEL FISCHER

Inhalt

Entdecke alle Übungen auch als wundervolle **Hörfassung.** Scanne dafür den QR-Code oder gib diesen Link in der Adresszeile deines Browsers ein: *https://seelenschimmer.ch/seelenschimmer-spirituell-wachsen-die-meditationen/*

Willkommen

Vorwort

Unsere Welt befindet sich in einem großen, spirituellen Veränderungsprozess. Seit ein paar Jahren bleibt kein Stein mehr auf dem anderen, überall rüttelt und ruckelt es. Die Wertesysteme verändern sich, Achtsamkeit, ein ganzheitlicher Lebensstil und die individuelle Gesundheit werden immer mehr zu einem wichtigen Teil unseres Glücks. Durch diesen Prozess, den die Erde gerade erlebt, verändert sich auch etwas in uns Menschen. Wir werden feinfühliger, durchlässiger und auch sensibler. Aus meiner Sicht sind das **wunderbare Geschenke.** Aber ich kann gut verstehen, dass sich diese innere Veränderung vielleicht auch erst mal unangenehm anfühlen kann, wenn du merkst, dass du plötzlich feinfühliger wirst, mehr Zeit für dich brauchst und dich manchmal bewusst aus dem Trubel des Alltags zurückziehen musst. Plötzlich werden Unternehmungen herausfordernd, die noch vor ein paar Jahren kein Problem waren. Das kann aber auch für dich bedeuten, dass du dir mehr Ruhe gönnst und dir die wertvolle Zeit nimmst, dich spirituell weiterzuentwickeln, um deine Persönlichkeitsentwicklung und deine neu gewonnenen Fähigkeiten zu verstehen.

Ein Buch über diese sogenannten **intuitiven Gaben, oder auch Hellsinne,** zu schreiben ist aus diesem Grund ein großes Glück für mich. Denn ich bin davon überzeugt, dass jeder Mensch Gaben dieser Art hat. Aber leider sind diese intuitiven Fähigkeiten bei vielen Menschen verschüttet und sie können sich nicht mehr daran erinnern, wie sie sie in ihrem Leben und ihrem Alltag nutzen können. Mein Ziel für dieses Buch ist es daher, dir zu zeigen, welche Gaben es genau gibt, wie du sie erkennst und in deinem Alltag zielgerichtet einsetzen kannst. Denn deine Hellsinne sind ein Teil von dir. Wenn du lernst, sie für dich anzuwenden, wirst du automatisch ein Leben leben, das mehr in Harmonie und stärker im Fluss ist. Denn eines habe ich in den letzten zwanzig Jahre gelernt, in denen ich als spiritueller Mensch, mediale Beraterin und Lehrerin gearbeitet habe: Die intuitiven Gaben zu stärken und im Alltag anzuwenden, macht dein Leben sehr viel einfacher. Du bist dadurch stärker mit deiner Seele verbunden und nimmst klarer wahr, was die nächsten sinnvollen Schritte auf deinem Lebensweg sind. Außerdem unterstützen dich diese Gaben wunderbar in deiner Kommunikation. Wenn du lernst, deine Mitmenschen nicht nur über ihre Worte und ihren Ausdruck wahrzunehmen, sondern auch über die Dinge, die sie ungesagt lassen, vertiefen sich deine Beziehungen und Freundschaften und du wirst erkennen, was es heißt, wirklich **im Einklang mit dir** und deiner Umwelt zu leben. Indem du dich entscheidest, in Harmonie mit deiner Seele zu leben, entscheidest du dich für ein buntes Leben voller Vielfalt und Freude, ein Leben im Einklang mit dir, der Erde und dem spirituellen Prozess, in dem wir uns befinden.

Wie mit allem, was wir im Leben neu lernen, braucht auch die Entwicklung der intuitiven Fähigkeiten ein bisschen Geduld. Aber ich verspreche dir, das Resultat ist diese Geduld wirklich wert und du wirst schon auf dem Weg viel Freude haben, wenn du erkennst, wie sehr du dich und dein Leben veränderst.

Mehr zu mir und meinem persönlichen Weg zur Spiritualität erzähle ich dir ab Seite 221.

Ich wünsche dir viel Freude beim Lernen, Ausprobieren und Weiterwachsen.

Alles Liebe, *Marisa*

Mehr zu Marisa findest du

auf Instagram und Youtube unter: @seelenschimmer
und auf Marisas Website unter: www.seelenschimmer.ch

Über dieses Buch

In diesem Buch möchte ich meine Erfahrungen, spannende Fallbeispiele sowie mein Wissen mit dir teilen und dich dazu anleiten, selbst herauszufinden, was die intuitiven Gaben bei dir ganz genau sind. Bevor wir loslegen und schauen, welche Gaben bei dir aktiviert sind und wie du weitere Gaben aktivieren kannst, ist es mir wichtig, dir übersichtlich in einem **Grundlagenkapitel** zu erklären, welche Hellsinne es überhaupt gibt und was man unter Begriffen wie Intuition und intuitiven Gaben genau versteht. Dabei möchte ich dir gerne vermitteln, wie sich diese in deinem Leben zeigen können oder wie sie sich vielleicht auch noch nicht zeigen.

In einem anschließenden **Praxisteil** erfährst du dann aufgegliedert in einzelne Kapitel die Details zu jedem einzelnen Hellsinn, wie du diesen bei dir entdecken kannst und natürlich auch, wie du ihn mithilfe von Übungen aktivieren, trainieren und stärken kannst. Im Anschluss an die einzelnen Kapitel zu den Hellsinnen findest du außerdem noch ein Kapitel zu **Sensitivität und Medialität,** denn beides ist untrennbar mit den Hellsinnen verbunden. Wenn du mit deinen Hellsinnen arbeitest, arbeitest du automatisch sensitiv oder medial. In diesem Teil des Buches findest du weitere Übungen und Infos, mit denen du noch tiefer eintauchen und dein Wissen vertiefen kannst.

Ganz allgemein möchte ich dir ans Herz legen, das Buch **von vorne bis hinten** durchzuarbeiten. Denn gerade bei den Übungen baue ich jeweils auf die vorangegangenen Übungen auf und gehe dabei von dem Wissen aus, das du dadurch schon erlangt hast. Wenn du nun mit einer Übung ganz hinten im Buch anfangen würdest, dann könnte es sein, dass du von dem Resultat enttäuscht wärst, weil dir die Übungen davor fehlen. Darum empfehle ich dir, Kapitel für Kapitel durchzuarbeiten. Damit wirst du den meisten Erfolg haben.

Ausnahme

Eine Ausnahme gibt es: Für den Fall, dass du merkst, dass deine inneren Stimmen, wie zum Beispiel dein innerer Kritiker, laut werden und dir das Leben schwer machen, kannst du schon mal in ein späteres Kapitel springen, das ich dir als Unterstützung zu diesem Thema geschrieben habe. Du findest es am Ende des Buches auf Seite 199. Wann immer du also merkst, dass dir dein Kopf bei deiner Arbeit dazwischenfunkt, blättere nach hinten und gehe in ein Gespräch mit den Stimmen, die manches Mal so unangenehm sein können.

DAS MÖCHTE ICH DIR GERNE NOCH MIT AUF DEN WEG GEBEN

Ganz grundsätzlich ist es so, dass **jeder Mensch** intuitive Gaben hat, und ich wage sogar zu behaupten, dass jeder Mensch eigentlich jede der intuitiven Gaben besitzt. Aber wir haben nicht alle den gleichen leichten Zugriff auf jede dieser Gaben, weil Menschen einfach unterschiedlich sind. Jemand ist zum Beispiel visuell begabt und malt schon viele Jahre wunderbare Bilder. Jemand hat ein Musikergehör und ist selbst ein fantastischer Gitarrist. Oder stell dir einen Koch vor mit einem grandiosen Sinn für Geschmack. Diese Menschen haben zwar alle grundsätzlich den gleichen Zugang zu den gleichen intuitiven Gaben, aber aufgrund ihrer Veranlagungen werden sie einen leichteren Zugang zu den Fähigkeiten haben, die sie auch sonst im Alltag nutzen.

Außerdem müssen wir auch Abneigungen berücksichtigen. Ich selbst bin fürchterlich heikel, wenn es um Gerüche geht, vor allem um künstliche Parfüms. Ich bin also aufgrund dieser Abneigung gar nicht besonders offen für das Hellriechen, weil ich unterbewusst immer befürchte, etwas zu riechen, das ich eklig finde. Du wirst vermutlich im Verlauf dieses Buches und der Übungen, die ich für dich vorbereitet habe, merken, welche Hellsinne dir stärker liegen und welche nicht. Mein Vorschlag ist, dass du dich vorerst auf die Hellsinne konzentrierst, zu denen du sowieso schon einen leichten Zugang hast, und die anderen erst mal etwas beiseite stellst. Das heißt aber nicht, dass du sie nicht trotzdem trainieren darfst, wenn du Lust darauf hast. Ich möchte dir damit einfach nur erklären, warum manches einfacher erscheint als anderes.

Du wirst außerdem bemerken, dass ich bei den Hellsinnen in jedem Kapitel immer zwischen **objektiv und subjektiv** unterscheide. Dabei geht es darum, dass fast jeder Hellsinn auf eine körperliche und eine emotionale Art wahrgenommen werden kann. Bei manchen Menschen ist es so, dass beide Formen aktiv sind. Bei sehr vielen Menschen ist es allerdings so, dass nur eine Möglichkeit deutlich bemerkbar ist. Damit du nun nicht denkst, dass du diesen Sinn nicht hast, beschreibe ich die Unterschiede sehr genau. Denn wenn du objektiv hellsehend bist, bist du genauso sehr hellsehend, wie wenn du subjektiv hellsehend bist. Lass dich da nicht verwirren oder gar verunsichern.

Wenn du jetzt die Sorge hast, dass noch keine einzige dieser intuitiven Fähigkeiten bei dir aktiviert sein könnte, dann will ich dich etwas beruhigen. Das sagt nur aus, dass du ganz normal bist. Nicht alle Hellsinne sind von Anfang an aktiviert. Sie brauchen Übung, Geduld und Training. Gleichzeitig gibt es auch Hellsinne, die bei dir bereits aktiv sind, von dir jedoch noch gar nicht bemerkt werden. Das sind Gaben, die sich für dich komplett natürlich anfühlen. Verhaltensweisen, die dir so sehr ins Blut übergegangen sind, dass du sie gar nicht mehr wirklich bewusst wahrnimmst. Deswegen erkennst du sie nicht als aktiven Hellsinn, denn sie sind ja für dich in deinem Leben nicht spektakulär, sondern ganz normal. Dieses „ganz normal" kann dich dann täuschen und dir vermitteln, dass dieser Sinn gar nicht da ist, obwohl er voll aktiviert ist und du ihn einfach bisher nicht als Hellsinn verstanden hast.

SELBSTLIEBE-TIPPS DEINER SEELE

Im Prozess des Erkennens deiner intuitiven Fähigkeiten ist das Thema **Selbstliebe** sehr wichtig. Denn du öffnest dich einem sehr verletzlichen Thema in deinem Leben und darum wirst du dich in diesem Prozess auch verletzbar fühlen. Darum habe ich mir die Zeit genommen, dir für jedes Kapitel einen ganz besonderen Selbstliebe-Tipp zu geben, der direkt aus deiner Seele kommt. Wir schauen uns ganz genau an, wie du dich selbst liebevoll annehmen und mitfühlender mit dir umgehen kannst und was deine Seele in diesem Moment gerade braucht.

Ein kleiner Powertalk, bevor es losgeht

HERZLICH WILLKOMMEN. DU BIST NORMAL!

Du kannst dir gar nicht vorstellen, wie oft ich den Satz höre:

„Ich bin irgendwie nicht ganz normal."

Meistens sagen mir das Menschen, die wirklich von sich selbst glauben, falsch zu sein und nicht in die Gesellschaft zu passen.

Wie wäre es, wenn wir das Wort „normal" in dem Zusammenhang ganz einfach streichen würden?

Du bist ein wunderbares, liebenswertes und leuchtendes Individuum.

Du bist kein Buch, von dem Hunderte, genau gleiche Exemplare gedruckt wurden, sondern du bist besonders.

Einmalig. Einzigartig. Unverwechselbar. Willkommen. Gebraucht.

Du wirst so sehr gebraucht auf dieser Erde in diesem Moment und das ganze Universum wäre traurig, wenn du nicht wärst.

Ein feinfühliger Mensch mit intuitiven Gaben zu sein, ist nicht unnormal.

Ganz im Gegenteil. Du bist einfach moderner. Du bist lichtvoller und deine Energie ist schon feiner als jene von Menschen, die sich noch nie mit ihrer eigenen Spiritualität auseinandergesetzt haben.

Unsere Erde befindet sich meiner Meinung nach in einem spirituellen Aufstiegsprozess.

Dieser Prozess findet statt, egal ob die Menschheit ihn mitmacht oder nicht. Menschen, die sich ihren intuitiven Fähigkeiten hingeben, schwingen bereits feiner, höher und sind mehr mit der Erde im Einklang.

Darum haben sie das Gefühl, irgendwie falsch zu sein in einer Gesellschaft, die sich auch heute noch über Werte identifiziert, die bestenfalls fragwürdig sind.

Doch um diesen Prozess voranzubringen, braucht es Menschen wie dich.

Menschen, die ihre intuitiven Fähigkeiten nicht nur erkennen, sondern sie mit beiden Händen annehmen und lernen, liebevoll mit ihnen umzugehen. Menschen, die ihre eigene Einzigartigkeit nicht nur erkennen, sondern auch feiern.

Und so möchte ich dich herzlich einladen, zu erkennen, dass du genauso normal und genauso unnormal bist wie jeder andere Mensch, der heute über diesen wunderbaren Planeten läuft.

Grundlagen und Wissenswertes

Nachdem dich der Powertalk hoffentlich bestärkt hat und ich dich im Buch herzlich willkommen geheißen habe, möchte ich nun mit dir gemeinsam in die Grundlagen eintauchen.

Dir alles Wissenswerte zu den Hellsinnen zu vermitteln, liegt mir dabei besonders am Herzen, denn als ich damals auf meine Reise gegangen bin, um meine intuitiven Gaben wirklich zu entdecken, den Umgang mit ihnen zu erlernen und sie zielgerichtet zu nutzen, hatte ich leider keine Hilfe. Ich hatte keine Ausbildung und ich hatte auch keine wirklich sinnvollen Bücher, die mir dabei geholfen hätten, meine ganzen Wahrnehmungen zu verstehen. Das Meiste, was ich heute mache, habe ich im Selbststudium gelernt. Das hat dazu geführt, dass für mich über viele Jahre einige dieser Wahrnehmungen nicht wirklich klar und logisch waren und dass ich einige Dinge anders gelernt habe, als man das vielleicht lernen würde, wenn man eine Ausbildung macht. Und so war es mir für meine Ausbildungen und Kurse immer sehr wichtig, dass ich ein **klares und logisches Hintergrundwissen** vermittle. Denn je besser du weißt, wie diese intuitiven Gaben ganz genau aufgebaut sind, je mehr du die entsprechenden Begriffe kennst und auch weißt, was du dir darunter vorstellen kannst, um so einfacher ist es für dich, deine eigenen Gaben und Geschenke wirklich zu erkennen und damit zielgerichtet zu arbeiten. Darum folgt in diesem Buch nun als Erstes ein Grundlagenteil, in dem ich mein Wissen so mit dir teile, dass es für dich leicht und nachvollziehbar aufzunehmen ist. Ich habe es so aufgebaut, dass du immer wieder darauf zurückgreifen und noch einmal nachlesen kannst, was denn eigentlich unter welchem Begriff zu verstehen ist, wenn du plötzlich unsicher wirst. Betrachte dieses Kapitel als kleines **Nachschlagewerk,** in dem ich dir in kurzen Worten erkläre, was du worunter verstehen darfst. Denn mir ist es ein Anliegen, dass du weißt, wovon du sprichst und womit du es zu tun hast, und dass du, im Gegensatz zu mir, niemals im Dunklen tappen musst.

Und jetzt lass uns loslegen.

Übersicht über die verschiedenen Begriffe

Sind dir vielleicht schon einmal Worte wie „Hochsensibilität", „Intuition" und „Hellsehen" begegnet? Wenn ja, hast du vielleicht auch bemerkt, dass diese unterschiedlichen Ausdrücke manchmal ganz schön verwirrend sein können. Darum möchte ich sie mit dir ein wenig genauer betrachten. Im folgenden Kapitel werden wir tiefer auf die einzelnen Begriffe eingehen und ich erkläre dir zu jedem Begriff, was du darunter verstehen kannst. Am Ende des Kapitels (Seite 35) findest du dann eine praktische kleine Übersicht.

FEINFÜHLIGKEIT

Der Begriff feinfühlig beschreibt Menschen, die **sehr feine Schwingungen** wahrnehmen können. Vielleicht nimmst du zum Beispiel wahr, wie es deiner besten Freundin oder deinem Lebenspartner geht, wenn ihr euch begegnet, und bevor dein Gegenüber überhaupt etwas gesagt hat. Zurückführen lässt sich der Begriff auf die US-amerikanisch-kanadische Entwicklungspsychologin Mary Ainsworth, die mit Feinfühligkeit vor allem die Fähigkeit einer Mutter beschreibt, die ihr Kind auch auf nonverbale Art und Weise wahrnimmt und entsprechend auf dessen Bedürfnisse reagiert. Aus einer spirituellen Sicht geht die Feinfühligkeit allerdings noch viel weiter und beschreibt nicht nur die Wahrnehmung von Müttern, sondern von allen Menschen.

Ein feinfühliger Mensch ist jemand, der sanft und achtsam auf die Stimmung anderer reagiert, ein starkes Mitgefühl mit anderen empfindet und auf Bedürfnisse anderer eingeht. Menschen, die feinfühlig sind, sind sehr daran interessiert, eine Umgebung für andere zu erschaffen, in der sie sich wohl, angenommen und zufrieden fühlen. Sie werden andere jederzeit in ihren Aufgaben unterstützen, reagieren instinktiv auf die Bedürfnisse ihrer Mitmenschen und versuchen, diese für sie zu erfüllen.

Manchen Menschen, die sehr feinfühlig sind, passiert es, dass sie vor lauter Mitgefühl ins **Mitleid** gehen. Dann leiden sie ganz fest für ihre Mitmenschen und fühlen sich dadurch in ihrer eigenen Haut nicht mehr wohl. Für diese Menschen geht es darum zu lernen, wie sie gute und hilfreiche Grenzen setzen können. Mehr zum Unterschied zwischen Mitleid und Mitgefühl erfährst du später auf Seite 54.

HOCHSENSIBILITÄT

Hochsensibilität ist ein Persönlichkeitsmerkmal, das leider oft als Bürde angesehen wird. Dabei ist es bei dem Entdecken und Erkennen der eigenen Hellsinne nicht wegzudenken.

Ganz unabhängig davon, ob du dich selbst als hochsensibel einstufst oder nicht, möchte ich dir eine neue Sichtweise aufzeigen: **Hochsensibilität ist eine Gabe,** die uns dabei hilft, unser Leben ganzheitlicher zu leben. Denn wir lernen dadurch, nicht nur unsere kognitiven Fähigkeiten zu nutzen, sondern auch unsere intuitiven. Die Erkenntnis, dass ich hochsensibel bin, habe ich wahrscheinlich schon als Kind gehabt. Aber was diese Hochsensibilität eigentlich alles beinhaltet, das ist etwas, das ich noch heute Tag für Tag lerne und erfasse.

Hochsensibilität bedeutet, dass du Reize von außen viel stärker und intensiver wahrnimmst als andere Menschen. So kann es irgendwann zu einer Reizüberflutung kommen. Musik oder auch laute Gespräche können zum Beispiel ab einem gewissen Zeitpunkt anstrengend für dich werden. Genauso kann es mit Gerüchen oder auch mit Licht sein: Künstliches Licht tut dir in den Augen weh und du sehnst dich nach Dunkelheit oder natürlichem Licht, wie dem Licht einer Kerze. Das bedeutet dann, dass du dich öfter einmal zurückziehen musst, damit du dich in einer Umgebung erholen kannst, in der du wenigen Reizen ausgesetzt bist und genussvoll und entspannt leben kannst.

Wichtig ist für mich, zu betonen, dass Hochsensibilität **keine Erkrankung** und keine Störung ist, sondern einfach nur ein Merkmal dafür, dass du empfindsam bist. Ebenso ist es mir wichtig, dir zu vermitteln, dass Hochsensibilität etwas ist, das sich **verstärken** kann. So kann es sein, dass du dich heute als hochsensibler wahrnimmst als noch vor ein paar Jahren. Außerdem solltest du im Hinterkopf behalten, dass die wissenschaftliche Forschung zu Hochsensibilität noch in den Kinderschuhen steckt. So unterschiedlich, wie die Menschen sind, so unterschiedlich zeigt sich auch ihre Hochsensibilität. So kann ein Mensch, der hochsensibel ist, zum Beispiel auch auf energetische oder elektronische Schwingungen oder auf Technologie sehr stark reagieren. Ein anderer Hochsensibler kann auf die verschiedenen Konsistenzen von Essen sehr stark reagieren oder wie bereits erwähnt auf Töne, helles Licht oder Geruch. Ebenso ist es komplett normal, dass ein Mensch, der hochsensibel ist, sich zum Beispiel große Sorgen macht, wenn ein Krankenwagen an ihm vorbeifährt, ohne dass der Krankenwagen auch nur ansatzweise etwas mit ihm zu tun hat.

Es geht darum, zu lernen, seine eigene Hochsensiblität besser zu verstehen und gut für sich zu sorgen. Zu verstehen, wo intensive Gefühle und Wahrnehmungen aufkommen und wo die totale Reizüberflutung. Und diese Eigenschaft als **wichtigen Helfer** bei der Arbeit mit den eigenen Hellsinnen anzuerkennen.

Tipp

Wenn du erkennst, dass du mehr oder weniger intensiv hochsensibel bist, dann betrachte diese Hochsensibilität für dich als eine Reise oder ein Experiment, bei dem du immer wieder neue Erkenntnisse hast, immer wieder etwas lernen darfst und erkennen kannst, was sich dir noch zeigt.

INTUITION

Nun kommen wir in den Bereich der übersinnlichen Wahrnehmungen und wollen uns als Erstes mit dem Begriff Intuition auseinandersetzen.

Intuition ist für mich, kurz gesagt, der **Überbegriff über alle Hellsinne.** Das Wort Hellsinn nutze ich wiederum als Überbegriff für Hellsehen, Hellhören, Hellfühlen, Hellwissen, Hellriechen und Hellschmecken. Die Intuition steht über diesen Hellsinnen.

- Stellen wir uns vor, du hast intuitive Gaben, aber du weißt zum jetzigen Zeitpunkt noch nicht genau, welcher deiner Hellsinne aktiviert ist und welcher nicht, dann bist du intuitiv.

- Wenn du allerdings weißt, welcher Hellsinn aktiviert ist, dann bist du in erster Linie hellfühlend, hellwissend oder Ähnliches, aber trotzdem intuitiv, weil die Intuition auch immer vorhanden ist.

Die Intuition zeigt sich bei den meisten Menschen **als Erstes.** Es ist ein tiefes, inneres Gefühl, das dir sagt, diesen oder jenen Weg zu nehmen. Intuition lässt sich am ehesten über das Herzwissen beschreiben. Ein Wissen, das nicht aus dem Kopf kommt und das du nicht rational begründen kannst, sondern das „einfach da" ist. Es ist das Wissen, das aus dem Bauch oder aus dem Herzen kommt. Auch der Ausdruck des siebten Sinnes oder des Bauchgefühls passt sehr gut für die intuitive Wahrnehmung.

Wenn ein Mensch anfängt, sich mit Spiritualität und den eigenen intuitiven Gaben auseinanderzusetzen, ist es üblich, als Erstes bei der Intuition zu landen. Für mich ist das einer der schönsten Momente, den man im Leben haben kann, denn dieses Annehmen der eigenen Intuition wird dich auf deinen eigenen **Seelenweg** führen. Deine Intuition wird dir helfen, die richtigen Entscheidungen zu treffen und dich mit den passenden Menschen zu umgeben, und dich dabei unterstützen, die Pläne, die deine Seele für dein Leben getroffen hat, in die Tat umzusetzen. Ich will damit nicht sagen, dass dieser Weg der einfachste ist – denn das ist er in den wenigsten Fällen – aber ich will sagen, dass es der schönste und freudvollste Weg ist, für den du dich in deinem Leben entscheiden kannst. Und darum ist es sehr gut möglich, dass du in dir eine riesige Freude wahrnehmen kannst, wann immer du dich mit deiner Intuition auseinandersetzt, so als ob all deine Zellen einen Freudentanz tanzen würden.

Um die Intuition genauer zu beschreiben, nutze ich gerne das Bild eines großen Balles. Dieser große Ball steht für die Intuition. In diesem Ball befinden sich kleinere Bälle. Diese kleineren Bälle stehen dann jeweils für die einzelnen Hellsinne. Also finden wir darin den Ball „Hellsehen", den Ball „Hellhören" und so weiter. Je mehr du deine intuitiven Fähigkeiten trainierst, umso genauer wirst du erkennen, welche Fähigkeiten bei dir in welchem Ausmaß vorhanden sind. Und du wirst ganz automatisch anfangen, diese Fähigkeiten mehr zu nutzen.

Intuition ist etwas Großartiges, wenn du sie in deinem Leben hast. Je besser du deine Hellsinne schulst, um so besser wird auch deine Intuition werden, denn du schulst mit den Hellsinnen bestimmte Bereiche der Intuition. Wichtig ist, dass du lernst, dich wirklich und bedingungslos auf deine intuitive Wahrnehmung zu verlassen. Dass du niemals an einem intuitiven Impuls zweifelst, sondern ihn ohne zu zweifeln umsetzt. **Denn die Intuition wird dich niemals täuschen.** Sie wird dir niemals zu einer schlechten Entscheidung raten. Sie wird niemals dafür sorgen, dass du den Rest deines Lebens eine Entscheidung bereuen wirst. Aber sie wird Mut von dir verlangen. Denn in dem Moment, in dem du dich entscheidest, deiner Intuition bedingungslos zu folgen, wirst du dich für Dinge entscheiden, die scheinbar nicht leicht sind. Es kann sein, dass du dich intuitiv für eine Stelle entscheidest, die vielleicht rational nicht die beste Stelle ist. Aber sie wird dich auf deinem Lebensweg am stärksten unterstützen und du hast die Möglichkeit, am meisten daran zu lernen. Mir ist es wichtig, dies anzusprechen, denn wenn du einmal angefangen hast, wirklich mit deiner Intuition zu arbeiten, dann wird es schwierig, dich wieder dagegen zu entscheiden. In dem Moment, in dem du anfängst, diese Fähigkeiten zu trainieren, kannst du dich selbst nicht mehr so gut anlügen und dir nichts mehr vormachen, denn deine intuitive Wahrnehmung wird dich immer wieder darauf hinweisen, dass du doch eigentlich genau weißt, was der richtige Weg für dich wäre. Und doch ist eines wirklich sicher: **Mit dieser wunderbaren Intuition lebst du ein sehr freies und glückliches Leben, denn du lernst, dich wirklich auf dich selbst zu verlassen und dich von deiner Seele führen zu lassen.**

Unterm Strich ist es so

Die Sprache der Seele passiert über die Intuition und somit auch über die Hellsinne. Das heißt, wenn du hören möchtest, was deine Seele dir sagt, wenn du wahrnehmen möchtest, welche Wünsche deine Seele an dich hat, oder wenn du wissen willst, ob du wirklich deinen Seelenweg gehst und das tust, was deine Seele sich von dir wünscht, dann wirst du alles daransetzen, deine Intuition zu stärken und zu lernen, auf diese Wahrnehmung, auf dieses Zarte und Feine zu hören.

Intuition auf einen Blick

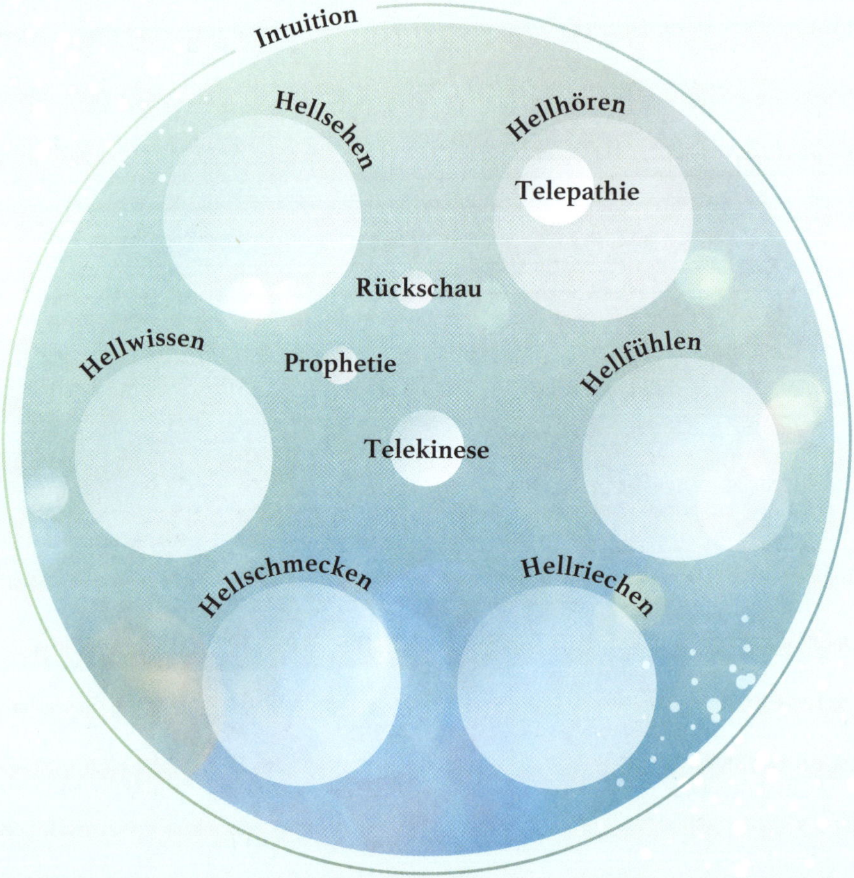

Diese Grafik soll dir lediglich als Überblick über die beschriebenen Begriffe dienen. Sie ist noch beliebig erweiterbar.

ÜBERSICHT ÜBER DIE HELLSINNE

Es gibt insgesamt sechs Hellsinne, die sich unter dem Schirm der Intuition befinden. Bei fast jedem dieser Hellsinne gibt es eine objektive und eine subjektive Wahrnehmung. Ganz genau bedeutet das Folgendes:

- Mit objektiver Wahrnehmung ist alles gemeint, was du in deinem **(biologischen) Körper** wahrnimmst, wenn du eine Botschaft von einer anderen Person oder aus der geistigen Welt erhältst.

- Die subjektive Wahrnehmung umfasst hingegen alles, was du **im Inneren** wahrnehmen kannst.

Mir ist es sehr wichtig, dass du den Unterschied zwischen diesen beiden Formen der Wahrnehmung kennst. Denn es ist möglich, dass du subjektiv hellsehend bist, aber nicht objektiv. Wenn du nun aber unter Hellsehen verstehst, dass es unbedingt mit deinen biologischen Augen stattfinden muss, dann hast du das Gefühl, nicht hellsehend zu sein, obwohl du es bist. Dieses Missverständnis will ich unbedingt verhindern, darum werde ich immer wieder auf die Unterschiede eingehen.

Hier findest du eine kurze Zusammenfassung der einzelnen Hellsinne und den Unterschied zwischen objektiver und subjektiver Wahrnehmung. Im Praxisteil ab Seite 45 gehe ich dann nochmal ausführlicher auf jeden einzelnen Hellsinn ein.

- Am besten lässt sich der Unterschied zwischen objektiver und subjektiver Wahrnehmung am Beispiel Hellfühlen erklären: Eine Empfindung wie kalt oder heiß, eine Gänsehaut oder auch das Gefühl von Übelkeit ist eine objektive Wahrnehmung. Ein Gefühl wie Angst, Freude oder Wut ist eine subjektive Wahrnehmung. Das Hellfühlen ist sehr häufig der erste Hellsinn, der aktiviert wird. Denn ein Gefühl ist etwas, das sehr unmittelbar und mehr oder weniger den ganzen Tag automatisch entsteht.

- Das Hellsehen ist sicher der bekannteste Hellsinn und auch jener, den sich die meisten Menschen innig wünschen. Dabei geht es um den Sehsinn im weitesten Sinne. Auch beim Hellsehen wirst du rasch erkennen, dass es eine objektive und eine subjektive Wahrnehmung gibt: Alles, was wir über unsere biologischen Augen wahrnehmen können, ist objektiv. Alles, was wir über das dritte Auge, den Zugang, der sich ungefähr zwischen deinen Augenbrauen befindet, wahrnehmen können, ist subjektiv.

Exkurs

In der indischen Kultur wird das dritte Auge gerne mit einem roten, gelben oder schwarzen Symbol aufgemalt. Dieses Symbol nennt sich Tilaka, oder auch Tika, und ist ein Segen. Dabei soll das dritte Auge geschützt und energetisiert werden. Je nach Religion kann dieses Symbol unterschiedlich aussehen. Nicht zu verwechseln ist das Tilaka-Symbol mit dem Bindi, dem roten Punkt, den die verheirateten Frauen in Indien als Schutzsymbol für ihren Ehemann und sich selbst tragen. Doch beide Symbole weisen auf das hinduistische Wissen über die Wichtigkeit des dritten Auges hin.

- Subjektive und objektive Wahrnehmung beim Hellhören gehen in eine sehr ähnliche Richtung wie beim Hellsehen. Objektiv hellhörend bist du, wenn du wirklich ein Wort oder einen Satz mit deinen biologischen Ohren hören kannst. Dies kennst du vielleicht von dir selbst oder aus deinem Umfeld, wenn jemand ein lautes „STOPP!“ hört. Meistens hört man dieses Stopp, wenn man gerade eine wirklich gefährliche Entscheidung getroffen hat oder wenn man sehr unaufmerksam ist. Im Normalfall ist es allerdings üblicher, dass du subjektiv hellhörend das innere Ohr nutzt, um die Botschaften aus der geistigen Welt wahrzunehmen.

- Hellwissen ist der einzige Hellsinn, den es nur subjektiv gibt, denn du kannst nicht objektiv wissen. Wissen ist immer subjektiv, weil es durch persönliche Erfahrungen eingefärbt ist. Wie der Name schon sagt, findet Hellwissen über das Wissen und somit im Kopf statt. Da Hellwissen extrem schnell passiert, ist es für deinen Kopf dann sehr, sehr einfach, dir einzuflüstern, dass du dir das nur einbildest und diese Wahrnehmung nicht wahr ist.

- Hellriechen ist, wie der Name schon sagt, der Sinn, den du über deine Nase und deinen Geruchssinn wahrnimmst. Das heißt, du nimmst über deine biologische Nase Gerüche wahr, die eine Botschaft aus der geistigen Welt für dich beinhalten. Auch hier gibt es das objektive Hellriechen und das subjektive Hellriechen, das quasi über deine innere Nase stattfindet. Beim subjektiven Hellriechen ist es dann eher das Gefühl eines Geruches als ein tatsächlicher Geruch.

- Hellschmecken ist der Hellsinn, den du über deinen Mund wahrnimmst. Wie beim Hellriechen, kann es auch hier sein, dass du (objektiv) wirklich einen Geschmack im Mund hast oder dass du (subjektiv) einfach über deine Geschmacksnerven weißt, was sich dir da gerade zeigen will.

SENSITIVITÄT

Nachdem wir uns mit den einzelnen Hellsinnen beschäftigt haben, möchte ich mit dir zwei andere Begriffe genauer beleuchten. Der erste Begriff ist die Sensitivität, der untrennbar mit dem Thema Hellsinne verbunden ist.

Grundsätzlich versteht man unter Sensitivität das **empathische Wahrnehmen** einer anderen Person, eines Tieres, der Natur und der Erde. Wenn du sensitiv bist, dann nimmst du dein Gegenüber mit all deinen Sinnen wahr. Die Sensitivität ist untrennbar mit den Hellsinnen verbunden, denn, wenn du dich mit anderen Menschen verbindest und mit ihnen in einen liebevollen Austausch gehst, dann nutzt du dafür mehr oder weniger automatisch deine Hellsinne. Es ist so: Du nimmst die Energie des Menschen sensitiv wahr. Aber wenn es dann darum geht, diese Energie zu interpretieren, dann nutzt du dafür deine Hellsinne.

Gut zu wissen

Sensitivität ist der Feinfühligkeit zwar ähnlich, sie geht aber viel tiefer und ist viel umfangreicher. Ein feinfühliger Mensch nimmt die Schwingungen um sich herum sanft wahr. Ein sensitiver Mensch kann die Schwingungen nicht nur wahrnehmen, sondern sie auch interpretieren und bewusst, oder unbewusst, darauf eingehen.

Die sensitive Verbindung ist die **Verbindung von Herz zu Herz.** Von deinem Herzen zum Herz deiner Mitmenschen, deiner Tiere und auch der Pflanzen um dich herum. Auch die Erde kannst du sensitiv wahrnehmen, wenn du zum Beispiel Erdbeben schon im Vorfeld fühlen kannst oder weißt, wann ein heftiger Sturm aufkommen wird, bevor du die Zeichen dafür in den Wolken und im Wind lesen kannst. Vielleicht reagieren aber auch deine Haustiere auf Veränderungen der Erde, so dass du es dadurch bemerkst. Dann sind in diesem Fall deine Tiere sensitiv und nehmen etwas wahr, das sie dir über ihr Verhalten zeigen.

Kommen wir noch einmal genauer auf die besondere Verbindung zurück: Sensitivität findet sich immer in den Momenten, in denen du in eine Herzensverbindung gehst.

- In der Verbindung mit anderen Menschen nennen wir das die Herz-zu-Herz-Verbindung.
- In der Verbindung mit einem Tier würden wir es dann Tierkommunikation nennen.

✳ Wenn du dich mit der Erde verbindest, würden wir sagen, dass du ein Erdhüter bist.

Aber ganz egal, wie wir es nennen, es geht immer darum, dass du dich mutig und offen auf dein Gegenüber einlässt und die Wahrnehmung zulässt, die sich dir dabei zeigt. Das heißt, du nimmst im Austausch mit anderen Menschen wahr, wie es der anderen Person geht, ohne dass die andere Person ausspricht, wie es ihr geht. Du bist in der Lage, die andere Person ganzheitlich wahrzunehmen, in ihrer ganzen Schönheit und ohne über sie zu urteilen.

Wissenschaftlich gesehen geht man davon aus, dass nur zwanzig Prozent dessen, was wir wahrnehmen, über die gesprochene Kommunikation verläuft. Achtzig Prozent nehmen wir auf nonverbaler Ebene wahr. Sprich, die Gestik und Mimik deines Gegenübers macht einen Großteil dessen aus, wie du es wahrnimmst und wie du darauf reagierst. Wenn du nun lernst, diese Körpersprache ganz bewusst zu deuten, dann wirst du ganz automatisch viel genauer auf dein Gegenüber eingehen können als zuvor. Du lernst dabei, dich in dein Gegenüber einzufühlen und richtig zu interpretieren, was es mit seiner Gestik und Mimik aussagt. Wenn du nun auch noch lernst, dich von Herz zu Herz mit dieser Person zu verbinden, dann wird sich dein Wahrnehmen um ein Vielfaches verstärken. Denn nun liest du nicht nur den biologischen Körper deines Gegenübers, sondern zusätzlich auch noch seine Aura-Schichten. Wie du das genau machst und noch vieles Weitere mehr, erfährst du später im Kapitel über Sensitivität auf Seite 160.

Exkurs

Unser Körper besteht aus einem biologischen Körper und sieben feinstofflichen Körpern, die wir die **Schichten der Aura** nennen. Genau in diesen Schichten der Aura liest ein Medium während einer sensitiven Beratung oder Aura-Lesung, wenn es dir etwas über deine Stärken und Herausforderungen erzählt. Die Farben, die Symbolik und der Zustand der Aura geben darüber Auskunft, wo der Mensch gerade steht und womit er sich gerade auseinandersetzt. Man kann darüber lesen, was der Mensch in seiner Vergangenheit erlebt hat und wie diese Vergangenheit ihn heute beeinflusst. Außerdem erfährt man beim Lesen in den Aura-Schichten etwas über alle Beziehungen des Menschen und wie dieser Mensch mit allen anderen Menschen verbunden ist. Egal, um welche Beziehung es sich handelt, in der Aura eines Menschen lässt sich lesen, wie diese Beziehung ist, wo die Herausforderungen liegen und wo die Verbindungen besonders stark sind.

Über die Auraschichten nehmen wir mit unserer sensitiven Wahrnehmung all das wahr, was den Menschen in seiner Ganzheit ausmacht. Ohne diese sensitive Wahrnehmung kann es sein, dass du zwar medial verbunden bist, darüber sprechen wir im nächsten Abschnitt, aber dir fehlt dann die wahre Empathie. Dir fehlt das wirkliche Wahrnehmen der anderen Person. Doch genau dieses Wahrnehmen ist so wichtig, um wirklich auf einer Herzensebene mit anderen Menschen in Verbindung zu gehen.

MEDIALITÄT

Nachdem du nun kennengelernt hast, was es mit der Sensitivität auf sich hat, will ich mit dir natürlich auch über die Medialität sprechen. Denn das Wort „medial“ oder „medial sein“ hat für manche Menschen einen etwas mystischen Klang. Auch die Medialität ist untrennbar mit dem Thema Hellsinne verbunden.

Hinter dem Wort Medialität verbirgt sich gerne das Bild eines Mediums, das in einem von Kerzenlicht beleuchteten Raum sitzt und in eine Glaskugel starrt. Die Luft ist erfüllt vom Duft billiger Räucherstäbchen und irgendwann beginnt das Medium in einem komischen Sing-Sang zu sprechen und dir etwas über deine Zukunft zu erzählen. Vielleicht stellst du dir darunter auch einfach eine außergewöhnliche, großartige, seltene und kaum erreichbare Gabe vor und damit hast du auch unbedingt recht: Medialität ist eine großartige Gabe.

Aber irgendwie hast du damit gleichzeitig auch unrecht, denn es ist keine seltene Gabe und sie ist keinesfalls unerreichbar für dich. Ganz im Gegenteil. **Du bist und warst schon immer medial.** Vermutlich ist dein medialer Muskel einfach eingeschlafen, weil du ihn nicht gebraucht und trainiert hast.

Unter Medialität verstehen wir die Kommunikation und den Austausch **mit der geistigen Welt.** Alle Informationen, die du aus dieser feinstofflichen Welt bekommst, sind mediale Informationen. Wenn wir von der geistigen Welt sprechen, dann meinen wir alles, was wir nicht anfassen können, also alles, was nicht Teil unserer biologischen Welt ist. All diese Informationen, die scheinbar aus dem Nichts kommen, nennen wir mediale Informationen und wir nennen diese Wahrnehmung die Medialität. Für viele Menschen ist es interessanterweise einfacher, medial zu sein, als sensitiv. Sie sind mit der geistigen Welt wunderbar verbunden und können zum Beispiel ihre Schutzengel wahrnehmen und hören, was sie ihnen sagen. Oder sie fühlen, was ihre Geistführer ihnen vermitteln wollen. Aber wenn es darum geht, sich mit anderen Menschen zu verbinden, dann scheuen sie davor zurück und gehen nicht in die Verbindung. Dabei braucht es unbedingt beide Verbindungen, um in eine wirkliche Harmonie und in einen Ausgleich zu kommen.

Eine kurze Erklärung

Du wirst deine Medialität ebenfalls über deine Hellsinne und Intuition erfahren. Denn du weißt ja inzwischen: die Intuition – und über die Intuition auch die Hellsinne – ist immer die Grundlage für alles. Und so nutzen wir die Hellsinne auch, um mediale Informationen zu erlangen und diese sinnvoll zu interpretieren, zu verstehen und zu verarbeiten.

Wie funktioniert die mediale Verbindung genau?
Wie bei der Sensitivität, bei der du die Herz-zu-Herz-Verbindung nutzt, trittst du auch bei der Medialität in eine Verbindung. Wenn du dich medial verbindest, dann tust du das aber über dein **Herz- und dein Kronen-Chakra.** Das heißt, die Verbindung verläuft von deinem Herz-Chakra zu deinem Kronen-Chakra und von dort weiter zu der geistigen Welt. Dein Kronen-Chakra agiert dabei sozusagen als deine Antenne, um deine Botschaften an die geistige Welt zu übermitteln und natürlich vor allem, um die Botschaften von dort zu empfangen. Je nachdem, welcher Hellsinn bei dir stärker aktiviert ist, wirst du die Botschaften entsprechend empfangen. Wenn du hellfühlend bist, dann wirst du vermutlich als Erstes fühlen, was für eine Antwort und Wahrnehmung du bekommst. Wenn du hellsichtig bist, dann wirst du innere oder äußere Bilder empfangen. Aber all diese Wahrnehmungen werden über deine Verbindung von deinem Herzen und deinem Kronen-Chakra zu der geistigen Welt und zurück zu dir fließen. Dieser Prozess kann so schnell und unmittelbar sein, dass es möglich ist, dass dir das noch nie in diesem Detailgrad aufgefallen ist.

Am Anfang wirst du diese Verbindung bewusst aufbauen, damit du weißt, dass du verbunden bist, und damit du auch weißt, dass du jetzt sozusagen „auf Empfang“ bist. Je öfter du aber in die Verbindung gehst, umso natürlicher wird es sich für dich anfühlen und um so einfacher wird es dir fallen, wirklich zu verstehen, was die geistige Welt von dir will. Mehr zur Medialität erfährst du später in dem Kapitel auf Seite 181.

EINE KLEINE CHAKREN-LEHRE

Das Thema Chakra ist ein großes Thema und es gibt darüber unzählige Bücher und Informationen. Ich werde die Chakren hier nur kurz anschneiden, denn mit deinen intuitiven Fähigkeiten wirst du teilweise mit ihnen zu tun haben, vor allem, wenn du dich später in den Mediationen mit deinem Herz-Chakra verbindest. Und mir ist es wichtig, dass du einen Kurzüberblick über die verschiedenen Chakren und ihre Schwerpunkte hast. Diese Auflistung soll keineswegs vollständig sein.

NAME	FARBE	LAGE	BEDEUTUNG
Kronen-Chakra	Violett	Oben am Kopf, nach oben gerichtet	Steht für die gelebte Spiritualität und die Verbindung zur geistigen Welt
3. Auge-Chakra	Indigo-blau	Auf der Stirn	Steht für die Klarheit und die Weitsicht, Erkenntnisse und Manifestation
Kehlkopf-Chakra	Hellblau	Beim Hals	Das Zentrum für Ausdruck, Worte, Sprache und Kommunikation
Herz-Chakra	Grün-Rosa	Beim Herz (allerdings in der Mitte des Körpers, nicht nach links verschoben)	Steht für das (Selbst-) Mitgefühl und die (Selbst-) Liebe, Annahme und Hingabe
Solar-Plexus-Chakra	Gelb	Beim Magen	Ist der Sitz aller Verbindungen in unserem Leben, steht für das Wissen und das innere Leuchten
Sakral-Chakra	Orange	Unterhalb des Bauchnabels	Steht für die Emotionen, für alle Themen der eigenen Sexualität, Sinnlichkeit, Kreativität
Basis-Chakra	Rot	Am Damm, zwischen den Beinen, nach unten gerichtet	Steht für Erdung, Körper, Mut, Wut, Vorangehen, den körperlichen Aspekt der Sexualität

DIE WESEN IN DEINEM SPIRIT TEAM

Du wirst merken – oder hast vielleicht bereits gemerkt – dass ich in diesem Buch immer wieder auch über deine **geistige Führung** spreche. Denn wenn du dich mit deinen intuitiven Fähigkeiten auseinandersetzen willst, wirst du automatisch auch mit der geistigen Welt zu tun haben. Die geistige Welt ist die Quelle, aus der wir viele dieser intuitiven Informationen und dieser wunderbaren Weisheiten bekommen. Darum findest du in diesem Abschnitt einen kleinen Überblick über die Wesen, die sich in deinem geistigen Team befinden können. Es könnte grundsätzlich sein, dass sich in deinem Team jedes dieser Wesen befindet, das ist aber eher unwahrscheinlich. Es ist sehr gut möglich, dass sich zehn oder fünfzehn geistige Wesen über einen kürzeren oder längeren Zeitraum in deinem Spirit Team aufhalten. Die Wesen können dein ganzes Leben lang oder für einen bestimmten Zeitraum an deiner Seite sein. Wie du sie mithilfe deiner Hellsinne wahrnehmen kannst, wirst du im Laufe des Buches noch erfahren.

Schutzengel

Schutzengel sind die Wesen, die am bekanntesten sind, wenn wir vom geistigen Team sprechen, und vielleicht hast du den Begriff auch schon einmal gehört oder gelesen. Sie können deine Seele über mehrere Inkarnationen und somit über viele Jahrhunderte begleiten und meistens ist die Verbindung zu ihnen sehr innig. Ihr Auftrag ist es, für dich da zu sein, dich zu beschützen und zu begleiten. Wenn du sie fragen würdest, was ihre Lebensaufgabe ist, dann würden sie sagen: Du! Denn ihre ganze Lebensaufgabe ist es, sich um dich zu kümmern und für dich zu sorgen.

Erzengel

Kennst du die Erzengel bereits? Sehr bekannt sind Erzengel Michael mit seinem blauen Schwert und seiner Kraft und Sicherheit, die er vermittelt, Erzengel Raphael, der sehr heilsam wirkt und oft bei Krankheiten gerufen wird, oder natürlich auch Erzengel Gabriel, der dir jederzeit helfen kann, dich gut auszudrücken. Ein Erzengel könnte zum Beispiel in deinem Team sein, wenn du eine spezielle Aufgabe hast, die sich deine Seele vorgenommen hat. Die Erzengel sind aber immer für alle da, nicht nur für dich.

Geistführer

Geistführer waren früher selbst inkarniert und haben viele Leben auf der Erde gelebt. Und auch heute noch leben sie immer mal wieder ein Erdenleben. Die Verbindung mit einem Geistführer kann sehr eng sein, denn es kann gut sein, dass du schon ein oder auch ganz viele Leben mit deinem Geistführer gelebt hast. Geistführer stehen an deiner Seite, um dich mit ihrem Wissen, ihrer Weisheit, ihrer Erdverbundenheit und sehr oft auch ihrem Humor zu unterstützen.

Aufgestiegene Meister

Auch die aufgestiegenen Meister haben auf der Erde gelebt, aber für sie ist der Inkarnationsprozess abgeschlossen. Aus Liebe zu der Menschheit haben sie sich entschieden, den Menschen weiterhin zu dienen. Gerade jetzt, während des Aufstiegsprozesses der Erde. So können sie eine zeitlang bei dir sein, oder auch dein ganzes Leben lang. Die Verbindung mit den aufgestiegenen Meistern kann ähnlich eng sein wie die zu den Geistführern. Ich persönlich mag die erdige, pragmatische Energie der aufgestiegenen Meister sehr, denn sie haben sehr viel Verständnis für die Menschen und Herausforderungen, die wir auf dieser Erde meistern müssen.

Ahnen

Ahnen nennt man die Menschen, aus deren Blutlinie du stammst. Sprich, sie sind Vorfahren von dir. Das kann allerdings auch zweitausend Jahre zurückgehen, denn auch da gab es Menschen auf dieser Erde, aus deren Blut du entstammst. Ahnen befinden sich vor allem in deinem Spirit Team, wenn du selbst mit Ahnenthemen konfrontiert bist oder gerade daran arbeitest. Es kann sehr beeindruckend sein, mit Ahnen zu arbeiten und dabei ein Gefühl dafür zu bekommen, was sie alles erlebt haben und wo sie den Weg für uns vorbereitet haben.

Verstorbene

Verstorbene sind Menschen, die gleichzeitig mit dir auf dieser Erde gelebt haben – die du also persönlich gekannt hast – die aber vor dir verstorben sind. Das kann zum Beispiel eine Verwandte, aber auch eine Freundin sein. Deine Oma, die gestorben ist, als du zwanzig warst, könnte eine Verstorbene in deinem Team sein. Deine Urgroßtante, die gestorben ist, als du gerade mal zwei Tage alt warst, ebenfalls. Nicht zu den Verstorbenen, sondern zu den Ahnen würde allerdings dein Urgroßvater zählen, der gestorben ist, als deine Mutter erst fünfzehn war, und dem du in diesem Leben daher niemals begegnet bist. Die Verbindung mit Verstorbenen ist eine sehr heilsame, liebevolle Verbindung und ich persönlich liebe es, mit den Menschen in Verbindung zu gehen, die vor mir gegangen sind und mit denen ich trotzdem so liebevoll verbunden bin.

Sternenwesen (Starseed)

Sternenwesen, auch bekannt unter dem Namen Starseed, sind Wesen von anderen Planeten und aus anderen Dimensionen. Sie leben, wie du, zum heutigen Zeitpunkt, aber oft in einer anderen Form und in einer anderen Schwingung als wir Menschen. Sie verbinden sich mit uns, weil sie Wissen zu vermitteln haben oder weil sie von uns etwas lernen möchten. Sie sind oft sehr weise und möchten diese Weisheit mit dir teilen. Gerade in den letzten Jahren wurde die Verbindung zu den Starseed sehr intensiv.

Seelengeschwister

Seelengeschwister (Seelenbruder, Seelenschwester) sind Anteile deiner Seele, die auf einem anderen Planeten oder in einer anderen Dimension inkarniert sind. Sie sind ein enger Teil von dir und die Verbindung mit Seelengeschwistern ist oft sehr innig. Diese spezielle Verbindung ist gerade am Anfang deiner spirituellen Reise noch nicht sehr wahrscheinlich, denn meistens dauert es eine Weile, bis die Frequenzen sich so angepasst haben, dass du mit einem von ihnen in Kontakt treten kannst. Sei also nicht traurig, wenn sich erst mal keine Seelengeschwister in deinem Spirit Team zeigen.

Krafttiere

Krafttiere sind, im Gegensatz zu den Seelengeschwistern, oft gesehen in einem Spirit Team. Ein Krafttier begleitet dich dein ganzes Leben lang und unterstützt dich auf deinem Weg. Oft ist es an deiner Seite, wenn du bestimmte Aufgaben zu erledigen hast. Jedes Krafttier hat dabei eine andere Bedeutung. Wenn du mehr dazu wissen möchtest, findest du auf dem Markt viele wunderbare Bücher über Krafttiere und ihre Botschaft für dich.

Fabelwesen

Fabelwesen sind Wesen, die mit uns auf der Erde leben, aber eine so andere Schwingung haben, dass wir sie nicht mit den Augen wahrnehmen, sondern über unsere Herzen. Wie zum Beispiel ein Drache, ein Einhorn oder auch Zwerge. Einfach alle Wesen, die wir nicht sehen können, weil wir in einer anderen Schwingung sind. Auch diese Wesen können Teil deines Spirit Teams sein und sie bringen viel Freude, Lachen und natürlich auch Wissen in dein Team.

Eine kurze Übersicht über alle Begriffe

Chakra	Es gibt sieben Hauptchakren im Körper. Diese Energiezentren helfen dir, dich mit deiner inneren Mitte und deiner Seele zu verbinden.
Feinfühligkeit	Bezeichnet die Fähigkeit, deine Umgebung durch deine Gefühle wahrzunehmen und damit oft zwischen den Zeilen zu lesen und auch Ungesagtes zu fühlen.
Intuition	Ist der Überbegriff über alle Hellsinne. Intuition ist immer das Erste, was sich entwickelt, noch bevor sich die einzelnen Hellsinne tiefer zeigen.
Hellfühlen	Bezeichnet die Fähigkeit, über Gefühle und Körperwahrnehmung Impulse aufzunehmen und weiterzugeben.
Hellhören	Damit gemeint ist die Fähigkeit, über die biologischen Ohren und das innere Ohr Wörter, Töne und Sätze zu hören, zu verstehen und richtig zu interpretieren.
Hellriechen	Bezeichnet die Fähigkeit, über die Nase aufgefangene Impulse richtig zu interpretieren und weiterzugeben.
Hellschmecken	Damit gemeint ist die Fähigkeit, über den Geschmackssinn empfangene Impulse zu verstehen und richtig interpretiert weiterzugeben.
Hellsehen	Bezeichnet die Fähigkeit, durch die biologischen Augen und das dritte Auge Bilder, Filme, Farben und Symbole wahrzunehmen, zu verstehen und weiterzugeben.
Hellwissen	Damit gemeint ist die Fähigkeit, durch inneres Wissen Antworten aus der geistigen Welt zu empfangen und zu übermitteln.
Hochsensibilität	Bezeichnet die Fähigkeit, auf Input von außen zu reagieren. Das kann sich auf ausgesprochen unterschiedliche Weise zeigen. Typisch ist zum Beispiel, wenn man auf helles Licht oder laute Töne sensibel reagiert.
Medialität	Damit gemeint ist die Fähigkeit, sich mit der geistigen Welt zu verbinden und Informationen und Impulse aus der geistigen Welt wahrzunehmen und weiterzugeben.
Sensitivität	Bezeichnet die Fähigkeit, sich von Herz zu Herz mit einer anderen Person zu verbinden und diese Person in ihrer Ganzheit wahrzunehmen.
Spirit Team	Die Wesen aus der geistigen Welt, die helfend und unterstützend zur Seite stehen.

Fähigkeiten im Alltag anwenden – Meine Tipps für dich

Bevor wir in eine erste Übung und danach in den Praxisteil starten, möchte ich dir gerne noch einige **allgemeine Tipps** für deinen Weg in die spirituelle Welt an die Hand geben. Alle Tipps haben mir persönlich sehr dabei geholfen, entspannter und mit weniger Druck an die Übungen heranzugehen und am Ball zu bleiben. Unterm Strich möchte ich, dass du erkennst, dass intuitive Fähigkeiten etwas Normales sind, das du ganz natürlich in deinen Alltag integrieren kannst. Je unbeschwerter du damit umgehst, um so einfacher und schneller wirst du Erfolg damit haben.

Tipp 1

Du darfst auch mal lachen

Viele Menschen gehen mit ihren intuitiven Gaben auffallend ernsthaft und humorlos um. Für sie war und ist Spiritualität gleichgesetzt mit der Kirche. Darum verhalten sie sich ihren Fähigkeiten gegenüber genauso ernsthaft und gesetzt. Aber Spiritualität ist nicht so. Du darfst auch mal lachen. Bewahre dir deinen Humor und nimm weder deine Erfolge noch deine Misserfolge zu ernst.

Die geistige Welt sagt: Lachen hilft bei einem spielerischen Zugang zu deinen intuitiven Fähigkeiten. Es geht darum, fröhlich und freudvoll an dieses Thema heranzugehen und wenn es nicht klappt, in Gelächter auszubrechen. Ich persönlich habe schon oft mit der geistigen Welt gelacht und nein, nicht von Anfang an. Es gab auch Momente, in denen ich verzweifelte, dann wütend wurde und schließlich in Tränen ausgebrochen bin. Ich will also nicht sagen, dass du nicht weinen oder frustriert sein darfst. Aber wenn du dich mit deinen intuitiven Fähigkeiten beschäftigst, denke daran, in die Freude zu gehen, die Übungen spielerisch, fröhlich und freudvoll anzugehen. Denn damit wird es viel, viel einfacher. Dann lernst du, wie ein kleines Kind zu spielen und in die Harmonie zu gehen. Alles, was du in Freude machst, fällt dir leicht und du bist mehr in der Hingabe und Annahme. Und genau das ist es, was du brauchst, um deine Fähigkeiten wirklich nutzen zu können.

Tipp 2

Du bist ein gleichberechtigter Teil deines Spirit Teams

Mein zweiter Tipp bezieht sich ganz konkret auf die Zusammenarbeit mit deinem Spirit Team. Hier rate ich dir, dir bewusst zu machen, dass in deinem Team alle gleichberechtigt sind. Du kannst dir eine flache Hierarchie vorstellen, in der jedes Wesen seinen Auftrag hat und diesen Auftrag nach bestem Wissen und Gewissen erfüllt. Jeder in diesem Team ist gleich wichtig. So ist deine Aufgabe in diesem Team zufälligerweise, „Mensch" zu sein und zum Beispiel die Botschaften aus der geistigen Welt auf die Erde zu tragen. Diese Aufgabe ist nicht besser oder schlechter als „Schutzengel", „Geistführer", „Sternenwesen" oder „Krafttier" zu sein. Es ist einfach eine Aufgabe, so wie jede andere auch. Mit diesem Denken wird es dir vielleicht leichter fallen, alle Hilfe aus deinem Team anzufordern, die du brauchst. Es wird dir dann auch nicht mehr peinlich sein, die gleiche Frage fünf Mal zu stellen, denn es ist nun mal wichtig, dass du die Antwort richtig verstehst. Und du wirst dich nicht höher oder tiefer als die Wesen aus deinem Team stellen, egal ob du einen sehr guten oder sehr schlechten Tag hattest. Bedenke: Wir sind alle gleichgestellt und wir sind alles einmalige Individuen.

Tipp 3

Du brauchst keine Angst zu haben

Eine große Herausforderung, die dir sehr wahrscheinlich – genau so wie mir und vielen anderen Menschen – beim Thema Hellsinne begegnen wird, ist die konstante Angst, dass du die Impulse doch falsch verstehen und dir vielleicht nur etwas einbilden könntest. Diese Angst stammt aus unserem Elternhaus und aus der jüngsten Kindheit (siehe Exkurs auf der nächsten Seite). Doch du bist jetzt erwachsen und darfst dir nun erlauben, dich von dieser Angst freizumachen.

Exkurs

Versetze dich einmal in Gedanken in eine Zeit zurück, in der du drei oder vier Jahre alt warst. Deine intuitiven Gaben waren noch vollständig vorhanden und offen und du hast deinen Tag in Harmonie mit dir, deinem Umfeld und deiner geistigen Führung verbracht. Du konntest dein Umfeld wunderbar über alle deine Sinne wahrnehmen und du hast diesen Wahrnehmungen auch vertraut. Und dann war zum Beispiel eines Tages deine Mutter plötzlich ganz traurig. Vielleicht hatte sie einen Streit mit deinem Vater oder sie hatte eine schlechte Nachricht bekommen. Du konntest fühlen, dass sie etwas sehr belastet, und wahrnehmen, wie erschöpft und erschüttert sie war. Du bist also zu deiner Mutter hingegangen und hast sie gefragt: „Mama, warum bist du traurig?" Was glaubst du, in wie vielen Fällen deine Mutter geantwortet hat: „Ich bin nicht traurig, mein Kind." Deine Mutter wollte dich damit schützen. Sie wollte nicht, dass du dir Sorgen um sie machen musst, und sie wollte ihrem Baby auf keinen Fall ihr Herz ausschütten. Es war einfach nur ein Schutzmechanismus und ein ganz natürlicher Mutterinstinkt und geschah aus reiner Liebe. Doch dummerweise war dieser Schutzmechanismus in diesem Fall für dich nicht hilfreich. Denn du hast daraufhin angefangen, an deinen Wahrnehmungen zu zweifeln. Deine Mutter hat dir vermittelt, dass das, was du über deine Intuition wahrgenommen hast, nicht korrekt ist. Sie wollte dich schützen, aber mit ihrem Schutz hat sie angefangen, dir das Vertrauen in deine Fähigkeiten zu nehmen. Denn als kleines Kind ist deine Mutter gleichgestellt mit Gott. Sie ist das Maß aller Dinge, es geht gar nicht anders. Und wenn sie nun sagt, dass du mit deiner Intuition danebenliegst, dann wird sie damit recht haben und deine Intuition war falsch. Verstehst du die Tragödie, die hinter diesem eigentlich ziemlich nachvollziehbaren Verhalten steckt? Du beginnst, deine Wahrnehmung zu bezweifeln, und ab dem Moment braucht es nur noch ein paar Mal den Hinweis, dass du viel zu viel Fantasie hast und was du dir doch alles Lustiges ausdenkst und schon fängst du an, deine Intuition abzulehnen, zu verleugnen und abzuwürgen. Und heute sind wir da und wollen genau diese Intuition wieder schulen und lernen, ihr wieder zu vertrauen. Bitte sei auf diesem Weg sanft zu dir. Du bist dabei sehr verletzt worden und es ist nicht hilfreich, dich noch weiter zu verletzen.

Tipp 4

Halte deine Gedanken und Erfolge schriftlich fest

Da dein ursprüngliches Vertrauen in deine Wahrnehmung höchstwahrscheinlich verschüttet ist, braucht es auch länger, um es wieder aufzubauen. Vertrauen ist nichts, was wir erzwingen können. Vertrauen wächst langsam. Schritt für Schritt. Es geht für dich jetzt darum, zu erkennen, wo du bereits intuitiv bist, und diese Erfolge so für dich festzuhalten, dass du dich auch später wieder daran erinnerst. Eines der wichtigsten Tools, die ich dir dafür an die Hand geben möchte, ist ein spirituelles Tagebuch, in dem du deine Erfahrungen, deine Impulse, Wahrnehmungen und natürlich auch Erfolge erfasst. Ich weiß, das hört sich ein bisschen langweilig an. Aber vertrau mir: Wenn du deine Erfolge nachlesen kannst, dann wirst du viel schneller ins Vertrauen kommen und deine nächsten Erfolge lassen nicht so lange auf sich warten.

Du wirst nach den Übungen darum gebeten werden, deine Erfahrungen zu notieren. Diese Notizen werden dir über die Wochen, Monate oder gar Jahre helfen, deine Entwicklung zu beobachten und zu dokumentieren. Vor allem aber wird aus diesen Notizen irgendwann dein ganz persönliches Nachschlagewerk. Du wirst es im Verlauf des Buches merken: Ich werde dich oft Dinge fragen, damit du erkennst, wie du – und zwar du ganz persönlich – funktionierst und welche Wahrnehmungen du hast. Natürlich gibt es immer die Möglichkeit, für jede Erkenntnis, die du hast, Google zu fragen. Aber das ist nicht relevant. Es ist relevant, was DU wahrgenommen hast und wie DEINE Empfindungen sind. Wenn du beginnst, diese Erkenntnisse aufzuschreiben, kannst du jederzeit darauf zurückgreifen.

Kaufe dir gerne ein schönes Buch und lass die ersten vier Seiten darin leer. Diese kannst du als Index nutzen, so dass du nachschlagen kannst, wenn du nach einer bestimmten Farbe oder einer bestimmten Wahrnehmung suchst.

Natürlich kannst du dieses Buch auch in digitaler Form führen, wenn dir das lieber ist.

Tipp 5

Komme in die Leichtigkeit

Genauso wichtig wie das Protokollieren deiner Arbeit ist es, dir niemals Druck zu machen. Höchstwahrscheinlich erlebst auch du sehr viel Druck und hast oft das Gefühl, nicht zu genügen, es nicht richtig zu machen oder nicht richtig dazuzugehören. Bitte überlege dir kurz, was dieser Druck mit dir macht. Wird dein Gefühl dadurch besser oder schlechter? Genau. Wie solltest du besser in deine Intuition kommen, wenn du dir gleichzeitig mit der Peitsche ständig auf den Rücken schlägst? Versprich dir daher, dich niemals unter Druck zu setzen, wenn es um deine intuitiven Fähigkeiten geht. Wann immer du merkst, dass du in Anspannung, Ehrgeiz und Druck gehst, mache sehr bewusst etwas, das dir Freude bereitet. Stelle laute Musik an und singe und tanze dazu. Hüpfe durch dein Zuhause. Gehe raus in die Natur. Spiele wilde Spiele mit deinen Kindern. Rufe deine Freundin an und mach mit ihr ein paar Minuten Lachyoga oder einen Kicherwettbewerb. Stelle sicher, dass du achtsam wieder in deinen Körper und in deine Leichtigkeit kommst.

Wenn du einen Erfolg erzielst, dann freue dich darüber und mache ihn nicht klein. Wenn du einen Misserfolg erzielst, dann analysiere ihn ganz neutral und lerne daraus, was du das nächste Mal besser machen kannst. Es ist ein Training. Du wirst den selben Fehler immer wieder machen, bis du lernst, es richtig zu machen und von Anfang an den Weg zu gehen, der zum Erfolg führt. Das ist völlig okay. Wichtig ist: Schaue genau hin. Wenn du merkst, dass du dich klein machst und deine Gaben herabwürdigst, dann höre sofort damit auf. Überlege dir immer, was deine allerbeste Freundin in diesem Moment sagen würde, und wiederhole genau diese Worte.

Übung

Eine erste Übung zum Einstieg

Nun möchte ich eine der wichtigsten Übungen überhaupt mit dir teilen, auf die du vor allem zu Beginn immer wieder zurückkommen kannst, um deine Wahrnehmung zu überprüfen. Ich zeige dir zwei verschiedene Versionen, damit du sie machen kannst, egal, wo du gerade bist und ob du Zuschauer hast.

DAS KÖRPER-PENDEL (ÜBUNGSVARIANTE 1)

Das Körper-Pendel nutzt du, damit du dich immer wieder in Verbindung mit dir bringen kannst. Es hilft dir, ein klares Ja oder Nein zu fühlen und somit auch zu unterscheiden. Denn in dem Moment, in dem du anfängst, dich mit deinen intuitiven Fähigkeiten zu verbinden, wirst du auch anfangen, genau daran zu zweifeln. Diese Zweifel sind ganz normal und komplett natürlich. Sie gehören zu deinem Entwicklungsprozess. Wenn du aber Möglichkeiten hast, deine Zweifel zu überprüfen und zu testen, ob du wirklich eine intuitive Wahrnehmung hast oder nicht, dann wird deine Lernkurve sehr viel steiler nach oben gehen und dein Selbstbewusstsein wird viel stärker unterstützt.

Lass uns beginnen

- Setze dich aufrecht hin oder stehe aufrecht.
- Stelle nun deine Beine etwa hüftbreit auseinander und achte darauf, dass du einen guten Stand hast.
- Dann sagst du – wenn möglich laut – deinen eigenen Namen. Sprich dabei genau diesen Satz: „Mein Name ist …"
- Dann stehst du einen Moment lang still und überprüfst, wie du dich fühlst, wenn du deinen Namen laut aussprichst. Nimm alle Wahrnehmungen, die sich dir zeigen, einfach an und beobachte ganz neutral, was passiert.

- **Stelle dir dann einige oder alle dieser Fragen:**
  - Was passiert in meinem Körper?
  - Fühle ich mich sicher?
  - Stehe ich ruhig und stark? Oder habe ich das Gefühl, auf wackligem Boden zu stehen?
  - Merke ich, dass ich in eine bestimmte Richtung pendle?
  - Wird mir vielleicht sogar übel?
  - Oder fühle ich mich heiß oder ganz kalt?

- Das reicht allerdings noch nicht, denn du hast ja noch keine Vergleichsmöglichkeiten. Diese schaffen wir jetzt, in dem du dir im nächsten Schritt einen fremden Namen gibst: Du würdest dann vielleicht sagen: „Mein Name ist Barbara." Sprich, jetzt nutzt du einen Namen, der nicht deiner ist.

- Und nun vergleichst du: Wie fühlt sich der fremde Name im Vergleich zu deinem eigenen an? Damit kannst du für dich ergründen, wie sich ein Ja – nämlich dein eigener Name – und ein Nein – nämlich ein fremder Name – anfühlt und wie du diese beiden Wahrnehmungen klar unterscheiden kannst. (Ich merke zum Beispiel, wenn ich einen fremden Namen benutze, sofort tiefe Übelkeit in meinem Magen und auch, dass ich nicht mehr aufrecht und gerade stehen kann. Es fühlt sich ungut an und man will der Situation so rasch wie möglich entfliehen.)

Tipp

Immer, wenn du jetzt eine Botschaft aus der geistigen Welt bekommst oder eine intuitive Antwort mit den eigenen Hellsinnen wahrnimmst, aber das Gefühl hast, ihr nicht wirklich vertrauen zu können, mache kurz das Körper-Pendel und überprüfe, ob sich die Antwort eher nach einem „Ja – fühlt sich an wie mein Name" oder nach einem „Nein – fühlt sich an wie ein fremder Name" anfühlt. Immer, wenn es sich richtig und stimmig anfühlt – eben ganz so, wie dein eigener Name – kannst du dich darauf verlassen, dass die Information, die du gerade bekommen hast, eine wirkliche intuitive Information war. Bei einem „Nein" kommt die Wahrnehmung aus deinem Kopf und war nicht wirklich eine intuitive Information.

TIPPS FÜR DIESE ÜBUNG

- Wenn du zum Beispiel auf den Namen Sabine getauft bist, dich aber schon dein Leben lang Sophie nennst, dann mache bitte das Körper-Pendeln mit Sophie. Denn du identifizierst dich mit dem Namen Sophie. Vielleicht ist der Unterschied deines Namens allerdings gar nicht so groß. Vielleicht heißt du Franziska, nennst dich aber schon immer Franzi. In dem Fall probiere aus, welcher der beiden Namen für dich stimmiger ist. Probiere aus, was sich für dich kraftvoller anfühlt. Wir alle sind unterschiedlich in unserer Wahrnehmung und ich möchte dich herzlich einladen, jede Übung, die du in diesem Buch findest, für dich zu überprüfen und so anzupassen, dass sie ganz genau auf deine Bedürfnisse passt. Ich gebe dir hier weiter, was für mich optimal ist, aber ich bin mir bewusst, dass mein Optimal nicht gleichzusetzen ist mit deinem Optimal.

- Wenn du das Gefühl hast, dass du überhaupt nichts fühlen kannst oder keinen Unterschied wahrnimmst, dann probiere es noch einmal aus. Manchmal muss man tatsächlich als Erstes ein bisschen aus der Energie rausgehen und sich einmal um die eigene Achse drehen. Oder tief durchatmen, an die frische Luft gehen, auch mal hüpfen und stampfen, damit du wirklich bei dir bist und fühlen kannst, wie deine Wahrnehmung jetzt ist.

KINESIOLOGISCHER MUSKELTEST (ÜBUNGSVARIANTE 2, FÜR UNTERWEGS)

Die gleiche Übung kannst du auch machen, wenn du unterwegs bist, und zwar mit dem kinesiologischen Muskeltest.

- Bilde als Erstes aus Daumen und Ringfinger beider Hände einen kleinen Ring. Du drückst dafür jeweils den Ringfinger und den Daumen aufeinander. Diese beiden Ringe verbindest du miteinander, so dass beide Hände miteinander verbunden sind.

- Nun stellst du dir die Frage, die dich gerade beschäftigt, oder überprüfst deine intuitive Wahrnehmung. Auch hier nutzt du deinen Namen als Referenz. Wenn du die Aussage „Mein Name ist ..." mit deinem eigenen Namen machst, halten deine Muskeln den Test, wenn du versuchst, die beiden Ringe auseinander zu ziehen. Die Muskeln sind stark und du kannst die Ringe nicht öffnen. Wenn du aber sagst: „Mein Name ist Barbara (oder einen anderen Namen, der NICHT deiner ist)", dann halten deine Muskeln nicht und du kannst die Ringe der vier Finger nicht halten. So bekommst du Klarheit.

Hellfühlen

Bist du bereit, in die Welt der Hellsinne einzutauchen? Dann lass uns beginnen, und zwar mit dem Hellfühlen …

Fühlen ist etwas, das wir Menschen immer tun. Etwas, das uns in jedem Moment unseres Tages begleitet. Denn egal, was wir gerade tun, wir haben dazu ein Gefühl. Die meisten von uns sind gut mit ihren Gefühlen verbunden, sofern diese stark genug für sie sind, um sie wahrzunehmen. Das heißt, auch du wirst wahrscheinlich jederzeit wissen, ob du gerade glücklich oder wütend bist, denn Glück und Wut sind Emotionen, die so stark sind, dass du sie auf jeden Fall wahrnehmen kannst. Ein Gefühl ist also für dich etwas Normales, etwas, womit du im Alltag viel zu tun hast. Und genau aus diesem Grund wenden wir uns als Erstes dem Thema Hellfühlen zu. Denn meiner Erfahrung nach ist das der Hellsinn, der sich bei den meisten Menschen am leichtesten entwickelt. Oder vielleicht sollte ich sagen: Es ist derjenige der Hellsinne, der bei den meisten Menschen schon vorhanden ist.

Was ist Hellfühlen ganz genau?

Als Hellfühlen bezeichnet man die Fähigkeit, Gefühle anderer Menschen wahrzunehmen. Dabei können diese Menschen noch leben oder auch schon verstorben sein. Unter Hellfühlen versteht man gleichzeitig auch die Fähigkeit, die Gefühle einer bestimmten Situation wahrzunehmen. Zum Beispiel die Gefühle einer Gruppendynamik oder eines bestimmten Ortes. Beim Hellfühlen geht es darum, zu erspüren, welche Wahrnehmungen die Situation oder der Mensch hat. Die Herausforderung dabei ist, zu erkennen, dass das, was du gerade wahrnimmst, nichts mit dir und deinen eigenen Gefühlen zu tun hat, sondern aus dem Außen kommt und dir einen Hinweis darauf gibt, was um dich herum passiert.

Gefühle eines anderen Menschen wahrnehmen

Gefühle einer Gruppe wahrnehmen

Gefühle von einem Ort wahrnehmen

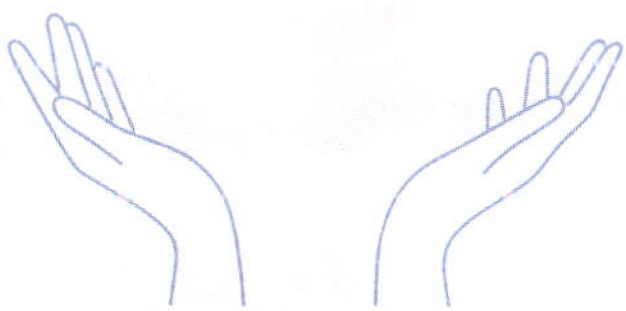

Hellfühlen – meist erst negativ, dann aber wundervoll

Lass uns auf der nächsten Seite ein Beispiel betrachten, damit du erkennst, wie oft und leicht du ins Hellfühlen gehst und wie normal das intuitive Wahrnehmen einer Situation eigentlich ist. Denn Hellfühlen ist etwas, das du nicht nur tust, wenn du dir dessen bewusst bist, sondern auch, wenn du dir noch nie Gedanken darüber gemacht hast.

Einen kleinen Hinweis möchte ich dir vorab schon mal geben: Hellfühlen ist ein Hellsinn, den **viele Menschen erst einmal negativ erleben,** bevor sie lernen, damit umzugehen. Aus diesem Grund kann es sein, dass dieses Kapitel stellenweise erst einmal etwas negativ auf dich wirken könnte. Doch lass dich davon nicht entmutigen. Trotz der Schwierigkeiten, die sich zu Beginn bei vielen Menschen einstellen, verbirgt sich hinter diesem Hellsinn etwas **ganz Wundervolles.** Du wirst es sehen.

Und nun lass uns in das erste Fallbeispiel eintauchen.

Fallbeispiel: Lea und das Meeting

Lea arbeitet als Assistentin in einem größeren Unternehmen. Heute Nachmittag haben drei der Partnerinnen dieses Unternehmens eine Sitzung. Lea selbst ist daran nicht beteiligt. Sie sitzt an ihrem Schreibtisch und ist auf ihre Arbeit konzentriert. Sie schreibt gerade Rechnungen, etwas, das sie jede Woche tut. Doch plötzlich merkt Lea, dass ihre Stimmung immer angespannter wird. Ihr Bauch zieht sich unangenehm zusammen, ihr wird sogar leicht übel. Sie kann sich nicht so recht erklären, was eigentlich los ist, und beginnt zu überlegen, ob sie vielleicht etwas Schlechtes zum Mittag gegessen hat. Schließlich steht sie auf, streckt sich, atmet tief durch und holt sich einen Tee. Aber ihre Stimmung wird dabei nicht besser und sie fühlt sich irgendwie komisch, obwohl sie nicht sagen kann, was mit ihr genau los ist.

Nach zwei Stunden ist die Sitzung der Partnerinnen vorbei und alle drei gehen in ihre Büros zurück. Lea steht auf und geht ins Sitzungszimmer, um die leeren Kaffeetassen wegzuräumen und Ordnung zu machen. Sie betritt den Sitzungsraum und bleibt wie erstarrt stehen. Die Luft im Raum ist buchstäblich dick genug, um sie zu schneiden. Schnell tritt Lea ans Fenster, um frischen Sauerstoff hereinzulassen, aber irgendwie scheint sich die Luft nicht zu verbessern. Ihr wird so richtig übel, während sie die Tassen wegträgt, und auch ihr Kopf beginnt zu pochen. Lea überlegt, ob sie vielleicht eine Migräne bekommt. Automatisch überschlägt sie, wo sie im Zyklus steht oder ob das Wetter entsprechend ist, aber beides scheint ihr nicht logisch. Sie kann sich nicht erklären, wieso sie sich plötzlich so schlecht fühlt.

Angeschlagen sitzt sie an ihrem Schreibtisch und versucht, sich wieder auf ihre Arbeit zu konzentrieren. Ihre Chefin macht heute früher Feierabend und verlässt das Büro. So langsam geht es Lea besser. Auch die zweite Partnerin scheint noch einen Termin außerhalb zu haben und verabschiedet sich. Lea bekommt das Gefühl, wieder besser atmen zu können. Ihr Kopf tut zwar noch weh, aber ihr ist nicht mehr so übel.

Nach der Arbeit holt sich Lea Abendbrot und geht dann nach Hause. Und sie denkt gar nicht mehr daran, dass sie sich über den Tag hinweg schlecht gefühlt hat. Es geht ihr blendend und sie genießt ihren Abend. Erst am nächsten Morgen, als Lea das Büro betritt, fällt ihr wieder ein, wie schlecht sie sich gestern gefühlt hatte. Ihre Chefin ruft nach ihr und sie geht in ihr Büro. Sie übergibt ihr die Unterlagen für das Protokoll der Sitzung, das Lea schreiben muss, und diktiert ihr noch ein paar zusätzliche Dinge. Aus ihren Unterlagen und Bemerkungen erkennt Lea, dass die drei Partnerinnen sich am Tag zuvor während der Sitzung fast die Köpfe eingeschlagen haben, weil sie sich so uneinig waren über die Entscheidung, die sie zu fällen hatten. Sie kann richtig fühlen, wie ihre Chefin noch immer kocht vor Wut.

Kommt dir diese Situation aus dem Fallbeispiel oder eine ähnliche bekannt vor? Ist es etwas, das du schon einmal erlebt hast?

Das ist ein Beispiel für Hellfühlen.

Denn obwohl Lea nicht in dem Raum anwesend war, konnte sie durch die Wände hindurch wahrnehmen, dass die Sitzung eskaliert ist. Ihr ganzer Körper hat darauf reagiert. Das Problem an unserem Beispiel ist, dass Lea sich ihres Hellfühlens nicht bewusst war. Sie wusste nicht, dass sich ihre starke körperliche Reaktion nicht auf eine schlechte Mahlzeit oder eine Migräne bezog, sondern auf den Streit, der nebenan gerade ausgebrochen war. Sie hat ihre Symptome auf sich selbst bezogen und konnte sich nicht erklären, warum sie sich plötzlich so schlecht gefühlt hat.

So geht es zunächst vielen Menschen, die sich noch nicht mit ihren intuitiven Gaben auseinandergesetzt haben und daher bislang noch nicht wissen, wie sie damit erfolgreich und besser umgehen können. Doch wenn du erst einmal gelernt hast, was Hellfühlen für dich bedeutet, besitzt du die wunderbare Gabe, die Gefühle von anderen Menschen wahrnehmen und deuten zu können. Ich persönlich liebe das Hellfühlen und die Wahrnehmungen, die damit verbunden sind. Damit auch du in Zukunft die freudvolle, hilfreiche Seite des Hellfühlens erleben kannst, werde ich dir zeigen, wie du erkennst, ob ein Gefühl aus dir heraus entsteht oder ob es etwas ist, das aus dem Außen kommt und das du getrost abgeben darfst, weil du nicht dafür verantwortlich bist.

Lass uns nun etwas tiefer in das Hellfühlen einsteigen und den Unterschied zwischen objektivem und subjektivem Hellfühlen kennenlernen.

Das objektive, körperliche Hellfühlen

In unserem Beispiel mit Lea ging es um ein sehr klares objektives Wahrnehmen der Situation. Lea wurde übel und sie hat Kopfweh bekommen. Das heißt, ihr ganzer Körper hat sie darauf hingewiesen, dass etwas nicht in Ordnung ist. Bei dieser Wahrnehmung sprechen wir vom objektiven oder körperlichen Hellfühlen. **Diese Form des Hellfühlens ist etwas, das viele Menschen schon kennen, bevor sie sich mit ihren intuitiven Gaben vertraut machen,** und in vielen Fällen ist das sehr unangenehm. Diese Menschen haben dann das Gefühl, dass sie nicht belastbar sind, weil sie so schnell auf ihre Umwelt reagieren. In manchen Fällen ziehen sie sich dann immer mehr zurück, denn sie wissen nicht, wie sie mit diesen Empfindungen umgehen können. Sie werden dann von der Gesellschaft als hochsensibel abgestempelt. Dabei sind sie hellfühlend. Und Hellfühlen ist eine wunderbare intuitive Gabe, die sehr viel Wissen und Klarheit in dein Leben bringen kann.

In meiner Praxis und meinen Ausbildungen ist das objektive, körperliche Hellfühlen einer der Hellsinne, die ich für fast jede Sitzung brauche. Wenn ein Klient oder ein Student eine Frage zu einer bestimmten Situation in seinem Leben hat, reagiert mein Körper blitzartig darauf. So kann es zum Beispiel sein, dass ich bei einer Frage sofort ein Kribbeln im Bauch habe, als ob ich mit Sauerstoffbläschen gefüllt wäre. Das ist ein Hinweis darauf, dass die Situation sehr gut für meinen Klienten ist und ich ihm in dem Fall zu der Entscheidung raten würde, denn das Resultat fühlt sich freudvoll und glücklich an.

Nun kann es beim objektiven Hellfühlen sehr unangenehm werden, wenn man alles fühlt, was die Menschen im Umfeld gerade fühlen und erleben. Denn diese Gefühle sind ja nicht immer schön, sondern können auch schmerzhaft und traurig sein. Deshalb ist es besonders wichtig, zu erkennen, dass das, was du wahrnimmst, nichts mit dir zu tun hat, sondern nur eine Spiegelung deines Umfeldes ist. Du darfst dabei in einer **Beobachterrolle** bleiben. Es geht nicht darum, dass du diese Wahrnehmung bei dir behältst, sondern es geht nur darum, sie aus einer neutralen Position heraus wahrzunehmen.

Das subjektive, emotionale Hellfühlen

Nun gibt es neben der objektiven Form des Hellfühlens auch noch die subjektive Wahrnehmung.

Unter dem Begriff subjektives, emotionales Hellfühlen verstehen wir das **Wahrnehmen von Gefühlen von anderen Menschen.** Wir haben davon gesprochen, dass wir körperlich wahrnehmen, wie es unserem Umfeld geht. Was ist aber mit Gefühlen?

Hast du schon einmal erlebt, dass du dich ganz grundlos plötzlich fröhlich, aufgeregt oder wütend gefühlt hast? Vielleicht warst du in einer Stadt oder in einem Park und für dich ganz neutral. Doch auf einmal fühlst du dich ganz ausgelassen oder bist unerklärlich traurig. Das könnte darauf hinweisen, dass du hellfühlend die Gefühle anderer Menschen wahrgenommen hast. Von Menschen, die sich in deiner Nähe befinden. Wenn du dir ein Gefühl nicht erklären kannst, dann kann es sehr hilfreich sein, dich umzuschauen und zu beobachten, ob du vielleicht einfach ein Gefühl von jemandem in deinem Umfeld übernommen hast. Auch diese Gefühle sind wunderbar und ein großartiger Hinweis darauf, dass du intuitive Gaben hast, die sich dir zeigen wollen.

Denke immer daran: Diese Gaben sind ein Geschenk, keine Bürde.

Bei der emotionalen Form des Hellfühlens geht es darum, deine Gefühle und die Gefühle aus deiner Umgebung auseinanderhalten zu lernen, so dass du für dich erkennst, ob du gerade selbst wütend bist oder ob du die Wut deiner Nachbarin oder deines Kindes wahrnehmen kannst. Emotionales Hellfühlen ist etwas, das die meisten hochsensiblen Menschen schon aus ihrer Kindheit kennen. Sie konnten damals ganz genau fühlen, ob es Mama oder Papa gerade gut geht, und sie wussten, wie die Stimmung zu Hause ist.

Zusammenfassung

Objektives, körperliches Hellfühlen	Die **körperliche Wahrnehmung** von Gefühlen: Heiß, kalt, Sauerstoffbläschen, Übelkeit, Kribbeln etc.
Subjektives, emotionales Hellfühlen	Die **emotionale Wahrnehmung** von Gefühlen: Liebe, Freude, Trauer, Wut, Aufregung etc.

Fallbeispiel 2: Die Beerdigung

Lass uns mit einem zweiten Fallbeispiel tiefer in das Thema Hellfühlen eintauchen.

Ich erinnere mich noch sehr gut an die Beerdigung meiner Tante. Sie war eine wunderbare Frau mit einem großen Freundeskreis und es hatten sich viele Menschen zu ihrer Urnenbeisetzung getroffen. Auch ich stand mit am Grab. Es war ein kühler, regnerischer Tag im September und die Welt war schon sehr herbstlich. Auch die Stimmung war natürlich gedrückt und viele Menschen waren sehr traurig und weinten. Ganz automatisch versuchte ich, die Energie zu halten und damit die Menschen zu unterstützen. Doch in dem Moment, als die Urne in die Erde gelassen wurde, überwältigte mich eine unbeschreibliche Trauer. Das muss der Augenblick gewesen sein, in dem den Menschen am Grab bewusst wurde, wovon sie gerade Zeuge wurden, und der Moment, in dem sie ihre Gefühle zulassen konnten. Diese große Menge an Trauernden war für mich zu viel und überwältigte mich. Da ich versuchte, die Kontrolle zu halten, konnte sowohl meine eigene Trauer als auch die Trauer aller Menschen um mich herum, ungehindert in mein System eindringen und sich dort zu einer schier unüberwindbaren Gefühlslawine aufbauen. Ich merkte, dass ich ohnmächtig werden würde, wenn ich nichts machte. Mein Sichtfeld schrumpfte immer mehr ein, alles wurde schwarz-weiß, Schweiß lief mir von der Stirn und ich konnte kaum mehr atmen.

Zum Glück war das Wetter an dem Tag so unfreundlich und regnerisch. Ich erinnere mich nämlich daran, dass ich auf keinen Fall auf der nassen Friedhofserde kollabieren wollte. Darum sandte ich einen Hilfeschrei an meine geistige Führung und bat sie um Unterstützung. „Loslassen!", war das Wort, das ich daraufhin sehr, sehr laut in meinem inneren Ohr wahrnehmen konnte. „Lass die Kontrolle los und lass die Energien abfließen!" Glücklicherweise war ich sehr gut darauf eingestimmt, auf meine geistige Führung zu hören. Ich ließ nämlich sofort alles los und stellte mir vor, dass die Trauer der Anwesenden in die Erde abfließen und dort aufgenommen werden würde. Nur Sekunden später wurde mein Sichtfeld wieder größer, ich konnte wieder atmen und hatte wieder Boden unter den Füßen.

Für mich war dieser Moment eine wunderbare Lernlektion. Denn durch meine Arbeit als spirituelle Lehrerin bin ich sehr daran gewöhnt, die Energien einer Gruppe zu halten und zu formen. Das bedeutet, dass ich die Energien in einem Raum wahrnehme und sie mit meinen mentalen Kräften stärke oder auch harmonisiere. Aber auf dieser Beerdigung, auf der ich ja selbst als Trauergast mit dabei war, war dies nicht meine Aufgabe. Da ich aber abgelenkt und unaufmerksam war, hatte ich aus lauter Gewohnheit versucht, die Energie für alle zu halten. Für mich war das ein Moment, der mir sehr die Augen geöffnet hat, und daher möchte ich diese Erkenntnis auch mit dir teilen:

Es ist nicht deine Aufgabe,
die Kontrolle zu halten.
Lass die Gefühle einfach fließen.
Gerade, wenn es die Gefühle aus
deinem Umfeld sind und nicht
deine eigenen. Du musst sie
niemals festhalten.

Ich kann mir gut vorstellen, dass du solche Situationen, wie ich sie beschrieben habe, kennst. Und wenn dir solche Situationen bekannt vorkommen, dann kann ich mir auch gut vorstellen, dass es für dich beängstigend sein kann, dich deinem Hellfühlen zu öffnen. Doch vertraue mir: Es lohnt sich. Sei nachsichtig mit dir. Und falls dich doch eine Situation überwältigen sollte, denke immer daran: Wir sind alle jederzeit am Lernen. Wir sind niemals fertig damit. Diese Situation auf der Beerdigung ist vor noch nicht allzu langer Zeit passiert, als ich längst als spirituelle Lehrerin gearbeitet habe. Ich konnte sehr viel aus dieser Erfahrung lernen und bestimmt wird es dir genau so gehen.

Das Loslassen der Wahrnehmung ist die Essenz

Uns Menschen wird unser Leben lang eingetrichtert, dass wir die Kontrolle auf jeden Fall in jeder Situation fest in den Händen halten sollten. Doch wenn du anfängst, mit deinen Hellsinnen zu arbeiten, dann bist du eingeladen, dich davon zu de-konditionieren. Du darfst jede Kontrolle einfach loslassen und dich in deine Hellsinne entspannen. Keine Sorge, du wirst dabei getragen. Und darin versteckt sich ein Wunder: Wenn du die Kontrolle loslässt, wird das Gefühl vorbeigehen und du kannst in deinem Leben weitergehen. Denke immer daran, dass du nicht für dein Umfeld verantwortlich bist. In deinem Umfeld leben Menschen, die selbst Verantwortung für ihr Leben übernehmen, und du darfst ihnen vertrauensvoll dabei zusehen und sie für ihre Erfolge feiern.

Der Unterschied zwischen Mitleid und Mitgefühl

Gerade wenn es um das Thema Hellfühlen geht, ist es mir ein Anliegen, dir einen großen und ganz wichtigen Unterschied zu erklären: Denn **Mitgefühl ist nicht das Gleiche wie Mitleid.** Gerade wenn du hellfühlend bist, ist es sehr gut möglich, dass du auch sehr mitfühlend bist. Das heißt, dass du viel Mitgefühl für die Menschen in deinem Umfeld hast und wahrnehmen kannst, wie es ihnen geht. Wenn es ihnen gut geht, dann freust du dich mit ihnen. Wenn es ihnen schlecht geht, dann fühlst du auch mit und verstehst ihre traurigen Gefühle und Wahrnehmungen. Genau darin liegt beim Hellfühlen eine große Herausforderung. Denn in dem Moment, in dem du nicht ins Mitgefühl gehst und mitfühlend mit der anderen Person verbunden bist, sondern ins Mitleid gehst und aktiv beginnst, mit deinem Gegenüber mitzuleiden, wird es für dich sehr schwierig. Während Mitgefühl etwas Unterstützendes ist und etwas, womit du andere Menschen sehr motivieren, bestärken und ihnen Mut machen kannst, ist Mitleid ein Gefühl, das sehr destruktiv ist. Wenn du mit jemandem mitleidest, dann ist das oft etwas, das auf dich zurückfällt und das dich dann irgendwo in deiner Entwicklung blockiert. Du bist dabei selbst im Gefühl des Leidens. Du bist nicht mehr in einem positiven, guten Gefühl, sondern gefangen in einem negativen Gefühl.

Stellen wir uns vor, du leidest ganz heftig mit, wenn in deinem Umfeld etwas passiert. Dann könnte es sein, dass du anfängst zu hinken, wenn sich ein Freund das Bein bricht. Oder vielleicht bekommst du Kopfschmerzen aus lauter Mitleid, wenn dein Kind Migräne hat. Das heißt, du bist nicht mehr im Mitgefühl für dein Umfeld, sondern du gehst komplett ins Mitleiden. Und genau das möchtest du nicht. Du möchtest Mitgefühl haben und vielleicht fühlen können, dass sich diese andere Person schlecht fühlt. Wenn jemand Migräne hat, dann ist es hilfreich, wenn du sagen kannst: „Ich kann mir vorstellen, dass das schwer für dich ist" oder „Es tut mir leid, dass du gerade unter Migräne leidest." Vielleicht magst du auch fragen: „Kann ich dir etwas Gutes tun? Vielleicht ein Glas Wasser bringen? Oder soll ich dir den Nacken sanft massieren?" Aber wenn du stattdessen ins Mitleiden gehst und feststellst, dass du jetzt selbst auch Kopfweh bekommst und dich ins verdunkelte Zimmer legen musst, dann ist niemandem damit geholfen. Dir ist nicht geholfen, weil du dich schlecht fühlst, und deinem Gegenüber ist auch nicht geholfen, weil es sich ebenfalls schlecht fühlt. Weil du aber zu sehr ins Mitleiden gegangen bist und dich jetzt ebenfalls schlecht fühlst, kannst du auch nichts dagegen tun. Du kannst in dem Fall dein Umfeld nicht wirklich unterstützen oder zielgerichtet helfen.

Darum ist es für mich ganz wichtig, dass du wirklich lernst, was Mitleid ist und was Mitgefühl. Ganz grundsätzlich kannst du es dir so merken:

- **Mitleid** ist etwas, das dich energetisch herunterzieht. Du fühlst dich dabei nicht wohl, bist eher traurig und deprimiert und mit deinen eigenen Blockaden beschäftigt. Vielleicht könnte man sagen, dass sich deine Energie beim Mitleiden auf dich selbst richtet und du dann nur noch mit dir selbst beschäftigt bist.

- **Mitgefühl** ist hingegen eine liebevolle, hinnehmende Haltung für den anderen. Eine Haltung, in der du nichts verändern möchtest, sondern die Situation einfach annimmst, wie sie gerade ist. Du versuchst nicht zu verändern, wie es der anderen Person geht, sondern bist bereit, diese andere Person in ihrem Prozess jederzeit zu unterstützen.

Wenn du im Mitgefühl bist, ist deine Haltung liebevoll annehmend und deine Gefühle sind eher neutral. Wenn du im Mitleiden bist, bist du mitten im Drama und deine Gefühle fahren Achterbahn. Es geht dabei nicht darum, dich zu verurteilen, wenn du ins Mitleiden gehst, sondern zu lernen, deine Gefühle achtsam wahrzunehmen. Wenn du dich mitten im Drama ertappst, ist das nicht schlimm. Vielleicht kannst du versuchen, über dich selbst zu lächeln und dann in eine neutrale Haltung zu gehen. Je achtsamer du wirst, um so einfacher wird es dir fallen, dich selbst im Drama zu ertappen, und um so schneller kommst du daraus auch wieder hinaus, ohne dass du eine ganze Migräne dafür durchstehen musst.

Eine spielerische Form der Wahrnehmung

MENSCHEN ERSPÜREN, BEVOR MAN SIE SIEHT

Ich bin davon überzeugt, dass du viele Erklärungen viel einfacher verstehen kannst, wenn ich dir Beispiele aus meinem Alltag erzähle und davon, wie ich mit den Hellsinnen umgehe. Diese Geschichte ist vor vielen Jahren passiert und ich liebe sie sehr. Noch heute spiele ich gerne mit den Energien, wenn ich auf jemanden warte, und ich werde dir im Anschluss erklären, wie du das auch lernst.

Vor vielen Jahren war ich mit einer Freundin im Hauptbahnhof in Bern verabredet. Wir wollten zusammen Abendessen in einem Restaurant gleich beim Bahnhof, das wir beide sehr mochten. Ich war ein paar Minuten zu früh dran und wartete auf sie. Dabei machte ich eine kleine Übung, die ich in solchen Situationen gerne mache, und ließ meine Energie über den Platz fließen, an dem wir uns verabredet hatten. Ein paar Minuten später konnte ich sie von hinten auf mich zugehen fühlen. Als sie nur noch zwei Meter von mir entfernt war, drehte ich mich um und begrüßte sie.

„Wie machst du das?“, fragte mich meine Freundin etwas empört. *„Wieso weißt du immer, wann und woher ich komme? Dich kann man einfach nicht überraschen.“*

„Ich fühle dich“, erzählte ich grinsend. *„Sobald deine Energie in der Nähe ist, kann ich es fühlen, und dann muss ich nur noch wahrnehmen, aus welcher Richtung du kommst, und mich zu dir drehen.“*

„Aber wir sind hier mitten in einem Bahnhof voller Menschen, wie kannst du dann genau mich fühlen?“

„Ich kenne deine Energie. Eine Energie ist wie ein Fingerabdruck oder die Iris eines Auges. Unverwechselbar. Sobald eine Energie, die ich kenne, meine Aura berührt, nehme ich sie wahr und weiß, wer da ist.“

„Aber dann wäre es doch möglich, dass hier noch weitere Menschen sind, die du kennst“, fragte meine Freundin nachdenklich und schaute mich skeptisch an. Immerhin standen wir um sechs Uhr abends in einem vollen Hauptbahnhof.

„Ja“, ich nickte. *„Vorhin ist Lukas durchgelaufen. Ich habe ihn allerdings nicht gesehen, ich weiß nicht genau, wo er war.“* Lukas ist ein gemeinsamer Freund, den sie auch kannte.

„Das glaube ich dir nicht“, sagte sie sofort. *„Du kannst ja irgendetwas behaupten. Wie solltest du es denn beweisen können?“*

Ich zuckte die Schultern. *„Das können wir wohl nicht, oder?“*

Gemeinsam gingen wir zum Restaurant und wurden vom Kellner an unseren Tisch gebracht, den wir im Vorfeld reserviert hatten. Ich ging hinter meiner Freundin und war ein bisschen unaufmerksam, darum rumpelte ich ihr voll in den Rücken, als sie plötzlich stocksteif stehenblieb und mit offenem Mund auf Lukas schaute, der mit einem Freund an einem Tisch im Restaurant saß. Fassungslos schaute sie mich an. Ich grüßte grinsend und schob meine Freundin dem Kellner hinterher.

„Ich will wissen, wie du das machst!“, verlangte sie von mir, sobald wir saßen. *„Ich will das auch können.“*

Kein Problem! Ich erzählte ihr Schritt für Schritt, was sie machen musste.

Meine Freundin war mit meiner Anleitung zufrieden und versprach, zu üben. Einige Monate später hatten wir uns wieder verabredet. Ich war knapp dran und konnte schon von Weitem sehen, dass sie auf mich wartete. Vorsichtig schlich ich mich an sie an, immer so, dass sie mich nicht sehen konnte. Endlich hatte ich es zu ihr hin geschafft und wollte ihr gerade von hinten die Augen zuhalten, als sie ganz entspannt zu mir sagte: *„Ich kann dich fühlen.“*

Okay, ich gebe es zu: Ich habe mich ziemlich erschrocken. Noch viel mehr habe ich mich aber über ihren Erfolg gefreut.

Übung

Übung: Menschen erspüren

Möchtest du auch lernen, Menschen wahrzunehmen, bevor du sie sehen kannst? Super! Um zu verstehen, wie diese Übung funktioniert, möchte ich dir vorab eine kleine Erklärung geben.

Deine Aura ist ein Teil deines Körpers und sie ist – wie alles in unserem Universum – Energie. Nun ist Energie nicht an einen Ort gebunden, sondern sie kann sich frei bewegen. Sie kann sich also auch ausdehnen oder einziehen. Ich könnte mir gut vorstellen, dass du schon mal sehr schlecht gelaunt durch eine Stadt gelaufen bist. Dabei hast du unbewusst deine Energie ganz nah an deinen Körper gezogen, damit du so wenig wie möglich mit den Menschen zu tun hast, denen du begegnest. In dieser Übung machst du genau das Gegenteil davon. Du lässt deine Energie von dir wegfließen.

- Suche dir als Erstes einen großen, belebten Platz, zum Beispiel einen Bahnhof.
- Stelle dich aufrecht hin und sorge dafür, dass du mit beiden Beinen fest auf dem Boden stehst.
- Stelle dir nun vor, dass deine Energie wie Nebel über den Boden des Platzes fließt, auf dem du gerade stehst.
- Aus deinen Füßen heraus fließt Energie immer weiter über den Boden und umfließt die Füße der Menschen auf dem Platz. Sei dabei ganz entspannt und locker. Du willst nur beobachten und wahrnehmen, ganz ohne Ziel und ohne Druck.
- Lass deine Gedanken einfach schweifen. Fühle gleichzeitig, wie sich deine Energie ganz ohne Anstrengung über den Platz verteilt.
- Wenn deine Energie jemandem begegnet, den du nicht kennst, dann nimmst du das nicht wahr, sondern deine Energie scheint durch diese Person zu fließen wie Wasser.

- Nur in dem Moment, in dem sich deine Energie mit einer Person verbindet, die du kennst und deren energetischer Fingerabdruck dir vertraut ist, kannst du das wahrnehmen.

- Denke daran, spielerisch zu sein, und sei auf jeden Fall sanft zu dir.

- Denke immer daran: Je öfter du übst, um so einfacher werden diese Übungen für dich und umso mehr Erfolg hast du dabei.

Übung

Hellfühlen kennenlernen: Zwei Übungen

In diesen beiden Übungen geht es darum, dass du dich selbst besser kennenlernst und erkennst, was Fühlen für dich eigentlich ist. Nimm dir ein bisschen Zeit und stelle sicher, dass du nicht gestört wirst. Stelle dein Handy auf Flugmodus, oder besser noch, lege es ganz aus dem Raum. Sorge dafür, dass du dein Notizbuch und einen Stift in der Nähe hast, damit du deine Erfahrungen notieren kannst. In diesem Prozess, in dem du deine intuitiven Fähigkeiten entwickelst, geht es in erster Linie darum, dass du deine Wahrnehmung kennenlernst und lernst, auf genau diese Wahrnehmung zu vertrauen und sie richtig zu interpretieren. Darum ist jedes Wort, das du dir dafür notierst, wertvoll und wird dir im Verlauf dieses Prozesses von großer Hilfe sein.

ÜBUNG 1: VERBINDE DICH MIT FREUDE

- Achte darauf, dass es bei dir gemütlich ist, du angenehm sitzt, es dir aber trotzdem nicht so bequem ist, dass du einschläfst. Wenn es dir hilft, tiefer in einen meditativen Zustand zu kommen, kannst du dir vorab eine Kerze anzünden oder ein hochwertiges ätherisches Öl verräuchern.

- Komme nun mit deiner Aufmerksamkeit zu deinem Atem. Lasse ihn ganz entspannt ein- und ausfließen. Du willst dabei nichts erreichen. Es geht nur darum, einfach zu beobachten und eine neutrale Haltung und Grundstimmung zu bekommen. Gib dir ein paar Minuten Zeit, um dich ganz deinem Atem zu widmen.

- Lasse alles, was dich im Alltag gerade noch beschäftigt hat, hinter dir und konzentriere dich nur auf den jetzigen Moment. Nichts anderes ist mehr wichtig für diesen Augenblick.

- Verbinde dich nun mit dem Gefühl von Freude. Gehe ganz in diesem Gefühl auf. Erfülle jeden Winkel deines Körpers damit und atme mit jedem Atemzug Freude in dein Sein. Stelle dir vor, dass jede Zelle deines Körpers mit ihr erfüllt ist.

✳ **Und nun gehe in die Reflexion mit diesem Gefühl:**
- ↘ Wo im Körper kannst du Freude wahrnehmen?
- ↘ Fühlst du sie im Herz, Hals, Kopf oder vielleicht in den Knien?

✳ Nimm ganz genau wahr, wo du in deinem Körper die Freude fühlen kannst. Es ist alles richtig. Jeder Mensch kann ein Gefühl an einer anderen Stelle fühlen, es geht nicht darum, etwas richtig oder falsch zu machen, sondern dich selbst besser kennenzulernen und zu erkennen, wo DU Freude fühlst. Denke daran, im Prozess deiner Intuition bist nur du wichtig.

✳ **Und nun fühle, wie sich die Freude für dich anfühlt:**
- ↘ Ist es ein warmes Gefühl oder eher ein kühles?
- ↘ Ist es ein Kribbeln oder fühlt es sich an wie Sauerstoffbläschen?
- ↘ Ist es wie Wasser, das durch deinen Körper rinnt, oder wie Feuer, das an einer bestimmten Körperstelle brennt?
- ↘ Ist das Gefühl ziehend, drückend, erhellend, intensiv, satt?

✳ Nimm genau wahr, wie die Freude sich anfühlt. Suche die Wörter, die dein Gefühl am besten beschreiben, und merke dir genau, wie und wo du diese Freude fühlen kannst.

✳ Wenn du den Eindruck hast, dass die Energie schwächer wird, verbinde dich einfach wieder mit deinem Atem und dem Gefühl. Lass wieder mehr Freude in deinen Körper fließen und gehe wieder darauf ein, wie sich dieses Gefühl dir zeigt.

✳ Nimm dir fünf bis zehn Minuten Zeit, um das Gefühl der Freude wirklich wahrzunehmen und deine körperliche Reaktion auf die Freude zu erkunden. Je besser du ein Gefühl kennenlernst, um so klarer wirst du es in Zukunft erkennen, wenn du in eine freudvolle Situation gerätst.

✳ Stellen wir uns vor, dass du in dieser Übung erkannt hast, dass Freude für dich ein Gefühl von Sauerstoffbläschen ist, das du tief in deinem Unterbauch wahrnehmen kannst. Dann kannst du dich ab sofort darauf verlassen, dass du mit Freude konfrontiert bist, wenn dieses Gefühl sich dir zeigt, du aber keinen wirklichen Grund für die Freude hast. Wenn du jetzt also einen Raum mit fünf Personen betrittst und du plötzlich dieses Gefühl in deinem Bauch hast, dann weißt du, dass die Menschen in diesem Raum gerade etwas tun, das sie mit Freude erfüllt.

Übung

ÜBUNG 2: VERBINDE DICH MIT TRAUER

Nachdem du nun das Gefühl der Freude kennengelernt hast, möchte ich dich ermutigen, ein etwas schwierigeres Gefühl kennenzulernen. Nehmen wir dafür das Gefühl der Trauer. Keine Sorge, wir schauen uns die Trauer nur aus einer neutralen Position heraus an. Sobald die Übung zu Ende ist, lässt du die Trauer wieder los und nimmst sie nicht mit in deinen Alltag.

Wir Menschen haben viele und komplexe Gefühle. Darum ist es für dich wichtig, diese Gefühle wirklich zu erforschen, wenn du lernen willst, dich auf deine intuitiven Fähigkeiten zu verlassen. Denn nur wenn du die Gefühle kennst und dich damit auseinandergesetzt hast, erkennst du sie, wenn sie dir im Alltag begegnen, und je besser und intensiver du dich mit ihnen auseinandersetzt, um so klarer kannst du auch erkennen, ob es gerade dein Gefühl ist oder ob du ein Gefühl aus deinem Umfeld auffängst und wahrnimmst. Ich bin mir bewusst, dass diese Übung etwas Mut braucht. Vertraue auf deine Stärke und deine Kraft und sei sicher, dass du aus der geistigen Welt unterstützt bist in dem, was du machst.

- Komme nun mit deiner Aufmerksamkeit wieder zu deinem Atem. Atme ganz entspannt ein und aus. Wenn du vorher schon die Freude-Übung gemacht hast, dann brauchst du dich jetzt nicht nochmals fünf Minuten mit dem Atem zu verbinden, denn du bist ja bereits in diesem meditativen Zustand der Wahrnehmung. Kehre einfach mit deiner Aufmerksamkeit wieder zu deinem Atem zurück und beobachte entspannt, wie er ein- und ausfließt. Falls du jetzt noch Freude in deinem Körper fühlen kannst, bedanke dich bei diesem Gefühl und entscheide für dich, dass du dich am Ende der Übung wieder damit verbindest.

- Und nun lade das Gefühl von Trauer ein. Stelle dir vor, wie du die Trauer einatmest und deinen Körper und deine Aura mit jedem Atemzug mit mehr Trauer erfüllst. Die Trauer umhüllt dich und erfüllt dich, bis jede Zelle deines Körpers voller Trauer ist. Nimm die Trauer einfach an, lade sie ein, dass sie sich dir so zeigt, dass du sie ganz neutral kennenlernen kannst.

- **Und nun fühle, wo du in deinem Körper die Trauer fühlen kannst. Konzentriere dich ganz auf den Ort in deinem Körper, an dem sich dir die Trauer zeigt.**
  - ↘ Vielleicht im Herzen?
  - ↘ Oder im Magen?

- Nimm den Ort in deinem Körper für dich wahr, ohne dich mit der Trauer zu verbinden, sondern einfach aus einer beobachtenden Rolle heraus.

- Und nun gehe dem Gefühl nach, wie sich die Trauer dir zeigt.

- **Was ist es für eine Wahrnehmung, die du bekommst, wenn du dich mit der Trauer verbindest?**
  - ↘ Fühlt es sich an, als ob du in die Tiefe gezogen würdest?
  - ↘ Ist es mit Übelkeit verbunden?
  - ↘ Fühlst du Kälte, Wärme oder gar Hitze?

- Bleibe in deiner neutralen Beobachterposition und nimm alle Gefühle wahr, die du bekommst, wenn du dich mit der Trauer verbindest. Gehe nicht in die Trauer, nimm einfach nur wahr, wie sie sich dir zeigt.

- Sobald du die Wahrnehmung hast, lasse die Trauer los. Stelle dir vor, wie die Trauer aus deinem Körper fließt wie das Wasser während der Dusche, das in den Abfluss fließt. Sie fließt ganz einfach aus jeder Zelle deines Körpers heraus und löst sich in Luft auf.

- Konzentriere dich nun wieder auf den Atem und lade nun noch einmal das Gefühl von Freude ein, damit du deinen Körper zum Abschluss dieser Übung mit Freude und Lebenslust erfüllen kannst.

- Nimm dir dann einen Moment Zeit, um deine Wahrnehmungen zu notieren, so dass du sie nicht vergisst. Wenn du ab jetzt irgendwann plötzlich Trauer empfindest, dann kannst du dich jederzeit fragen, ob das deine Trauer ist, die du wahrnimmst, oder ob du die Trauer von Menschen in deinem Umfeld aufgefangen hast.

- Sei stolz auf dich, dass du diese Übung so erfolgreich durchgeführt hast. Du warst mutig und offen und hast ein großes Lob verdient.

Tipp

Du kannst diese Übung jederzeit wiederholen und viele weitere Wahrnehmungen üben. Geeignet sind Gefühle wie Überschwänglichkeit, Verliebtheit, Wut, Liebe, Hingabe, Sorge, Glück, Hoffnungslosigkeit, Leichtigkeit, Aufregung, Angst. Die Liste lässt sich unendlich fortsetzen.

Übung

Wir tauchen mit einer weiteren Übung tiefer ins Thema Hellfühlen

Diese Übung baut auf den beiden Kennenlernübungen von den vorangegangenen Seiten auf. Denn sie wird einfacher, wenn du schon einige Gefühle auf deiner Liste erarbeitet hast und weißt, wie und wo du diese Gefühle in deinem Körper wahrnehmen kannst. Für diese Übung brauchst du einen Übungspartner, also einen Menschen aus deinem Umfeld, den du vorab gefragt hast und der dir als freiwilliges „Versuchskaninchen" zur Verfügung steht. Ob sich dein Übungspartner mit dir im Raum oder auf der anderen Seite des Landes aufhält, ist dabei übrigens unwichtig. Energie ist unabhängig von Raum und Zeit und du kannst jemanden problemlos wahrnehmen, der sich auf der anderen Seite der Erde befindet.

Bevor wir mit der Übung starten, möchte ich dir noch etwas weitergeben, was mir persönlich extrem wichtig für die spirituelle Arbeit ist:

Verbinde dich niemals mit Menschen, ohne sie zu fragen!

Denn wenn du achtsam mit dir selbst und deinem Umfeld umgehen willst, dann bist du auch respektvoll. Es ist nicht respektvoll, sich einfach auf die Gefühle oder die Lebenssituation eines Menschen einzustimmen, ohne davor zu fragen, ob das in Ordnung ist. Stelle diese Frage bitte laut und deutlich mit deinem Mund und nicht leise im Kopf, von Herz zu Herz oder über die Seelenebene. Wenn du dich nicht traust, einen Menschen zu fragen, ob du dich mit ihm für eine Übung im Erlernen deiner intuitiven Fähigkeiten verbinden darfst, dann weißt du, dass dieser Mensch nicht der richtige Übungspartner für dich ist.

Tipp

Interessanterweise ist die Frage, ob man wirklich einen Menschen verbal fragen muss, bevor man sich mit ihm verbindet, eine, die mir am häufigsten gestellt wird, seit ich als spirituelle Lehrerin arbeite. Und wenn ich meine Antwort teile, ist es auch diese Frage, zu der ich am meisten mit dem Wort „Aber" konfrontiert werde. Doch: Es gibt kein Aber in dieser Frage. Wenn jemand zum Beispiel das Gefühl hat, dass er unbedingt wissen will, wie es seiner Schwiegermutter geht, mit der er seit Jahren im Streit liegt und die er abgrundtief verabscheut, sollte er sich fragen: „Wie würde ich mich fühlen, wenn sie das Gleiche mit mir machen würde? Hätte ich nicht auch das Gefühl, dass sie meine Grenzen überschreitet? Dass sie nicht respektiert, was ich möchte?" Genau so geht es auch ihr. Das Gleiche ist mit einem Boss, der sich überhaupt nicht für Spiritualität und intuitive Fähigkeiten interessiert. Da sollte man sich fragen: „Wäre er einverstanden, wenn ich einfach mal schaue, wie es ihm gerade geht? Und wie würde es mir gehen, wenn er „einfach mal" bei mir gucken würde?" Man würde sich irgendwie missbraucht fühlen, oder? Ein **respektvoller Umgang** ist maßgeblich für unser Leben. Wenn man selbst als spiritueller Mensch vergisst, Respekt vor seinem Gegenüber zu haben, und einfach über seine Grenzen hinwegtrampelt, dann kann man nicht erwarten, dass diese Erde zu einem besseren Ort wird. Denn ohne zu fragen in die Verbindung mit einem Menschen zu gehen, ist grenzüberschreitend.

Lass uns nun mit der Übung beginnen.

- Nachdem du nun also – wortreich und mit vielen Erklärungen – einen Übungspartner gefunden hast, setzt du dich hin und richtest deine Aufmerksamkeit auf deinen Atem. Lasse deinen Atem ganz entspannt ein- und ausfließen. Du willst einfach nur ganz ruhig beobachten, wie dein Atem gerade fließt und was dein Körper gerade braucht. Folge deinem Atem ein paar Minuten. Wenn es fünf sind, ist das schon viel, es dürfen auch gerne nur ein oder zwei Minuten sein.

- Nun verbindest du dich mit deinem eigenen Herzraum. Wenn du gerne mit Chakren arbeitest und dir das ein Begriff ist, dann verbinde dich mit deinem Herzchakra. Wenn das Thema Chakra für dich etwas Neues ist und dich das verwirrt, dann verbinde dich ganz einfach mit deinem Herzbereich. Das ist der Bereich in deinem Körper, in dem sich dein Herz befindet, also die Region des Brustkorbs.

- Nun stellst du dir vor, dass du von deinem Herzen zum Herzen deines Übungspartners eine Verbindung herstellst. Diese Verbindung entsteht einfach in deiner Vorstellung. Sie kann nicht richtig oder falsch sein, für dich ist sie auf jeden Fall die richtige.

- Fühle nun dein Gegenüber. Du bist dabei in deiner Wahrnehmung ganz neutral. Du bist offen für alle Wahrnehmungen, die jetzt kommen. Dein Übungspartner darf sich fühlen, wie er gerade möchte. Das ist vollkommen in Ordnung.

- **Nun vergleichst du die Wahrnehmungen, die du bekommst, mit den Gefühlen, die du bei der ersten Übung kennengelernt hast.**
  - Welchem Gefühl gleicht das, was du jetzt bekommst?
  - Wo im Körper kannst du es wahrnehmen?

- Nimmst du vielleicht Aufregung wahr? Oder sogar ein klein wenig Verunsicherung, weil es auch für deinen Partner das erste Mal ist, dass er eine solche Übung macht? Versuche, in einer offenen, neugierigen und urteilslosen Haltung zu sein, damit du stärkere Wahrnehmungen hast.

- Wenn du das Gefühl wahrgenommen hast, dann trenne deine Verbindung wieder. Konzentriere dich dafür wieder auf deinen Herzraum und stelle dir vor, wie die Verbindung ganz einfach und entspannt getrennt wird. Ihr seid natürlich nach wie vor liebevoll miteinander verbunden und bleibt in eurer Beziehung ganz so, wie ihr immer wart. Nur die Herz-zu-Herz-Verbindung wird jetzt ganz sanft aufgelöst, so dass du dich wieder auf deine eigenen Wahrnehmungen konzentrieren kannst.

- Überprüfe nun deine Erkenntnisse aus der Übung: Sind dir die Gefühle, die du fühlen konntest, schon vertraut?

- **Versuche nun, für dich in Worte zu fassen, welches Gefühl es war, das du bei der Verbindung fühlen konntest.**
  - Ist es dir vollkommen klar und du hast keine Probleme damit? Super! Das hast du gut gemacht. Notiere dir deinen Erfolg!
  - War es noch ein bisschen herausfordernd? Mach dir keine Gedanken. Du stehst gerade am Anfang dieser Reise und es ist vollkommen normal, nicht alles sofort zu können.

Tipp

Um eine Herz-zu-Herz-Verbindung aufzulösen, kannst du dir vorstellen, dass sich die Verbindung wie ein Kaugummi in die Länge zieht und irgendwann reißt, ohne dass es jemandem wehtut. Meine persönliche Lieblingsvorstellung ist, dass mehr und mehr Licht auf die Verbindung fällt und diese sich dann wie Nebel in der Sonne sanft auflöst. Nimm einfach das Bild, das für dich am stimmigsten ist.

Das wunderbare „No, no, fail!"-Prinzip

Nachdem wir nun gemeinsam die ersten Übungen zum Trainieren deiner Hellsinne gemacht haben, möchte ich dir gerne ein Prinzip vorstellen, das mir persönlich immer sehr geholfen hat. Es soll dich dabei unterstützen, deine spirituelle Entwicklung entspannt und humorvoll zu sehen. Lass mich dir dazu die Geschichte erzählen, wie es entstanden ist.

Vor einigen Jahren war ich in einer Weiterbildung in England. Dieser Kurs war nur auf drei Tage festgelegt und offensichtlich hatte unseren Lehrer bei der Vorbereitung der Ehrgeiz gepackt. Er hat diese drei Tage nämlich mit unbeschreiblich vielen Trainingseinheiten vollgepackt. Sogar nach dem Abendessen mussten wir uns wieder in unserem Übungsraum versammeln und weiterarbeiten. Es war der zweite Abend dieses Intensivtrainings und nach vielen Stunden Üben waren wir alle ziemlich müde und erschöpft. Unser Lehrer hatte sich aber in den Kopf gesetzt, mit uns noch eine Übung zum Thema Hellhören zu machen. Der Lehrer führte uns durch verschiedene Übungen, in denen wir hellhörend etwas wahrnehmen sollten. Nach jeder Übung ließ er jeden von uns erzählen, was er wahrgenommen hat. Mit in dieser Gruppe war ein wunderbarer älterer Herr. Dieser war ein grandioser Heiler mit einer anziehenden, liebevollen Energie. Aber er war definitiv nicht hellhörend. Jedes Mal, wenn er gefragt wurde, ob er etwas gehört hat, antwortete er: „*No! No.*" Oder er sagte: „*Nothing at all.*" Nach einigen Runden fing er an zu sagen: „*No, no – complete fail!*" Dabei war er aber so lustig, entspannt und humorvoll, dass wir gar nicht anders konnten, als laut anzufangen zu lachen. Immer mehr Leute in der Runde ließen sich von ihm inspirieren und erzählten lachend von ihrem Versagen und davon, überhaupt keine Informationen bekommen zu haben. Nach einem intensiven, anstrengenden Tag war es so erheiternd, über sich selber lachen zu können. Diese Arbeit nicht so ernst zu nehmen und sich nicht kirre zu machen, wenn es nicht so lief, wie man sich das vorgestellt hatte.

Falls du kein Englisch sprichst, lass mich die Worte für dich übersetzen: No, no bedeutet Nein, nein. Nothing bedeutet nichts. Und complete fail heisst auf Deutsch übersetzt komplettes Versagen.

Ich möchte dich ermutigen, mit dem No, no, fail!-Prinzip zu arbeiten. Gehe nicht in die Selbstkasteiung, wenn eine Übung nicht so klappt, wie sie sollte, sondern schmunzle darüber. Analysiere, was nicht geklappt hat, und gehe neue Wege, damit du in einer nächsten Übung Erfolg hast.

REFLEXIONSFRAGEN FÜR DEIN HELLFÜHLEN

Bevor wir uns in das nächste Kapitel und an den nächsten Hellsinn wagen, möchte ich mit dir das Gelernte reflektieren. Darum habe ich ein paar Fragen an dich, die du dir selbst beantworten kannst.

- Welche Form des Hellfühlens (objektiv oder subjektiv) ist für dich natürlicher?
- Ist das Hellfühlen ein Sinn, der sich für dich einfach anfühlt?
- Warst du schon vorher damit verbunden? Falls ja, welche Erkenntnisse konntest du aus dem Gelernten ziehen?
- Welche der Übungen ist dir am leichtesten gefallen und warum?
- Welche der Übungen möchtest du noch vertiefen und noch daran feilen?
- Gerade beim Hellfühlen ist es mir ein Anliegen, dir dessen Schönheit und Tiefe zu vermitteln. Konntest du dich mit diesem wunderbaren Hellsinn anfreunden?

Der Selbstliebe-Tipp deiner Seele

„ICH BIN RICHTIG."

Hellfühlen ist ein Sinn, vor dem manche Menschen ein bisschen Respekt haben. Denn es braucht ganz schön viel Mut, sich mit den eigenen Gefühlen genauso auseinanderzusetzen wie mit den Gefühlen der Menschen im Umfeld. Du hattest diesen Mut. Du hast dich des Themas Hellfühlen angenommen, die Übungen gemacht und gelernt, wo du im Mitgefühl bist und wo du (vielleicht noch) ins Mitleiden rutschst. Das ist eine großartige Leistung und du kannst wirklich stolz auf dich sein. Denke daran: Du bist aus einem ganz bestimmten Grund auf dieser Erde. Und egal, was du bisher in deinem Leben erlebt hast, jetzt hast du dich entschieden, dich mit deinen eigenen intuitiven Fähigkeiten auseinanderzusetzen und diese Fähigkeiten zu trainieren. Wenn du damit anfängst, dann ist es wirklich ein Training. Diese Fähigkeiten entwickelst du nicht einfach an einem Wochenende und danach kannst du alles, was damit zu tun hat. Ganz im Gegenteil: Um deine Gaben wirklich zu beherrschen, brauchst du etwas Geduld. Es braucht für die meisten Menschen Disziplin und Durchhaltevermögen. Indem du die Übungen machst, zeigst du dieses Durchhaltevermögen und deinen Willen, jetzt wirklich mit diesen Gaben in Verbindung zu gehen.

Aber vielleicht geht es dir während dieses Prozesses genau so wie vielen anderen feinfühligen Menschen. Bei ihnen waren diese intuitiven Fähigkeiten als Kind sehr ausgeprägt und irgendwann haben sie gelernt, dass sie deswegen schräg angeguckt oder ein bisschen zu einem Außenseiter gemacht werden. Dadurch haben sie angefangen, sich selbst zu sagen, dass sie nicht gut genug seien. Wenn du weißt, dass du dieses Gefühl, irgendwie falsch zu sein, auch hast und dass du dich manchmal fühlst, als wärst du auf dem falschen Planeten gelandet, dann ist es mir ein Anliegen, dir zu sagen, dass du damit nicht allein bist. Und vor allem möchte ich, dass du weißt: Du bist ganz genau richtig. Deine Seele hat dich genau so gemacht, wie du geplant warst, und du bist für deine Seele ein geliebter Aspekt, ein geliebter Teil.

Ich möchte dich einladen, in den nächsten Tagen mit einer Affirmation zu arbeiten. Fühle, was in deinem Körper passiert, wenn du beginnst, zu erkennen, dass du richtig bist, in dem Moment, wenn du dir die Affirmation sagst: **Ich bin richtig.** Deine Seele wünscht sich von dir, dass du erkennst, wie richtig, wie perfekt du bist in dem, was du bist.

Hellsehen

Hellsehen ist sicher der bekannteste unter den Hellsinnen. Und es ist der Hellsinn, den sich die meisten Menschen wünschen und auch vorstellen, wenn sie anfangen, mit ihren intuitiven Fähigkeiten zu arbeiten.

Unser Sehsinn ist einer der Sinne, der uns Menschen am meisten beeinflusst – von dem Moment an, an dem wir am Morgen die Augen öffnen und die Welt in voller Farbe auf uns wartet, bis zu dem Moment, an dem wir am Abend die Augen schließen, wenn wir wieder ins Bett sinken. Doch bereits bei diesem Wahrnehmen in Farben unterscheiden sich die Menschen massiv. Jemand, der farbenblind ist, nimmt die Welt anders wahr als ein Synästhet, der auch Zahlen, Buchstaben und Musik bunt sehen kann. Gerade diese Vielfalt an Menschen macht uns einzigartig. Einmalig. Unverwechselbar.

Doch wie ist das nun mit diesem Hellsehen? Was passiert da ganz genau? In Filmen und auf dem Jahrmarkt wird uns Hellsehen ja als etwas sehr Mystisches vermittelt. Die Dame, die als Hellseherin arbeitet, trägt weite Gewänder, sitzt in einem Raum voller Räucherstäbchenrauch und das Licht ist schummrig. Sie spricht in einem Singsang, oft in Worten, die keinen wirklichen Sinn ergeben, so dass sich der Zuschauer selbst übersetzen muss, was sie nun gesagt haben könnte. Vielleicht fragst du dich, ob Hellsehen immer so ist oder ob das auch konkreter geht. Lass es mich gleich hier verraten: Es geht konkreter. Hellsehen ist genauso praktisch und pragmatisch wie alle anderen Sinne auch und mit inneren und äußeren Bildern zu arbeiten ist unbeschreiblich freudvoll und erfüllend.

Lass es uns angehen.

Wie beim Fernsehen, oder?

Ich erinnere mich noch sehr gut daran, wie ich vor einigen Jahren mit einer Klientin am Telefon eine Beratung hatte. Wir sprachen über ihre Fähigkeiten und Gaben und ich bekam aus der geistigen Welt den Impuls, dass diese Klientin ganz stark hellsichtig sei. Selbstverständlich gab ich ihr diesen Impuls so weiter. Die Dame war sehr überrascht und konnte meinen Impuls überhaupt nicht verstehen. Sie wehrte sich vehement dagegen, hellsichtig zu sein. Also fragte ich bei der geistigen Welt nach, ob ich den Impuls falsch verstanden oder falsch interpretiert hätte. Das ist grundsätzlich immer möglich und ich gehe nie davon aus, dass meine Interpretation eines Impulses jederzeit einhundert Prozent korrekt ist. Aus der geistigen Welt hörte ich Gelächter und die Wiederholung, dass die Dame wirklich hellsichtig sei. Gut. Damit waren meine Zweifel behoben und ich konnte mich wieder auf die Dame und ihre Gaben konzentrieren. Ich bestätigte ihr also diesen Hellsinnn. Nach einigem Hin und Her klärte sich das Missverständnis. Die Dame hatte sich Hellsehen nämlich immer so vorgestellt, wie wenn sie ihren Fernseher anlässt und dann von einem Kanal zum nächsten zappt. Ihre Idee von Hellsehen war, dass dies etwas ist, das von außen passiert; dass sie quasi die Augen schließen kann und dann von außen irgendetwas Magisches passiert und sie hellsieht. Als wir das Missverständnis gefunden und aufgelöst hatten, mussten wir so lachen. Die Vorstellung, die die Dame hatte, war zwar komplett nachvollziehbar, aber genau so funktioniert Hellsehen eben nicht.

Wirkliches Hellsehen ist das Zulassen von inneren und äußeren Bildern. Das heißt, damit überhaupt etwas passieren kann, musst du quasi innerlich deine Leinwand aufspannen. Vielleicht projizierst du selbst ein erstes Bild auf diese Leinwand, damit dann Bilder daraus entstehen können, die nichts mehr mit dir zu tun haben, die nicht aus deinem Kopf kommen, sondern durch deine intuitive Wahrnehmung – durch die Verbindung mit dem anderen Menschen, mit dem du gerade verbunden bist. Oder auch durch die Verbindung mit der geistigen Welt. Damit diese Wahrnehmung überhaupt bis zu dir kommen kann und damit du dich für diese inneren Bilder öffnen kannst, musst du aktiv werden. Denn Hellsehen ist genau wie alle anderen Hellsinne nichts, was im Außen passiert, sondern etwas, das du aus deinem Inneren generierst und entstehen lässt. Wie alles andere im Leben benötigt das Hellsehen deine aktive Mithilfe und die Bereitschaft, dich den Bildern zu stellen, die sich zeigen möchten. Solange du in einer Wartehaltung bist und einfach davon ausgehst, dass dir das Hellsehen in den Schoß fällt, wird nichts passieren. Die Dame bestätigte mir übrigens ein paar Monate später, dass sie tatsächlich stark hellsichtig sei und dass sie intensiv lerne, mit diesen inneren Bildern umzugehen, nachdem sie verstanden hatte, dass es eben nicht wie Fernsehen ist.

Fallbeispiel: Hellsehen auf dem Schulweg

Wie auch beim Hellfühlen gibt es hier das objektive und das subjektive Hellsehen. Wobei das subjektive Hellsehen viel normaler ist und du dazu sicher den leichteren und unkomplizierteren Zugang bekommen wirst. Für das Fallbeispiel in diesem Kapitel möchte ich wieder ein Erlebnis aus meinem eigenen Alltag nehmen.

Ich war damals zwölf Jahre alt und am Nachmittag auf dem Weg zur Schule. In der Schweiz ist es so, dass die Kinder mittags nach Hause fahren und dort essen und am Nachmittag für die Nachmittagslektionen wieder zur Schule gehen. Es war ein schöner Tag und es muss September gewesen sein. Die Sonne war noch warm und wir waren eine Gruppe von vielleicht fünf Mädels, die mit dem Fahrrad zur Schule fuhren. Eines dieser Mädchen, nennen wir es für dieses Fallbeispiel Luisa, war mit dem Einrad unterwegs. Allerdings fuhr sie auf einem hohen Einrad, auf dem sie zwei Meter über dem Boden saß, nicht auf einem kleinen. Wir anderen waren auf unseren normalen Fahrrädern unterwegs und brachten den Schulweg lachend und schnackend hinter uns. Ich erinnere mich gut an die friedliche Stimmung und das Gefühl, Teil einer freundlichen Gemeinschaft zu sein.

Mein Platz in der Gruppe war links von Luisa, ein ganzes Stück weit nach hinten versetzt. Plötzlich konnte ich vor meinem geistigen Auge glasklar einen Film ablaufen sehen. Ich sah in aller Deutlichkeit, wie Luisa das Gleichgewicht verlor, das Einrad zu wackeln begann und sie nach vorne auf den Boden fiel. Erschrocken hielt ich an. Ich stieg so schnell wie möglich vom Fahrrad und stellte es hin. Dann rannte ich um das Fahrrad herum nach rechts und genau in dem Moment, in dem das Einrad von Luisa anfing zu wackeln, stand ich neben ihr. Ich musste nur noch die Arme ausstrecken, um Luisa mit der rechten Hand und das Einrad mit der linken Hand aufzufangen. Die ganze Situation ging blitzartig und bis die anderen Mädels erschreckt aufgeschrien und angehalten hatten, hatte ich Luisa längst aufgefangen.

Du kannst dir sicher vorstellen, was dann in der Gruppe passierte. Meine Freundinnen konnten sich einfach nicht erklären, wie es mir gelungen war, sogar mein Fahrrad richtig abzustellen und trotzdem rechtzeitig bei Luisa zu sein, um ihr zu helfen. Sie haben mich mit tausend Fragen gelöchert und jemand meinte sogar, dass Luisa nur umgefallen sei, weil ich zu ihr gerannt war. Aber eine andere Freundin war hinter uns gewesen und hatte ganz genau gesehen, dass Luisa schon das Gleichgewicht verloren hatte, bevor ich bei ihr angelangt war, und es mit mir nichts zu tun hatte. Mir hingegen fehlten als zwölfjähriges Mädchen die Worte, um zu beschreiben, dass ich hellsichtig wahrnehmen konnte, was gleich passieren würde. Für mich war es damals nicht „logisch", dass dies Hellsehen war. Es war einfach so, wie ich halt war, und ich hätte keine Ahnung gehabt, wie ich das hätte ausdrücken sollen. Dieses Erlebnis ist eine der frühsten Erinnerungen, in denen ich ganz bewusst einen inneren Film hatte und schon vorher sehen konnte, was gleich passieren würde. Diese Form des Hellsehens nennen wir das subjektive Hellsehen, denn ich hatte einen inneren Film, in dem ich die kommenden Ereignisse sehen konnte, ohne es mit meinen biologischen Augen zu sehen.

Was ich dir hier erzähle, ist nicht nur Hellsehen, sondern auch In-die-Zukunft-Sehen. Dies sind allerdings zwei unterschiedliche Dinge und sollten nicht verwechselt werden. Ich habe in dem Fall einfach beides gemacht. Aber man kann auch Hellhörend „in die Zukunft sehen". Es ist nicht auf Hellsehen beschränkt. Aber dazu kommen wir später auf Seite 192.

In diesem Kapitel wollen wir gemeinsam anschauen, wie du lernen kannst, innere und äußere Bilder zu bekommen und diese zu interpretieren. Wie du in dem Beispiel erkennen kannst, habe ich als Kind einfach reagiert und mir keine Gedanken dazu gemacht, was ich gesehen habe oder ob ich es richtig verstanden habe. Dazu blieb in dem Moment auch gar keine Zeit.

Das objektive, körperliche Hellsehen

Unter dem objektiven (oder auch körperlichen) Hellsehen versteht man die Fähigkeit, Dinge mit den biologischen Augen zu sehen, die für andere Menschen nicht sichtbar sind. So könnte es zum Beispiel sein, dass du die Aura eines Menschen, eines Tieres oder auch einer Pflanze mit deinen biologischen Augen wahrnimmst und sehen kannst, welche Farbe oder auch welche Größe diese Aura hat. Um diese Farben oder Symbole wahrzunehmen, musst du deine Augen nicht schließen, sondern du siehst diese Dinge mit offenen Augen, weil du deine biologischen Augen, deinen Körper, dafür einsetzt.

Exkurs

Das objektive Hellsehen zu entwickeln ist generell schwieriger als das subjektive. Denn beim objektiven Hellsehen geht es wirklich darum, die Kontrolle abzugeben und zu akzeptieren, dass man Dinge sehen kann, die für andere Menschen nicht sichtbar sind. Diese Kontrolle abzugeben ist leider für viele Menschen sehr beängstigend, denn sie verbinden damit, dass sie irgendwie falsch sind und nicht ins richtige Schema passen. Doch denke daran: Du bist vollkommen richtig, genau so, wie du bist. Vielleicht erinnerst du dich auch daran, dass du damals als kleines Kind noch hellsichtig warst. Denn gerade für kleine Kinder kann es vollkommen normal sein, objektiv hellzusehen, und sie können zum Beispiel ihre unsichtbaren Freunde sehr deutlich wahrnehmen. Leider wird dieses Hellsehen im Kindesalter oft von älteren Geschwistern, Eltern oder anderen Erwachsenen ins Lächerliche gezogen, so dass die Kinder das Gefühl bekommen, dass es falsch ist, was sie sehen können. Dadurch verdrängen viele Menschen diese Fähigkeit und vergessen sie dann im Laufe der Zeit. Sie wissen nicht mehr, wie das damals gegangen ist und wie natürlich es für sie war, Dinge wahrzunehmen, die eine andere Schwingung haben als die, die wir normalerweise hier auf der Erde erkennen können. Dadurch haben sie leider keinen Zugang mehr zum objektiven Hellsehen. Vielleicht bist auch du genau an diesem Punkt, dass du den tiefen Wunsch in dir fühlst, wieder zu lernen, die Dinge wahrzunehmen, die scheinbar nicht zu dieser Welt gehören. Und da habe ich gute Neuigkeiten für dich: Auch das objektive Hellsehen kann geübt werden, so dass es wieder vorhanden ist. Ich gebe zu, es braucht etwas Disziplin und auch ein kleines bisschen Durchhaltevermögen, aber es ist auf jeden Fall möglich. Darum sei mutig und lasse dich auf diesen Prozess ein. Und falls es nicht so schnell gehen sollte, wie du dir das wünschst, dann lasse dich nicht unterkriegen, sondern mache damit einfach weiter, bis es klappt.

Das Erste, das du voraussichtlich sehen wirst, wenn du beginnst, objektiv hellzusehen, ist die **Aura eines Menschen.** Denn diese Aura ist eine mächtige Instanz und gerade bei achtsamen Menschen ist sie oft sehr groß und wunderschön. Die Aura wird traditionell in sieben Schichten aufgeteilt. Auf den folgenden Seiten erfährst du nun noch etwas mehr darüber, da es ein wichtiger Bestandteil vom Hellsehen ist.

Tipp

Die meisten Menschen lesen die **zweite Auraschicht,** die als Emotionalkörper bekannt ist. Allerdings habe ich in meinen Ausbildungen erkannt, dass es nicht für jeden Menschen wichtig ist, ob er die verschiedenen Auraschichten kennt und sie benennen kann. Die Theorie um die Auraschichten ist genau das, was der Name besagt: Eine Theorie. Für manche Menschen kann das hilfreich sein, für andere ist es eine Ablenkung und schafft zusätzlich Verwirrung. Fühle für dich, was dabei dein Weg ist. Damit du auf das entsprechende Wissen zugreifen kannst, habe ich auf der nächsten Seite einen kleinen **Überblick über die Auraschichten** für dich erstellt.

ÜBERBLICK ÜBER DIE AURA

Die Aura unterteilt sich in sieben Schichten. Jede dieser Schichten steht für etwas anderes und in jeder Schicht können andere Informationen gelesen werden. Diese Auflistung soll dir einen kleinen Überblick darüber geben. Natürlich findest du viel weiterführende und vertiefende Literatur dazu, wenn das ein Thema ist, das dich interessiert:

Äther-Körper	Überzieht den physischen Körper im Abstand von ca. 10-15 cm. Ist sozusagen ein Ebenbild des physischen Körpers. Strahlt in vielen blau-weißen Lichtpunkten. Pulsiert ungefähr 15mal pro Minute.
Emotional-Körper	Umhüllt den Äther-Körper und geht ungefähr 15 cm darüber hinaus. Besteht aus farbigen, feinstofflichen Wolken. Zeigt Gefühle, geistige und körperliche Bedürfnisse sowie Charaktereigenschaften. Normalerweise der Aura-Körper, in dem aus der Aura gelesen wird.
Mental-Körper	Erstreckt sich ungefähr 50 cm über den physischen Körper hinaus. Beinhaltet Gedankengebilde und Glaubenssätze. Zeigt die kognitive Aktivität des Menschen. Sehr schön, wenn jemand gerade viel lernt oder viel denken muss.
Astral-Körper	Ist die erste Aura-Schicht, die nur noch oval ist und nicht mehr dem Körper des Menschen nachempfunden. Erstreckt sich ungefähr 70 bis 100 cm nach außen. Dieser Körper zeigt sich häufig in den Farben des Regenbogens, mit sehr viel Rosa.
Negativer Äther-Körper	Der negative Äther-Körper strahlt ca. 70 cm ab dem Astral-Körper. Die 5. Auraschicht ist eng mit der 1. verbunden. Er sieht aus wie ein kobaltblaues Oval und beinhaltet den Lebensplan für die aktuelle Inkarnation.
Himmlischer Körper	Erstreckt sich ungefähr 100 bis 200 cm nach außen. Leuchtet in allen Farben des Regenbogens, allerdings in Pastellfarben. Der himmlische Körper ist unsere Verbindung zum Universum.
Kausal-Körper	Erstreckt sich 400 bis 700 cm nach außen. Zeigt sich als wunderschönes, goldenes Ei. Der Kausal-Körper ist unsere Verbindung mit dem Licht. Er ist der Schutz und die Hülle für alle feinstofflichen Körper des Menschen.

Die Aura des Menschen

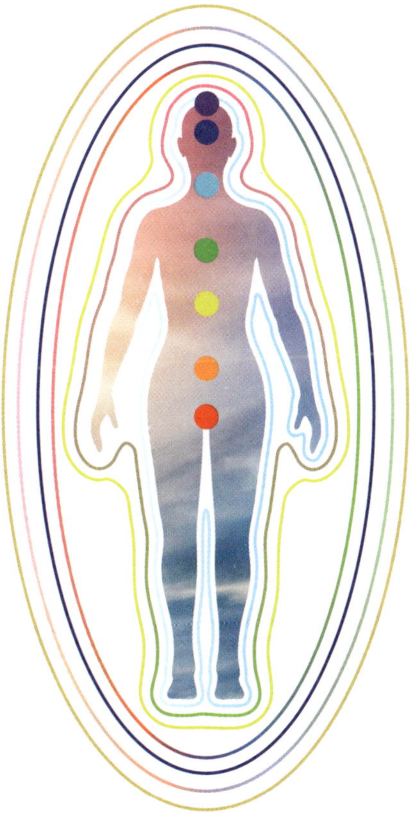

Eine Aura wird sich dir in den unterschiedlichsten Farben zeigen. Diese Aurafarben geben wiederum Hinweise darauf, womit sich dieser Mensch gerade beschäftigt und was für ihn gerade wichtig und relevant im Leben ist. Eine weitere Möglichkeit des objektiven Wahrnehmens ist, dass du lernst, deine Geistführer oder die geistige Welt im Allgemeinen zu sehen. Dabei ist es elementar zu verstehen, dass ein Geistführer eine andere Frequenz haben kann als wir Menschen. Aus diesem Grund sehen wir Geistführer oft nicht genau so physisch, wie wir unsere Mitmenschen sehen, sondern hellsehend; das Sehen einer anderen Frequenz. Gleichzeitig kann es sein, dass du über das objektive Hellsehen Symbole wahrnehmen kannst oder auch Krafttiere, die dir helfen, deine Frage an dich, dein Leben und deine Seele zu verstehen. Und sie können dir auch dabei helfen, deine Mitmenschen und deren Lebenssituation besser zu verstehen.

Das subjektive, emotionale Hellsehen

Unter dem subjektiven (oder auch emotionalen) Hellsehen versteht man das innere Hellsehen – also das Wahrnehmen von **inneren Bildern, Farben, Symbolen und Filmen über dein drittes Auge.** Diese Form des Hellsehens wird sich dir schneller und einfacher zeigen als die äußere Form und für viele Menschen ist das die Form des Hellsehens, die sie leben und nutzen. Wenn du also innere Bilder siehst und innere Wahrnehmungen hast, dann freue dich. Feiere dich und sei stolz auf das, was du bereits erreicht hast. Es ist wirklich großartig.

Wenn du anfängst, innere Bilder zu empfangen, dann ist es häufig so, dass du am Anfang erst einmal **Farben sehen** wirst. Diese Farben können noch sehr diffus sein und es ist gut möglich, dass du jetzt zwar „Gelb" sehen kannst, dieses Gelb für dich aber keine Aussage hat. Keine Sorge, wir kommen dahin! Mit der Zeit kommen zu diesen Farben dann Symbole und Formen hinzu. Dann wirst du anfangen, komplexe Bilder und sogar innere Filme zu sehen. Natürlich ist auch das ein Training, aber ich bin überzeugt davon, dass du in der Lage bist, diesen Muskel so lange zu trainieren, bis du mit den Resultaten zufrieden bist. Für mich ist das Hellsehen ein Sinn, der unbeschreiblich vielschichtig und vielfältig ist. Denn wenn du deine Hellseh-Muskeln so richtig intensiv trainiert hast, wirst du in der Lage sein, Informationen über dein Leben und die Fragen deines Lebens ebenso zu bekommen wie Antworten auf Fragen aus deinem Umfeld. Was ich dabei besonders wertvoll finde, ist die Fähigkeit, die Vergangenheit anzuschauen und so dabei zu helfen, Traumata zu verstehen und zu verarbeiten.

Am Anfang dieses Trainings ist es einfacher, dich dem subjektiven Hellsehen **mit geschlossenen Augen** zu nähern. Denn wenn du die Augen geschlossen hast, bist du nicht von deiner Umgebung abgelenkt und kannst dich wirklich auf die inneren Bilder konzentrieren. Dennoch möchte ich dich einladen, dir auch das Wahrnehmen von inneren Bildern mit offenen Augen anzugewöhnen. Denn wenn du deine Hellsinne nicht nur für dich selbst nutzen möchtest, sondern auch einmal einer Freundin mit deinen Hellsinnen einen Impuls für ihr Leben geben willst, dann ist es besser, wenn du das auch mit geöffneten Augen kannst. Stell dir vor, wie merkwürdig es ist, wenn du deine Augen ständig geschlossen haben musst, um deiner Freundin Antworten auf ihre Fragen zu geben. Du kannst dir stattdessen angewöhnen, auf eine weiße Wand zu schauen, oder einfach ein bisschen unfokussiert in die Luft zu starren. Wenn du die Augen wirklich schließen musst, dann stelle sicher, dass es weniger als fünf Sekunden sind. Meistens reicht das längstens, um die inneren Bilder wahrzunehmen.

MEINE TIPPS, WIE DU DEIN SUBJEKTIVES HELLSEHEN STÄRKST

Tipp 1

Lies Romane, in denen Szenen beschrieben werden, die du dir dann in deiner inneren Welt vorstellst. Wenn du von einem Garten liest, wirst du dazu automatisch ein bestimmtes Bild vor Augen haben. Wenn du die Beschreibung einer Küche liest, dann bekommt diese Küche vor deinem geistigen Auge eine konkrete Form. Probiere es einfach einmal aus. Nicht nur, einfach zu lesen, sondern wirklich innere Bilder, Filme und Erlebnisse aufleben zu lassen, so dass du deine Wahrnehmung zusätzlich schärfen und kräftigen kannst.

Tipp 2

Ich lade dich dazu ein, **Musik zu sehen.** Ja, ich meine es so, wie ich es schreibe. Hast du dir schon einmal Zeit genommen, einer Musik wirklich zuzuhören? Dabei passiert vor deinem geistigen Auge unbeschreiblich viel. Ich würde dir empfehlen, mit einer Trommelreise zu beginnen. Suche dir ein Stück Musik von ungefähr zehn bis zwanzig Minuten, bei dem einfach eine Trommel schlägt. Es sollte kein Gesang sein, sondern wirklich nur Melodie. Nun legst du dich hin und lässt vor deinem geistigen Auge alle Bilder entstehen, die sich in dieser Musik verstecken. Wenn sich diese Bilder nicht gleich einstellen, dann stell dir selbst aktiv vor, wo der Trommler sitzt, und projiziere dieses Bild auf deine innere Leinwand. Nun lasse zu, dass sich die Bilder verändern, und gehe mit diesem inneren Film mit. Wenn du die erste Reise abgeschlossen hast, dann kannst du beim nächsten Mal eine andere Trommelreise wählen. Geeignet sind Trommeln, Didgeridoos und alle rhythmischen Instrumente.

Zusammenfassung

Objektives, körperliches Hellsehen	Die **körperliche Wahrnehmung** von Farben, Symbolen oder Bildern: Alles, was du mit deinen **biologischen Augen** sehen kannst. Natürlich kann das sehr vielfältig sein.
Subjektives, emotionales Hellsehen	Die **emotionale Wahrnehmung** von Bildern: Deine inneren Bilder, Symbole, Farben und Filme. Alles, was in dir entsteht und du in deinem **dritten Auge** wahrnehmen kannst.

Fallbeispiel: Die verschollenen Steuerunterlagen

Mit diesem Fallbeispiel möchte ich dir das Hellsehen noch näherbringen und dir zeigen, wie du diese Gabe im Alltag zielgerichtet anwenden kannst.

Vor einigen Jahren wollte ich meine Steuerunterlagen beim Finanzamt einreichen. Ich konnte mich sehr gut daran erinnern, dass ich die Unterlagen in einem großen Umschlag bekommen hatte. Danach hatte ich sie weggelegt. Dummerweise wusste ich allerdings nicht mehr, wohin ich diese Unterlagen gelegt hatte. In meiner Schreibtischschublade, da wo sie eigentlich hingehören würden, waren sie auf jeden Fall nicht. Auch sonst konnte ich sie in meinem Büro nicht finden. Selbst ein Anruf bei meinem Treuhänder brachte mich nicht weiter.

Verzweifelt suchte ich tagelang nach diesen Unterlagen und hatte schon die Befürchtung, beim Amt anrufen und eine Kopie erbitten zu müssen, bis mir endlich einfiel, dass ich ja meine Hellsicht für die Suche nutzen könnte. Du kannst dir das Gelächter in meinem Spirit Team gar nicht vorstellen, als ich endlich, endlich auf die Idee gekommen bin, meine Hellsinne für die Suche einzusetzen.

Ich kramte in meiner Erinnerung das Bild des Umschlages hervor, in dem die Unterlagen gekommen waren. Dann versuchte ich, mir dieses Bild bis ins Detail vorzustellen, damit meine Suche möglichst erfolgreich laufen würde. Dieses Bild schickte ich nun in den Raum in meiner Wohnung. Sozusagen in die Aura meiner Wohnung. Ich schickte das Bild nicht zielgerichtet irgendwohin, sondern sendete es in den Raum mit dem Impuls, dass ich nach diesem Umschlag suchte. Ich wusste ja, dass dieser Umschlag in der Wohnung war, ich wusste bloß nicht mehr, wo genau. Für dieses „Wo" holte ich nun Hilfe von meinen Hellsinnen.

Etwas später bekam ich einen Anruf von einer Freundin, die mir ein aufregendes Ereignis aus ihrem Leben erzählen wollte. Während ich mit ihr plauderte, ging ich ziellos in der Wohnung umher. Nach ein paar Minuten blieb ich vor meinem Sekretär stehen und öffnete ihn. Ich hatte sicher schon dreimal hier geguckt und überprüft, ob meine Steuerunterlagen dort sein könnten. (Etwas, was übrigens wenig Sinn gemacht hätte.) Ich öffnete ihn und zog einen Stapel Papier zur Seite, der im Sekretär lag. Und siehe da, darunter war genau der Umschlag, nachdem ich so lange gesucht hatte.

Lachend zog ich ihn hervor und dankte meiner Intuition und meiner geistigen Führung für die Hilfe. War ich froh, dass ich nicht beim Amt anrufen musste, sondern endlich meine Unterlagen einreichen konnte.

Dieses Beispiel ist nicht hochdramatisch. Es ist nichts, was einen Unfall verhindert oder ein Leben gerettet hätte. Es ist nur ein kleines Beispiel, an dem du lernen kannst, auch in deinem Alltag deine Hellsicht zu trainieren und mithilfe der Hellsinne dein Leben einfacher zu gestalten. Dafür schickst du einfach einen Impuls in den Raum. Es geht nicht darum, etwas zu verlangen oder jemanden für dich arbeiten zu lassen, sondern nur, dein ganzes Sein auf diese Aufgabe einzuschwingen. In dem Moment, in dem ich abgelenkt war, konnten jene Bereiche meines Gehirns, die für das Hellsehen zuständig sind, aktiv werden und mich in die richtige Richtung führen. Solange ich mit meinem Verstand und meinem Willen bei der Suche war, ging das nicht. Darum ist es hilfreich, wenn du dich ablenkst, wenn du merkst, dass du mit deinen Kräften in eine Schwere und Verbissenheit kommst. Sobald du anfängst, dich für deine Kräfte zu kritisieren, geht es darum, loszulassen und wieder ins Spielen zu kommen. Je spielerischer du deine Fähigkeiten angehst, um so einfacher kannst du sie für dich nutzen.

Übung

Eine erste Übung zum Hellsehen

In dieser Übung geht es mir darum, dich an das Thema Hellsehen heranzuführen. Darum werden wir diese Übung auf der Übung zum Hellfühlen aufbauen, die wir im letzten Kapitel gemacht haben. Nimm dir auch für diese Übung etwas Zeit und sorge dafür, dass du Ruhe hast. Richte es dir in deinem Raum so ein, dass du dich wohl fühlst. Zünde, wenn du möchtest, ein paar Kerzen an und sorge für frische Luft und den richtigen Duft. Natürlich kannst du diese Übung auch im Freien machen, wenn du möchtest.

Lass uns anfangen.

- Richte deine Aufmerksamkeit auf deinen Atem und beobachte wieder ganz neutral, wie dein Atem ein- und ausfließt. Denke daran, dass du einfach in der Rolle des Beobachters bist und deinen Atem nicht führen willst. Ganz im Gegenteil, es geht darum, dass der Atem beginnt, dich zu führen.

- Verbinde dich jetzt mit deiner inneren Mitte. Die innere Mitte befindet sich in der Region Herz und Magen. Dieser Teil von dir, der dir Kraft und Stärke verleiht, wenn du dich mit ihm verbindest. Wenn es dir hilft, kannst du deine Hände darauflegen und fühlen, wie du deine Mitte stärkst und dich mit ihr verbindest. Verbinde dich so mit deinem wirklichen Sein, ohne die Masken und Rollen, die wir in unserem Leben oft tragen.

- Falls du deine Augen bis jetzt offen hattest, schließe sie jetzt.

- Nun stellst du dir vor, dass sich vor deinem geistigen Auge eine große Leinwand befindet. Wie früher im Kino, geht sie langsam auf, entrollt sich und füllt den ganzen Bereich deines inneren Auges, so dass du eine wunderbare, große Leinwand vor dir hast. Das ist die Leinwand deines inneren Auges, der Ort, wo du deine inneren Bilder und Filme ab sofort wahrnehmen wirst. Vielleicht ist vor dieser Leinwand beim ersten Versuch noch ein Vorhang. Dann ziehe diesen Vorhang weg, so dass du anfangen kannst, mit der Leinwand zu arbeiten.

- Nun erinnerst du dich an die erste Übung zum Thema Hellfühlen. Dabei haben wir mit dem Gefühl von Freude gearbeitet und du hast wahrgenommen, wie und wo du diese Freude in deinem Körper wahrnehmen konntest. Hole diese Freude nun wieder in dein Bewusstsein. Stell dir vor, dass du Freude einatmest.

- **Nun stellst du dir die Frage: Wenn diese Freude eine Farbe hätte, welche Farbe wäre das? Lasse diese Farbe deine Leinwand erfüllen, bis jeder Pixel dieser Leinwand davon erfüllt ist. Betrachte die Farbe ganz genau. Ist die Freude zum Beispiel für dich gelb, dann betrachte dieses Gelb:**

  - Ist es ein ganz zartes, pastelliges Hellgelb?
  - Oder eher ein sattes, dunkles Bananengelb?
  - Ist es ein warmes Gelb oder ein kaltes?
  - Ist es ein reines Gelb oder spielt eine andere Farbe mit hinein?
  - Und falls das so ist, wo genau kannst du diese andere Farbe sehen?

- Nimm dir Zeit, diese Farbe ganz genau zu betrachten und öffne deine Sinne, damit alle Bilder einfließen können, die du mit der Freude-Farbe verbindest. Betrachte weiterhin mit geschlossenen Augen deine innere Leinwand.

- Bleibt der Farbton bestehen oder verändert er sich? Erkennst du irgendwann vielleicht ein Symbol auf deiner Leinwand, das du mit dem Gefühl von Freude in Verbindung bringen kannst? Was für ein Symbol ist das?

- Sei offen und neugierig. Nimm alle Wahrnehmungen an, die du zu deinem Gefühl hast. Wenn du merkst, dass deine Aufmerksamkeit nachlässt, finde zurück in deinen Raum und komme ganz langsam und sachte wieder im Hier und Jetzt an.

- Nach dieser Übung ist es wirklich wichtig, dass du dir deine Wahrnehmung aufschreibst. Vielleicht magst du einfach mit der richtigen Farbe in dein Tagebuch malen und dazu alles erfassen, was du wahrnehmen konntest.

- Notiere dir diese Wahrnehmungen wirklich diszipliniert. Ich verspreche dir, du wirst mir dankbar sein, wenn du erst mal einige Gefühle, Farben und Wahrnehmungen erfasst hast und dann zurückblättern kannst, um zu sehen, welche Farben du für ein bestimmtes Gefühl wahrgenommen hast.

- Es ist gut möglich, dass du nach diesem ersten Gefühl müde bist und eine Pause brauchst. Achte auf dieses Bedürfnis, denn die Arbeit mit den intuitiven Gaben ist manchmal viel anstrengender, als man denken würde.

ERWEITERUNG DIESER ÜBUNG

Natürlich kannst du diese Übung auch mit einem Übungspartner machen. Denn genau da wird es ja interessant.

- Wie in der zweiten Übung im Kapitel Hellfühlen suchst du dir dafür einen Übungspartner und bittest ihn darum, sich für deine Wahrnehmung zu öffnen.

- Denke nun als ersten Schritt immer daran, die Herz-zu-Herz-Verbindung aufzubauen. Denn damit erschließt sich dir die wunderbare Vielfalt der Gefühlswelt deiner Mitmenschen. Setze dafür den Impuls, dich von Herz zu Herz mit deinem Gegenüber zu verbinden.

- Nun fühlst du dein Herz und machst es groß und stark.

- Als Nächstes stellst du dir vor, dass aus deinem Herzen ein Band zum Herz deines Gegenübers entsteht und dass du über dieses Band alle Informationen bekommst, die du brauchst.

- Nun nimmst du nicht nur seine Gefühle wahr, sondern auch seine Farben. Die Gefühle und die Farben müssen dabei nicht unbedingt übereinstimmen, sondern können sich auch ergänzen oder eine zusätzliche Perspektive eröffnen. Sei also nicht voreingenommen, wenn dein Gefühl und die Farbe, die du bekommst, auf den ersten Blick nicht total logisch sind, sondern forsche nach.

- Wenn du Fragen hast, versuche diese erstmal nicht laut deinem Gegenüber zu stellen, sondern versuche diese Frage als Erstes über die Herzverbindung zu stellen und achte darauf, welche Impulse und Antworten du dazu bekommst. Das kann am Anfang ganz schön verunsichernd und verwirrend sein. Lass dich nicht unterkriegen und frage trotzdem. Du wirst merken, dass deine Antwort an Tiefe und Umfang gewinnt, je mehr du dich auf den Prozess einlässt.

Tipp

Ich weiß, wir sind oft ungeduldig und verunsichert, wenn eine Übung nicht gleich beim ersten Mal klappt. Sei bitte sanft mit dir selbst und verlange von dir nicht, etwas perfekt umzusetzen, das du gerade das erste Mal überhaupt ausprobierst. Das Entwickeln deiner Gaben ist ein Marathon, kein Sprint.

Übung

Wir tauchen mit einer zweiten Übung tiefer ins Thema Hellsehen

Das Hellsehen ist, neben allem anderen, auch wunderbar dafür geeignet, dich enger mit deinem geistigen Team zu verbinden. Das heißt, durch das Hellsehen kannst du deine Schutzengel und Geistführer wahrnehmen und ganz genau betrachten, wie diese aussehen und wo sie – wortwörtlich – in deinem Leben gerade stehen. Dieser Standplatz kann Auskunft darüber geben, ob sie dich eher schützen, unterstützen oder voranbringen wollen. Ein Geistführer, der vor dir steht und dich anschaut, will dir etwas vermitteln. Wenn er aber vor dir steht und nach vorne schaut, will er dich ermutigen, die nächsten Schritte in diesem Leben zu tun. So zeigen sie dir auch, was im Moment ihre Aufgaben in deinem Leben sind.

- Um deinem Geistführer zu begegnen, setzt du dich jetzt hin und machst es dir gemütlich. Sorge wieder dafür, dass du nicht gestört wirst. Vielleicht zündest du wieder eine Kerze an oder verräucherst etwas. Vielleicht hast du auch eine Tasse leckeren Tee bei dir, den du trinken kannst. Achte darauf, dass es dir wirklich gut geht und dass du dir genug Zeit und Raum nehmen kannst für diese Übung. Du trainierst hier gerade etwas und es ist vollkommen in Ordnung, dass du dir für dieses Training auch wirklich Zeit nimmst und es ernsthaft angehst.

- Richte nun deine Aufmerksamkeit auf deinen Atem und atme ganz entspannt ein und aus. Du kennst das ja schon. Du willst mit diesem Atem nichts erreichen. Du willst einfach nur deinen Atem beobachten und beobachten, wie dieser Atem beginnt, dich zu atmen.

- Und nun verbinde dich wieder mit deinem Herzraum, dem Bereich rund um dein Herz, um dein Herzchakra herum. Stelle dir vor, dass dieser Herzraum groß und stark wird und du dich ganz in die Energie deines Herzens fallen lassen kannst. Du bist geschützt und sicher in deinem Raum und darfst dich in den nächsten Minuten ganz auf deine Wahrnehmungen konzentrieren.

- Nun schließt du deine Augen und richtest deine Aufmerksamkeit auf deine innere Leinwand. Lasse die Leinwand ausfahren, so dass sie groß vor deinem inneren Auge erscheint.

- Stelle dir jetzt vor, dass darauf das Bild einer wunderbaren Naturszene entsteht.

Ein Bild von atemberaubender Schönheit. Eine Natur, die für dich unbeschreiblich ist, in der du dich vollkommen wohlfühlst. Das kann in einem Wald sein, auf einer Lichtung. Das kann an einem Gewässer sein, es kann natürlich auch auf einem Berg sein. Die Natur, die Jahreszeit, die Temperatur und die Tageszeit, die für dich wunderbar entspannend und schön ist. Der Ort in der Natur, von dem du weißt, dass du dich hundertprozentig sicher und wohl fühlst.

* Projiziere diese Bilder auf deine Leinwand, so dass du sie deutlich vor deinem geistigen Auge sehen kannst. Beobachte, wie die Bilder immer klarer, deutlicher und gestochen scharf werden. Deine inneren Bilder fangen an, so echt zu wirken, dass du bald das Gefühl hast, tatsächlich mitten in der Natur zu stehen. Betrachte die Landschaft, bis du innerlich einen Impuls fühlen kannst, voranzugehen.

* Und nun stelle dir vor, wie du deine Leinwand betrittst und Teil von dieser Natur wirst. Du atmest einmal tief durch und befindest dich mitten in dieser inneren Welt, die du vor deinem geistigen Auge erschaffen hast.

* Gehe nun ein bisschen in dieser Natur spazieren. Du gehst ein paar Schritte und siehst dann irgendwo vor dir eine Sitzgelegenheit, die so richtig einladend wirkt. Schaue sie dir ganz genau an. Wie sieht sie aus?

* Lasse die Bilder einfach entstehen und betrachte, wie sich deine Sitzgelegenheit dir zeigt.

* Gehe nun darauf zu und mache es dir gemütlich. Betrachte die Natur um dich herum. Vielleicht fällt dir eine Pflanze oder eine bestimmte Blume auf. Schau dich um, dominiert in dieser inneren Natur gerade eine bestimmte Farbe? Nimm alles auf, was du wahrnehmen kannst, urteile nicht darüber und lasse keine Zweifel zu. Vertraue einfach dem, was sich dir zeigt, und beobachte aus deiner neutralen Position heraus.

* Während du auf deiner Sitzgelegenheit sitzt, tritt ein Wesen auf dich zu. Du fühlst, dass du dieses Wesen schon seit vielen Jahren kennst und dass ihr euch tief vertraut. Es kommt näher und setzt sich neben dich. Es ist ein Wesen aus deinem geistigen Team, das dich im Moment intensiv begleitet.

* **Schau dir dieses Wesen ganz genau an.**
  - Ist es ein Engel oder ein Geistführer?
  - Ein Erzengel oder aufgestiegener Meister?
  - Ist es vielleicht ein Krafttier?

* Betrachte ganz genau, wer da bei dir sitzt. Gucke dir seine Farben an. Vielleicht kannst du irgendwelche Kleidungsstücke erkennen, vielleicht fällt dir seine Augenfarbe auf. Nimm alles wahr, was du vor deinem geistigen Auge sehen kannst. Und sei dir bewusst, dass viele von den Dingen, die du da sehen kannst, aus deinen intuitiven Fähigkeiten kommen. Du lässt zu, dass sich diese Fähigkeiten in deinem Leben nun zeigen dürfen, und heute zeigen sie sich dir in Form eines Wesens aus deinem geistigen Team. Das ist genau richtig so. Damit trainierst du dein Hellsehen und deine Fähigkeit, Dinge über dein drittes Auge wahrzunehmen. Bleibe in der neutralen Haltung und nimm einfach wahr.

* Wenn du merkst, dass du müde wirst, verabschiedest du dich von diesem Wesen aus deinem Team. Bleib auf deinem Sitz sitzen und schaue noch einmal in deiner Natur umher. Vielleicht hat sich seit dem Beginn der Übung etwas verändert, vielleicht aber auch nicht. Es ist nicht wichtig, es geht nur darum, deine Aufmerksamkeit und deine innere Wahrnehmung zu schärfen.

* Und nun lässt du deine inneren Bilder verschwinden. Sie lösen sich auf wie Nebel in der Sonne und du findest in deinen Alltag zurück.

* Nimm deinen Körper wieder wahr und öffne, wann immer du bereit bist, wieder deine Augen.

REFLEXIONSFRAGEN FÜR DEIN HELLSEHEN

Wie ist es dir ergangen mit dem Hellsehen? Konntest du die ersten Erfolge damit feiern? Bitte denke daran: Es ist völlig egal, wie viel oder wenig du in diesen Übungen sehen konntest, alles ist ein Erfolg. Auch wenn dir dein Kopf vielleicht einzuflüstern versucht, dass du dir das nur eingebildet hast. Das hast du nicht, ich verspreche es dir. Lass uns nun gemeinsam auf das Gelernte zurückschauen.

- Was hat für dich besonders gut geklappt? Eher das Hellsehen über innere Bilder oder das Hellsehen, während du deine Augen offen hattest?
- Was konntest du erkennen? Haben sich dir Farben gezeigt? Vielleicht Symbole oder Formen? Oder hast du gleich ganze Bilder zu sehen bekommen?
- Wenn du dich mit dem Hellsehen verbindest – ist das ein Hellsinn, den du gerne weiter trainieren möchtest? Dann wäre es eine Idee, dass du mit dir selbst eine Abmachung triffst, in welcher Art und Häufigkeit du die Übungen machen möchtest.

Der Selbstliebe-Tipp deiner Seele

ERDUNG MIT DER KRAFT DER ELEMENTE

Vielleicht hast du in diesem Kapitel gemerkt, dass du unbedingt Hellsehen lernen möchtest. Das ist wunderbar, nur kann es dir dabei passieren, dass du in deinen Kopf rutschst und versuchst, etwas mit deinem Willen zu erreichen. Für diesen Fall lass dich vertrauensvoll fallen, im Wissen, dass die geistige Welt dich auffangen und führen wird. Damit du dieses Vertrauen entwickeln kannst, empfehle ich dir, dich wirklich und wahrhaftig mit der Erde zu verbinden.

Erdung war für mich während vieler Jahre nicht besonders schwer. Ich habe mich mit der Erde verbunden und konnte wahrnehmen, wie ich in diese wunderbare Tiefe gelangt bin. Doch dann passierte etwas in meinem Leben, das mich komplett aus der Bahn geworfen hat, und es wurde immer schwerer, mich mit der Erde zu verbinden und wieder in die Kraft zu kommen. Bis ich eines Tages eine Meditation machte. Als es um das Thema Erdung ging, hörte ich plötzlich eine Stimme in meinem Herzen, die mir sagte, dass ich mir vorstellen sollte, mitten in einem riesengroßen Süßwasser-Ozean zu schwimmen. Tief unter Wasser, umgeben von Stille, Druck und Kraft. Ich sah das Bild vor meinem geistigen Auge und konnte fühlen, wie die Erdung jede Zelle meines Körpers erfüllte. Endlich fühlte ich mich wieder verbunden mit unserem Mutterplaneten und konnte die Energie von Mama Gaia wieder in meinem Körper wahrnehmen. Ich war fasziniert und unendlich dankbar für die Hilfe und begann, mir darüber Gedanken zu machen. Ich selbst bin stark mit dem Element Wasser verbunden. Daher ist es irgendwie logisch, dass ich mich gut erden kann, wenn ich dabei die Vorstellung von Wasser nutze. Was passiert aber, wenn jemand stark mit dem Element Feuer oder dem Element Luft verbunden ist? In den nächsten Monaten machte ich verschiedene Versuche mit meinen Studenten. Diejenigen, die sich mit dem Element Feuer verbunden fühlten, stellten sich vor, wie sie an einem Feuer saßen und sich mit der Kraft des Feuers in die Erdung begaben. Wenn jemand sich besonders stark mit dem Element Luft verbunden fühlte, experimentierten wir mit Bildern, die stark mit dem Element Luft zu tun hatten. Für Menschen, die sich gut mit der Erde verbunden fühlen, ist jedes innere Bild hilfreich, dass damit zu tun hat, die Hände oder die Füße in der Erde zu versenken. Wenn du also Mühe hast, dich zu erden, fühle in dich hinein, mit welchem Element du dich besonders verbunden fühlst. Eine Hilfe könnte dabei dein Horoskop sein. Jedes Sternzeichen ist einem der Elemente zugeordnet. Je mehr Planeten du in einem bestimmten Element hast, um so stärker bist du vermutlich mit diesem Element verbunden.

Hellhören

Ich befürchte, dass ich diese Aussage bei fast jedem Hellsinn machen werde ... aber: Hellhören ist einer meiner liebsten Hellsinne. Und dabei ist es der Hellsinn, von dem ich sehr lange nicht verstanden habe, dass ich ihn überhaupt besitze. In diesem Kapitel möchte ich auch dich für diesen wunderbaren Hellsinn begeistern.

Hellhören – ein wunderbarer Hellsinn

Hellhören ist ein Hellsinn, der **etwas langsamer** ist als andere. Denn ein Satz oder Wort muss sich erst aufbauen. Du kannst einen komplexen Satz nicht innerhalb von einem Sekundenbruchteil hören, anders als beim Hellsehen, bei dem sich ein Bild innerhalb kürzester Zeit aufbaut. Gleichzeitig ist es aber auch ein Hellsinn, der dir dabei hilft, wirklich in die Tiefe zu gehen und den ganzen Umfang der Antwort zu verstehen. Hellhörend kannst du jederzeit in der Aura oder bei der Seele deines Gegenübers oder auch bei der geistigen Welt nachfragen, wenn du etwas falsch oder noch nicht in aller Vollständigkeit verstanden hast.

Obwohl sich Hellhören bei den meisten Menschen nicht als erster Hellsinn entwickelt, ist es trotzdem ein Sinn, mit dem du eventuell bereits Kontakt hattest oder von dem du bereits einmal gehört hast. Denn die geistige Welt nutzt Hellhören, wenn sie uns von einer großen Dummheit abbringen will. Vielleicht hast du in diesem Zusammenhang schon einmal **vom berühmten „Stopp“** gehört. Falls nicht, erzähle ich dir gleich noch in einem Fallbeispiel, was es damit auf sich hat.

Exkurs

Unsere Hellsinne sind **stark mit unseren Sinnen gekoppelt.** Darum sind Hellhören und Hören sehr stark miteinander verwandt. Auch über unser Gehör erschaffen wir Erinnerungen. Eine alte Hör-Erinnerung, die ich habe, ist ein Musikstück, das ich mit ungefähr zwölf oder dreizehn sehr mochte. Dieses Stück habe ich immer und immer wieder gehört, während ich ein ganz bestimmtes Buch gelesen habe. Vor einigen Jahren ist mir dieses Buch wieder in die Hände gefallen und ich habe es, als schöne Erinnerung an meine Jugend, wieder gelesen. Ganz automatisch begann beim Lesen dieses Musikstück in meinem Kopf zu spielen, denn mein Gehirn hatte diese Musik mit diesem Buch gekoppelt. Das Gleiche passiert auch umgekehrt: Du hörst ein bestimmtes Musikstück und plötzlich bist du wieder vierzehn und das erste Mal bis über beide Ohren verliebt. Wenn du lernst, auf diese Erinnerungen zu achten, kannst du dein Hellhören unterstützen, weil du damit deine „Hör-Bibliothek" erweiterst und darauf dann auch hellhörend zugreifen kannst. Denn deine Hellsinne und die geistige Welt nutzen für jeden Impuls auch deinen Lebensrucksack. Stellen wir uns vor, dass du deine erste große Verliebtheit mit einem ganz bestimmten Lied verbindest. Nun arbeitest du mit deinen Hellsinnen und hast dich mit einer Freundin verbunden. Plötzlich hörst du mit deinem Hellhören genau dieses Lied. Das gibt dir einen sehr klaren Impuls dazu, dass deine Freundin gerade frisch verliebt ist und sie genau solche Schmetterlinge im Bauch hat, wie du es damals mit fünfzehn hattest, als dieses Lied bei dir in Dauerschleife gelaufen ist.

Fallbeispiel: Das berühmte STOPP

Die Geschichte um das berühmte laute Stopp habe ich schon in einigen Varianten gehört und vielleicht hast du sie auch selbst erlebt oder von Freunden oder Verwandten gehört. Meine Version dieser Geschichte hat meine Mutter erlebt, als ich noch ein ganz kleines Kind war. Das war folgendermaßen:

Als diese Geschichte passiert ist, war ich noch sehr klein, darum erinnere ich mich selbst nicht daran. Aber ich habe sie viele Male von meiner Mutter gehört, denn es war ein Erlebnis, das meine Mutter nachhaltig geprägt hat. An diesem Tag waren meine ältere Schwester und ich in der Badewanne und haben vermutlich gespielt. Meine Mutter hatte schon immer sehr feines Haar und sie wollte ein wenig Volumen auf ihren Kopf zaubern. Darum nahm sie ihren Lockenstab. Sie steckte ihn an den Strom und machte sich selbstvergessen ihre Haare. Irgendwann hatte sie die Idee, ihre Haare nochmals etwas nass zu machen, damit sie sie besser frisieren konnte. Ohne groß nachzudenken, streckte sie den laufenden Lockenstab unter den Wasserhahn und wollte gerade das Wasser aufdrehen, als sie ein brüllend lautes STOPP hörte. Erschrocken blickte sie sich um und hielt inne. Und dann bemerkte sie schockiert, was sie gerade im Begriff war zu tun. Wenn sie das Wasser aufgedreht hätte, wäre sie am Stromschlag gestorben, den der laufende Lockenstab ausgelöst hätte. Sie schreckte zurück und stellte ihn mit zitternden Händen ab. Für diesen Tag hatte sie genug von schönen Haaren und war einfach nur dankbar, dass sie das Wasser nicht hatte laufen lassen.

Dieses Stopp kam weder von meiner Schwester noch von mir. Wir waren damals viel zu klein, um zu begreifen, was fast passiert wäre. Dieses Stopp kam vom geistigen Team meiner Mutter, denn dies war nicht der Zeitpunkt für meine Mutter, um zu sterben. Um ein lautes, deutlich hörbares Stopp zu rufen, braucht die geistige Welt sehr viel Energie. Meine Mutter war damals nicht hellhörend und sie hatte sich auch nie mit ihren intuitiven Fähigkeiten auseinandergesetzt. Die geistige Welt hat sehr, sehr viel Energie benötigt, um dieses Stopp zustandezubringen. Doch diese Energie war notwendig, denn meine Mutter musste von ihrem Vorhaben abgebracht werden.

Erzählungen wie diese sind seither viele an mich herangetragen worden. Ganz oft geht es dabei um unkonzentriertes Autofahren. Viele meiner Studenten haben etwas Ähnliches erlebt oder eine Familiengeschichte, die etwas Vergleichbares vermittelt. Vielleicht hast auch du schon einmal von etwas gehört, das in eine ähnliche

Richtung geht. Dabei geht es immer darum, dass die geistige Welt ein oder mehrere Leben von Menschen rettet, für die es nicht der richtige Zeitpunkt ist, zu sterben. Sie mischen sich in einem ganz bestimmten Moment ein, damit der Mensch seine Lebensaufgaben weiterhin angehen und erfüllen kann. Für mich sind dies auch immer Beweise, dass es die geistige Welt wirklich gibt und dass sie für uns sorgen, wenn wir selbst zu abgelenkt sind, um genau hinzuschauen. Ich finde diese Geschichten sehr ermutigend, weil sie auch Menschen erleben, die sich nicht so intensiv mit der eigenen spirituellen Entwicklung auseinandersetzen.

Was ist Hellhören genau?

Das Hellhören kann am Anfang ein **ergänzender Hellsinn** sein. Ein Hellsinn, auf den du eher unbewusst zurückgreifst, wenn du eine Frage hast, die du gerne tiefer beantwortet bekommen möchtest. Wenn du zum Beispiel hellsehend ein inneres Bild bekommst und hellfühlend eine Wahrnehmung dazu hast, dann sind das sehr klare Informationen. Doch manchmal wirst du das Bedürfnis haben, etwas tiefer in deine Frage einzutauchen. Vielleicht noch mehr zu wissen oder eine Antwort besser zu verstehen. Für so einen Fall bietet es sich an, dein Hellhören zu nutzen und deine Frage sensitiv an einen Menschen oder medial an die geistige Welt zu stellen. Wie das geht, erfährst du später in diesem Kapitel.

Die Antwort auf deine Frage kann dann über dein Hellhören, aber auch auf anderen Wegen zu dir kommen. Je länger du trainierst und Erfahrungen sammelst, um so stärker wirst du auch erkennen, woher deine Antworten tatsächlich kommen, ob über das Hellhören, Hellsehen, Hellfühlen oder einen anderen Hellsinn.

Tipp

Wenn du dir jetzt Sorgen machst, dass du noch nicht mit deiner **geistigen Führung** verbunden bist oder diese noch gar nicht kennst, dann lass mich dir diese Sorge abnehmen. Je mehr Übungen du aus diesem Buch machst und je intensiver du mit deinen Hellsinnen zu arbeiten lernst, um so intensiver wird auch dein Kontakt zu deiner geistigen Führung werden. Es ist ein Prozess, der Hand in Hand geht, und es ist eine **wunderbare Reise,** deine geistige Begleitung kennenzulernen.

Ich selbst habe lange nicht bemerkt, dass ich Botschaften hellhörend wahrnehme. Eine langjährige Klientin musste mich darauf hinweisen. Sie fragte mich während einer Sitzung, wie ich gelernt habe hellzuhören und ich habe geantwortet, dass ich nicht Hellhören kann. Sie hat mich total überrascht angeschaut und gesagt: „Natürlich kannst du Hellhören! Du sagst ständig, dass du kurz zuhören musst." Bis zu diesem Moment war mir das nie aufgefallen, aber danach hat es angefangen, sehr viel Sinn für mich zu ergeben. Warum ich dir diese Geschichte erzähle: Weil ich dir Mut machen will und dich einladen möchte, genau hinzuschauen. Manchmal ist für uns etwas so natürlich, logisch und klar, dass wir gar nicht bemerken, dass wir dabei ganz schön ungewöhnlich sind.

Im Alltag gehört das Hellhören für mich zu einer sehr vielseitigen Erfahrung. Es kann zum Beispiel sein, dass ich an meinem Schreibtisch sitze und dann hellhörend etwas wahrnehme, das von meinem eigenen geistigen Team kommt. Manchmal ist es sogar so, dass ich hellhörend meine verstorbene Tante wahrnehme, die mir sagt, dass es Zeit ist, um Abendbrot zu machen. Aus irgendeinem Grund ist immer sie es, die mich daran erinnert, Feierabend zu machen. Und so ist das Hellhören für mich ein Sinn, den ich inzwischen sehr gerne und sehr häufig benutze. Wenn es nun aber darum geht, dieses Hellhören zu entwickeln, dann braucht es tatsächlich ein bisschen Aufmerksamkeit und ein bisschen Achtsamkeit. Das Hellhören geht für mich in eine tiefere Verbindung mit der geistigen Welt. Denn damit wirst du erkennen, dass du wirklich fundierte Wahrnehmungen hast und dass du in einen wunderbaren Austausch gehen kannst mit deiner geistigen Führung und all jenen Wesen, mit denen du in diesen Austausch gehen möchtest. Das ist etwas, das ich persönlich als extrem angenehm und hilfreich empfinde. Denn diese Form des Hellhörens ist etwas, das sich wunderbar in den Alltag integrieren lässt. Und darum auch meine Einladung an dich: Übe wirklich mit dieser intuitiven Gabe und fange an, sie in deinen Alltag zu integrieren und dich dafür zu öffnen.

So kannst du das Hellhören im Alltag konkret üben

Übung

Es gibt unzählige Möglichkeiten, wie du das Hellhören in deinen Alltag integrieren kannst.

Eine Methode können Fragen sein, die du an das Leben hast. Damit sind Fragen gemeint, die du an die geistige Welt hast, und auch Fragen, die du an deine Seele hast. Nimm dir dann eine dieser Fragen und stelle sie:

- Schreibe deine Frage zum Beispiel am Vormittag in deinen Planer und formuliere dabei genau, was du wissen willst.
- Entscheide dich dann, diese Frage sozusagen der geistigen Welt zu übergeben. Gib mit anderen Worten der geistigen Welt den Auftrag, dass du gerne eine Antwort auf diese Frage hättest. Allerdings nicht mit einem Zeitfenster oder einem Limit, bis wann die Frage beantwortet sein muss, sondern einfach als Impuls, als Bitte an sie und als Anfrage an ihre Weisheit. Dabei kannst du ein

lustiges Bild vor deinem geistigen Auge erschaffen: Das Gefühl, wie wenn du deine Frage in einen kleinen Ball packen würdest und diesen Ball dann ganz entspannt und ohne Druck oder Erwartungen der geistigen Welt zuspielst. Wichtig ist es, dass du bei deiner Fragestellung gleich erwähnst, dass du die Antwort gerne hellhörend hättest, denn dann wirst du diese ziemlich sicher genau so bekommen.

- Höre im Lauf der nächsten Tage wirklich gut zu und achte auf Impulse aus der geistigen Welt. Manchmal dauert es einen Tag, bis man eine Reaktion bekommt. Es kann aber auch sein, dass es mehrere Tage dauert, bis eine Antwort bei dir ankommt. Diese Impulse bekommst du dann auf hellhörende Art und Weise. Du stellst also der geistigen Welt deine Frage und wartest einfach ab, wie, wann und in welcher Form deine Antwort kommt. Ich würde dir vorschlagen, diese Technik einfach auszuprobieren.

Tipp

Wenn du Mühe hast, deine Impulse zu verstehen, dann empfehle ich dir, dass du Fragen stellst, **die nicht von dir selbst kommen,** sondern dass du zum Beispiel deinen Partner oder deine beste Freundin oder dein Kind fragst, ob sie eine Frage an ihre Seele oder an die geistige Welt haben. Dann verpackst du genau diese Frage in deinen lustigen Ball und spielst ihn der Seele dieses Menschen oder der geistigen Welt zu. Der Grund dafür ist, dass du, sobald du deine eigenen Fragen stellst, nicht mehr ganz neutral bist, sondern ein bisschen voreingenommen. Denn du wirst schon Ideen haben, wie diese Fragen beantwortet werden müssten. Wenn du Fragen von anderen Menschen für diese Übung verwendest, dann bist du neutraler und auch offener dafür, die Antwort tatsächlich so anzunehmen, wie sie von der geistigen Welt kommt.

Übung

Alternative Übung: Telepathisches Wahrnehmen

Hellhören ist ein Sinn, den du sehr vielseitig anwenden kannst. Du kannst dein Hellhören im Austausch mit der geistigen Welt anwenden. Doch wenn für dich der Zugang zur geistigen Welt noch fremd ist, findest du hier ein paar Beispiele für andere Bereiche. Deine Hunde, Katzen oder Vögel hellhörend wahrzunehmen, ist eine Übung, die auf der einen Seite relativ einfach ist und auf der anderen Seite unbeschreiblich viel Freude macht. Genauso wie mit einem Haustier kannst du die Übung auch mit deinen Pflanzen machen.

- Um dein Tier hellhörend wahrzunehmen, verbindest du dich wieder ganz bewusst über die Herz-zu-Herz-Verbindung mit ihm. Du wirst merken, dass diese Verbindung ganz einfach ist, denn du liebst dein Tier ja und darum ist es dir ohnehin schon nahe und die Verbindung braucht weniger Aufwand, als du vielleicht denkst. Setze dafür den Impuls, dich von Herz zu Herz mit deinem Tier zu verbinden, mache dein Herz groß und stark und stelle dir nun vor, dass aus deinem Herzen ein Band zum Herz deines Tieres entsteht.

- Nun wartest du, bis dein Tier Hunger hat. Es wird mit ziemlich großer Wahrscheinlichkeit zu dir kommen und diesen Hunger signalisieren. Gehe dann in die Verbindung zu deinem Tier und versuche zu hören, was es gerne fressen möchte.

- Überlege dir, wie du nun vorgehst. Gibst du deinem Tier das Gewünschte? Oder entscheidest du dich bewusst, es ihm nicht zu geben und zu sehen, wie es reagiert? Je mehr du dich daran erinnerst, dass du sensitiv mit deinem Tier verbunden bist, um so einfacher wird es, zu hören, was dein Tier gerade von dir will.

Tipp

Ähnlich ist es mit deinen Pflanzen. Versuche, ganz bewusst in Verbindung mit ihnen zu gehen, so dass du hörst, wenn sie durstig sind.

Öffne dein Herz und vertraue

Ich möchte dir noch einen **Rat von Herzen** mit auf den Weg geben. Lass mich dafür eine kurze Geschichte mit dir teilen:

Vor nicht allzu langer Zeit hatte ich Gäste. Hellhörend konnte ich wahrnehmen, dass jemand nach Wasser verlangt hat. Ich ging in die Küche und füllte ein Glas. Als ich damit zu den Gästen ging und fragte, wer denn das Wasser wollte, wurde ich überrascht angeschaut. Sie waren es offenbar nicht. Also sah ich mich nach meinen Tieren um. Doch die wirkten total zufrieden und wollten auch kein Wasser. Als ich meinen Blick weiter gleiten ließ, sah ich meine Pflanze, die laut nach dem Wasser verlangte, das ich in meiner Hand hatte. Ich hatte vergessen, sie zu gießen und sie hatte ihre telepathischen Fähigkeiten dafür verwendet, mich auf mein Versäumnis hinzuweisen. Keine Sorge, sie hat mehr als nur ein Glas Wasser bekommen.

Was ich dafür mache? Ich lasse Menschen, Tiere und die Natur angstfrei in mein Herz und sorge mich nicht darum, ob sie mich vielleicht verletzen, wenn ich das mache. **Ich vertraue darauf, dass ich sicher bin,** auch wenn sie ein Teil meines Herzens sind. Viele Menschen haben Angst davor, ihr Herz wirklich zu öffnen. Sie fürchten, dass sie dabei verletzt werden könnten. Aber wenn man objektiv hinschaut, merkt man, dass man sowieso verletzt wird. Menschen und Tiere sterben und lassen ihre Liebsten zurück. Das tut weh und man trauert und weint um sie. Beziehungen gehen in die Brüche, weil es manchmal einfach Zeit dafür ist. Das tut ebenfalls weh und man trauert und verarbeitet auch das. Genauso wie Glücklichsein zu unserem Leben gehört, gehört Traurigsein dazu. Wir leben in einem dualen Universum, in dem es Tag und Nacht, Kälte und Hitze, Helligkeit und Dunkelheit gibt. **Als Menschen sind wir Teil dieser Dualität** und darum erlebt sie jeder Mensch auch in seinem persönlichen Leben. Aus Angst davor, schwierige Gefühle durchleben zu müssen, das Herz nicht für die schönen Gefühle zu öffnen, ist meiner Meinung nach total schade. Denn damit verschließt man sich nicht nur vor dem Schwierigen, sondern eben auch vor dem Schönen. Ich wünsche mir daher für dich, dass du den Mut hast, dich angstfrei zu öffnen und wirklich ins Vertrauen zu gehen.

Das objektive, körperliche Hellhören

Im Fallbeispiel „Das berühmte Stopp" haben wir schon kurz über das objektive Hellhören gesprochen. Jetzt möchte ich dir noch ein paar tiefergehende Informationen dazu an die Hand geben.

Beim objektiven Helhören geht es darum, dass du wirklich mit deinen biologischen Ohren hörst, was die Seele deines Gegenübers oder dein geistiges Team dir zu vermitteln hat. Dabei ist objektives Hellhören weniger zielgerichtet als subjektives Hellhören – das heißt, es geschieht eher passiv: Da passiert einfach etwas und du kannst dich damit arrangieren, dass es passiert.

Zum Vergleich:

- **Beim subjektiven Hellhören** kannst du sehr zielgerichtet und detailliert mit der geistigen Welt ins Gespräch gehen.

- **Beim objektiven Hellhören** nimmst du hingegen oft einfach Worte, Sätze oder Töne wahr.

Die meisten Menschen sind meiner Erfahrung nach subjektiv hellhörend, also über das innere Ohr und nicht objektiv über das äußere Ohr. Was allerdings oft passiert und es ist grundsätzlich möglich, dass du das aus deinem eigenen Leben oder aus Erzählungen kennst, ist, dass **kleine Kinder** objektiv hellhörend Geistwesen wahrnehmen können. Wenn es in alten Häusern knattert und knarrt, dann ist es möglich, dass das Wesen sind, die sich objektiv hellhörend zeigen. Schritte, die man hören kann, vielleicht sogar Worte oder Töne. Ein Lied, das gesungen wird, obwohl niemand in dem Raum ist. Möbel, die verschoben werden, obwohl da keine Möbel sind. Natürlich kann das alles etwas unheimlich sein und darum wird es von vielen Menschen auch abgelehnt. Objektives Hellhören ist generell häufig mit **Jenseitskontakten** verbunden, das heißt mit Menschen, die bereits gestorben sind und die sich im Jenseits befinden. Diese Menschen haben manchmal den Wunsch, sich noch einmal zu zeigen. Es ist sehr gut möglich, dass sie das dann machen, indem sie in ihrem alten Zuhause herumgehen und du diese Schritte hören kannst.

Das subjektive, emotionale Hellhören

Beim subjektiven Hellhören geht es, ähnlich wie beim subjektiven Hellsehen, darum, Informationen über das innere – sozusagen das **„dritte Ohr“** – wahrzunehmen. Das „dritte Ohr“ ist dabei kein Begriff, den es tatsächlich gibt, sondern etwas, das ich in diesem Zusammenhang im Vergleich zum dritten Auge nutze. Denn so ganz genau festlegen, wo man innerlich hellhört, kann man nicht. Das subjektive, innere Hellhören ist wie gesagt etwas, das einfacher für dich sein wird und das du schneller erleben wirst als das objektive, laute Hellhören. Das subjektive Hellhören ist DIE Möglichkeit, um wirklich mit der geistigen Welt in einen Dialog zu treten. Über das innere Ohr wirst du ganze Sätze aus der geistigen Welt vernehmen, sobald du erst einmal diesen Sinn trainiert hast. Du wirst damit bei Antworten, die dir sonst unklar sind, in eine wunderbare Tiefe gehen können.

Wichtiger Hinweis

Wichtig ist, dass du über das Hellhören **ausschließlich positive, motivierende Stimmen** hören wirst. Du wirst Inspiration und Klarheit aus der geistigen Welt und Hilfe bei Entscheidungen bekommen, die du für dein Leben treffen möchtest. Falls du jemals mit negativen Stimmen zu tun haben solltest, mit Stimmen, die destruktiv sind oder die dir sagen, dass du jemanden verletzen solltest, dann kann das ein Hinweis auf eine ernsthafte psychische Erkrankung sein und das gehört unbedingt in ärztliche Hände. Die geistige Welt ist eine liebevolle Macht. Die Seele eines Menschen ist dem Menschen liebevoll zugewandt. Diese Wesen werden niemals negative Dinge sagen oder von dir verlangen, dass du jemanden verletzen solltest.

Zusammenfassung

Objektives, körperliches Hellhören	Die **körperliche Wahrnehmung** von Tönen, Worten und Melodien. Sehr bekannt ist ein **lautes „Stopp“**, wenn man etwas Lebensgefährliches macht.
Subjektives, emotionales Hellhören	Die **emotionale Wahrnehmung** von Sätzen, Tönen und Geräuschen. Sehr hilfreich, um tiefer in eine Botschaft zu gehen und ergänzende Informationen zu Wahrnehmungen zu bekommen.

Die geistige Welt sucht Kontakt zu dir

Nachdem in diesem Kapitel der Kontakt zur geistigen Welt immer wieder einmal ein Thema war, möchte ich dich ermuntern, **aktiv den Kontakt zur geistigen Welt** anzunehmen: Hast du es vielleicht schon einmal erlebt, dass du aus dem Nichts heraus einen Piepton in deinem Ohr hattest? Das könnte die geistige Welt sein, die versucht, die richtigen Frequenzen zu finden, über die sie mit dir sprechen kann. Mit diesem Piepton meine ich keinen Tinnitus. Das ist eine ernsthafte Erkrankung, die zum Arzt und in professionelle Hände gehört. Was ich meine, ist dieser kurze Ton, der aus dem Nichts kommt und nach einigen Sekunden wieder verschwindet. Manchmal ist dieser Ton sehr hoch und unangenehm, manchmal tief und kaum hörbar. So kannst du darauf in Zukunft reagieren:

- Wenn du merkst, dass du ständig diese Töne im Ohr hast, fange an, Antwort darauf zu geben.

- Du könntest dann laut – oder leise, je nachdem, wo du dich gerade befindest – sagen: „Ich kann es hören. Es ist hoch, laut, tief, leise, angenehm, unangenehm etc.“ Wie du den Ton gerade empfindest. Damit gibst du der geistigen Welt eine Antwort auf ihre Versuche, sich auf deine Frequenz einzustellen.

- Denke immer daran: **Deine geistige Führung ist dein Team.** Deine Aufgabe in diesem Team ist es zufälligerweise, ein Mensch zu sein. Wenn nun dein Team neue Frequenzen testet und wissen will, ob sie dich damit einfach und gut erreichen können, dann ist es hilfreich, wenn du ihnen Antwort gibst. Denn sonst werden sie immer weiter testen und irgendwann davon ausgehen, dass du sie nicht hören kannst. Je mehr du dich und deine geistige Führung als Team siehst, um so eher verstehst du auch, dass es um eine gute Zusammenarbeit geht. Je mehr du ihnen hilfst, gut mit dir zu arbeiten, um so einfacher wird der Austausch auch werden.

- Ich würde vorschlagen, dass du es einfach mal ausprobierst. In meiner Erfahrung ist es so, dass die Pieptöne aufhören, sobald ich eine Antwort gebe. Das Gleiche wird mir von meinen Studenten bestätigt.

Übung

Eine erste Übung zum Hellhören

Du kannst diese Übung so lange machen, wie du möchtest. Um wirklich in die Übung hineinzukommen, empfehle ich dir aber, für jeden Schritt der Übung zwei, drei oder auch fünf Minuten Zeit einzuplanen, so dass du dich wirklich darauf einstellen und alles wahrnehmen kannst, was sich dir zeigt. Sorge dafür, dass du nicht gestört wirst, und konzentriere dich voll und ganz auf dich.

Lass uns anfangen.

- Komme mit deiner Aufmerksamkeit zu deinem Atem und lasse den Atem ganz entspannt ein- und ausfließen. Fühle, wie dein Körper mit diesem Atem erfüllt wird und dein Atem dich mit Lebensenergie und Kraft versorgt.

- Lasse den Atem ganz genau so fließen, wie er in diesem Augenblick fließen möchte. Versuche nicht, ihn zu kontrollieren.

- Schließe nun die Augen. (Für diese Übung sind geschlossene Augen wichtig, damit du nicht von deiner Umgebung und visuellen Reizen abgelenkt wirst.)

- Richte nun deine Aufmerksamkeit auf deine Ohren und dein Hören. Konzentriere dich voll und ganz darauf.

- Höre als Erstes in dein nahes Umfeld. Was kannst du ganz nahe bei dir hören? Deinen Atem? Vielleicht ein Familienmitglied in einem Nachbarraum? Höre ganz genau zu, so dass du dich auf alle Geräusche konzentrieren kannst, die sehr nahe bei dir sind.

- Und jetzt weite dein Hören aus. Höre ganz weit weg. Was ist das Geräusch am weitesten weg von dir, das du noch hören kannst? Vielleicht ein Auto, ein

Flugzeug oder ein Zug? Vielleicht eine Sirene irgendwo? Oder Kindergeschrei? Vielleicht auch die Vögel? Oder einfach der Wind? Öffne für diesen Teil der Übung deine Wahrnehmung und mache sie ganz weit. So weit, dass du dich über deinen Raum, dein Zuhause, deine Straße hinweg immer weiter ausdehnst.

- Nun ziehe dein Hören wieder ganz nah an dich heran. Was ist das Allernächste, das du hören kannst? Deinen Herzschlag? Einen Tinnitus? Vielleicht ein Lied, das dir im Ohr herumgeistert? Oder sogar das Flüstern eines Geistführers? Konzentriere dich auf das Allernächste, das du hören kannst.

- Und nun gehst du wieder in die Ferne und dehnst dein Hören wieder aus. Wechsle ab und achte einmal auf die ganz nahen Geräusche und dann auf die ganz fernen. Lerne, wirklich dein Gehör zu nutzen, und sei sehr aufmerksam auf das, was du in dieser Übung wahrnehmen kannst.

- Kehre dann ganz langsam wieder zu deinem Atem zurück und beende die Übung in deinem Tempo.

Tipp

Es kann auch sehr interessant sein, diese Übung an **unterschiedlichen Orten** zu machen. Zum Beispiel kannst du sie bei dir im Bett oder Wohnzimmer, im Garten oder am Strand machen. Lerne dabei die verschiedenen Töne kennen, die sich in deiner Umgebung zeigen, und lerne auch die Töne kennen, die sich in dir zeigen. Du wirst merken, dass du mit der Zeit so richtig in diese Übung eintauchen wirst. Es ist das Gefühl, in dir selbst zu versinken, wenn du dich auf die ganz nahen Töne konzentrierst, und ein weites, weites Ausdehnen, wenn du dich auf die Töne konzentrierst, die weit weg von dir sind. Du lernst damit nicht nur, dich auf dein Hellhören zu konzentrieren, sondern auch, abwechslungsreich mit deiner Umgebung zu verschmelzen und mit dir selbst. Mit anderen Worten hilft dir diese Übung auch, deine eigenen Grenzen wahrzunehmen und zu setzen.

Übung

Wir tauchen mit einer zweiten Übung tiefer ins Thema Hellhören

Um diese Übung zu machen, solltest du eine Frage haben, die du gerne beantwortet hättest. Aus meiner Sicht macht es Sinn, diese Frage an die geistige Welt zu stellen, denn meiner Erfahrung nach ist es einfacher, Impulse von dort zu bekommen. Aber wenn du (noch) keine Resonanz zu der geistigen Welt hast, kannst du deine Frage auch deiner eigenen Seele oder der Seele des Menschen, von dem du deine Frage bekommen hast, stellen. Es kann entweder eine Frage von dir selbst sein, die dich beschäftigt, oder eine Frage von jemandem aus deinem Umfeld. Achte darauf, dass du eine ruhige, störungsfreie Umgebung hast.

Los geht's.

- Richte deine Aufmerksamkeit auf deinen Atem und atme ganz entspannt ein und aus. Verbinde dich nun wieder mit deinem Herzraum und stelle dir vor, dass dieser Herzraum groß und stark wird und du dich ganz in die Energie deines Herzens fallen lassen kannst. Du bist geschützt und sicher in deinem Raum und darfst dich in den nächsten Minuten ganz auf deine Wahrnehmungen konzentrieren.

- Nun schließt du deine Augen und kommst mit deiner Aufmerksamkeit zu deiner inneren Leinwand. Lasse sie wieder ausfahren, so dass sie groß vor deinem inneren Auge erscheint. Wieder lässt du auf deiner Leinwand deine innere Natur erscheinen. Die Natur, die du inzwischen schon kennst und die so wunderbar, sicher und schön ist.

- Projiziere wieder Bilder auf deine Leinwand, so dass du sie deutlich vor deinem geistigen Auge sehen kannst. Betrachte die Landschaft, bis du innerlich einen Impuls fühlen kannst, voranzugehen. Stelle dir nun vor, wie du deine Leinwand betrittst und Teil von dieser Natur wirst. Du atmest einmal tief durch und befindest dich mitten in dieser inneren Welt, die du vor deinem geistigen Auge erschaffen hast.

- Gehe jetzt ein bisschen in dieser Natur spazieren. Höre, wie sich deine Schritte auf dem Boden anhören. Auf welchem Untergrund gehst du? Was nimmst du über dein inneres Hören wahr? Öffne dich ganz bewusst für diese Wahrnehmung und nimm dir Zeit, dich darauf zu konzentrieren.

- Nun siehst du vor dir eine Sitzgelegenheit. Schau sie dir auch heute genau an. Ist es die gleiche wie bei der letzten Übung oder hat sie sich verändert? Nimm alles wahr, wie es ist. Stelle dir vor, dass du ganz im Fluss des Lebens bist, der dich an genau die Stelle trägt, an der du jetzt sein solltest.

- Setze dich auf deine Sitzgelegenheit und lasse deine Wahrnehmung in die Umgebung schweifen. Was kannst du hören? Sei offen für alle Töne, die sich dir zeigen wollen.

- Während du auf deiner Sitzgelegenheit sitzt, tritt ein Wesen auf dich zu. Es ist das Wesen, das du bereits kennst, und du kannst fühlen, wie tief eure Verbindung ist und wieviel tiefer sie seit der letzten Begegnung noch geworden ist. Fühle, wie du dich fühlst, wenn es sich neben dich setzt. Fühle, wie alle Anspannung aus deinem Körper fließt und du in die Annahme und Hingabe kommst.

- Stelle dem Wesen neben dir nun deine Frage, die du mitgebracht hast. Du kannst dies laut oder leise tun, ganz so, wie es sich für dich richtig und stimmig anfühlt. Höre gut zu. Was ist seine Antwort? Nimm alles wahr, was es dir sagt. Sei offen für jedes Wort, das du hörst. Merke dir die Antwort gut, damit du sie in dein Alltagsbewusstsein mitnehmen kannst.

- Falls du nicht gleich eine Antwort bekommst, frage nach, wann du die Antwort bekommen wirst, so dass du weißt, wann du dich wieder mit dem Wesen treffen sollst, das sich dir heute zeigt.

- Wenn du merkst, dass du müde wirst, verabschiedest du dich von diesem Wesen aus deinem Team. Bleib auf deinem Sitz sitzen und schaue noch einmal in deiner Natur umher. Und nun lässt du deine inneren Bilder verschwinden. Sie lösen sich auf wie Nebel in der Sonne und du findest in deinen Alltag zurück. Nimm deinen Körper wieder wahr und öffne, wann immer du bereit bist, wieder deine Augen.

REFLEXIONSFRAGEN FÜR DEIN HELLHÖREN

Nun haben wir schon drei sehr große Hellsinne gemeinsam angeschaut. Du konntest die unterschiedlichen Übungen machen, die ersten Erkenntnisse gewinnen und Erfolge feiern. Doch das Feiern der Erfolge ist so eine Sache. Oft erkennen wir gar nicht, dass wir etwas richtig gut gemacht haben, und darum möchte ich auch in diesem Kapitel mit dir gemeinsam anschauen, wie das Hellhören für dich gelaufen ist.

- Ist Hellhören ein Hellsinn, der sich für dich gut, stimmig und einladend anfühlt?
- Merkst du, dass Hellhören dir hilft, tiefer in deine Wahrnehmung und deine Botschaften zu gelangen?
- Konntest du Vertiefungsfragen stellen, die über dein Hellhören beantwortet wurden, oder ist das ein Muskel, der bei dir noch trainiert werden muss?

Tipp

Denke daran, auch wenn du „nur" ein Wort hörst, ist das ein Wort und es ist großartig, dass du es hören kannst. Sei auch auf dieses eine Wort stolz und hüte es wie einen Schatz. Es ist das allererste Wort, das du gehört hast, und das ist doch fast genauso grandios wie das erste Wort, das du damals als kleines Kind gesprochen hast.

- Hast du dich bisher nur mit einem Geistführer hellhörend unterhalten oder waren es schon mehrere? Und falls es mehrere waren, konntest du unterschiedliche Stimmen wahrnehmen oder unterschiedliche Stimmlagen, Dialekte oder gar Sprachen?
- Hellhören ist ein sehr vielseitiger Hellsinn und es ist auch sehr gut möglich, dass sich dir dein Hellhören über verschiedene Melodien oder Musikstücke zeigt. Konntest du davon etwas bemerken und falls ja, was hat das bei dir ausgelöst?

Der Selbstliebe-Tipp deiner Seele

GLAUBE AN DIE KRAFT DEINES GEISTES

Dein Geist gehört zu den stärksten Kräften, die dir zur Verfügung stehen. Allerdings nutzen wir Menschen von Haus aus unsere Gehirne in sehr festgefahren Bahnen. Wir haben irgendwann einmal etwas gelernt und so machen wir das seither. Besonders das Hören ist für uns ein ganz automatischer und unbewusster Vorgang. Deine Umgebung produziert Laute, die als Frequenzen zu dir getragen werden und in deinem Gehirn in Ton umgesetzt werden. Und diese Datenautobahnen sind sicher in deinem Gehirn verankert. Beim Erforschen deiner intuitiven Kräfte möchte ich dich nun aber dazu einladen, neue Datenautobahnen zu erschaffen. Zum Beispiel eine Datenautobahn, die dich dabei unterstützt, hellzuhören.

Denke dabei einmal an das weise Sprichwort: Der Glaube kann Berge versetzen. Ich kann dir bestätigen: Dies ist tatsächlich so. Dein Geist hat eine unbeschreibliche Kraft und Macht. Er kann dir helfen, dich für komplett neue Erfahrungen zu öffnen, oder er kann dich blockieren und zurückhalten, in dem er dir sagt, dass dieses oder jenes nicht möglich sei. Mit den Kräften deines Geistes kannst du dein Leben in eine Richtung lenken, die für dich passend ist und in die du dich gerne weiterentwickeln möchtest. Glaube fest an die Kraft deines Geistes. Denn so bist du in der Lage, einen Impuls zu setzen oder dir für die Übungen alles Notwendige vorzustellen und damit deine intuitiven Fähigkeiten wirklich zu kräftigen und zu stärken. Auch deine Seele möchte, dass du lernst, deinen Geist zu öffnen und seine Kraft zugunsten deiner Intuition einzusetzen. Denn sie möchte, dass du mithilfe dieser Fähigkeiten dein Leben so gestaltest, dass es für dich harmonisch und stimmig ist. Ihr Rat: Gehe mit deinem Geist in einen Austausch und unterstütze dein Gehirn dabei, zu diesem kraftvollen, machtvollen Tool zu werden, das dir alle Wege öffnet, die du gerne gehen möchtest.

Hellwissen

Mir sind schon öfter Aussagen begegnet wie: „Hellwissen existiert gar nicht. Das ist einfach nur der Kopf, der irgendeine Information weitergibt." Doch ich widerspreche dieser Aussage mit aller Überzeugung. Hellwissen ist der Hellsinn, der über dein Wissen kommt, und das macht diesen Sinn deshalb auch für viele Menschen so schwierig fassbar. Denn wie soll man erkennen, ob ein Impuls aus dem Kopf und über die eigene, innere Bibliothek und Datenbank gekommen ist, oder ob eine Information wirklich über das Hellwissen wahrgenommen wurde? In diesem Kapitel will ich dir helfen, diese Wahrnehmungen so auseinanderzunehmen, dass du mit Sicherheit den Unterschied zwischen Fantasie und Hellwissen erkennst. Denn immer in dem Moment, in dem du die Antwort auf eine Frage weißt, bevor die Frage (fertig) gestellt wurde, ist dein Hellwissen aktiv und gibt dir Antwort.

Der Fiesling unter den Hellsinnen

Hellwissen ist ein wirklich großartiger Hellsinn, wenn du lernst, auf ihn zu vertrauen und dich darauf zu verlassen. Dann ist er ein Sinn, der **extrem schnell und klar** ist. Du weißt dann einfach, was Sache ist, und musst nichts interpretieren, so wie du das sonst immer bei den anderen Hellsinnen machen musst. Allerdings ist Hellwissen auch ein bisschen fies, denn er ist derjenige unter den Hellsinnen, den du am meisten hinterfragen und anzweifeln wirst, wenn du noch nicht so viel Erfahrung mit deinen intuitiven Gaben hast. Es ist aber auch sehr gut möglich, dass du dich bei einer der vorangegangenen Übungen bereits gefragt hast, ob du einfach fantasievoll bist oder wirklich über deine Hellsinne Wahrnehmungen und Informationen auffängst. So oder so interessiert dich sicherlich, warum es so schwierig ist, dem Hellwissen zu vertrauen. Lass uns dieser Frage deshalb einmal auf den Grund gehen: Wir haben das Gefühl, dass wir Wissen über den Kopf, besser gesagt das Gehirn, wahrnehmen. Also über jenen Bereich unseres Körpers, den wir mit unserer ganz persönlichen Datenbank oder Bibliothek verbinden. Für viele Menschen ist es am Anfang dieser intuitiven Reise noch etwas unklar, wie man das intuitive Wissen und das gelernte Wissen unterscheiden kann. Darum hören sie automatisch auf ihre inneren Stimmen, wie beispielsweise den inneren Kritiker oder den inneren Zweifler, die laut sagen: Das kann nicht sein, du bildest dir das nur ein. Leider leben wir in einem Umfeld, in dem wir viel zu viel Wert auf diese destruktiven inneren Stimmen legen, und tendieren dazu, ihnen zu glauben. Wenn du also eine Antwort auf eine Frage hast, diese aber hellwissend bei dir ankommt, dann ist es möglich, dass du glaubst, sie komme „nur" aus deiner Fantasie. So ist es aber nicht. Lass mich dir auf der nächsten Seite den Unterschied erklären.

SCHNELL ODER LANGSAM? HELLWISSEN ODER FANTASIE?

Denken geht schnell. Unfassbar schnell. Dein Kopf denkt automatisch die ganze Zeit und ein Gedanke baut sich nicht langsam auf, sondern ist sofort „fertig" in deinem Kopf da. Du „weißt" zum Beispiel einfach, was du heute kochen möchtest. Du „weißt", was du deinem Partner schenken möchtest. Du „weißt", wie die Straße hieß, in der du als Kind aufgewachsen bist. All diese Dinge sind wissend in deinem Gedächtnis vorhanden und du hast die notwendigen Verbindungen, um darauf zurückzugreifen. Hellwissen ist ähnlich schnell oder sogar noch schneller. Das Wissen ist einfach da. Es entsteht nicht langsam in deinem Kopf, sondern es ist vorhanden, ganz ohne Aufbau und Spannungsbogen. Fantasie ist im Gegensatz dazu langsam. Sie ist nicht einfach da, sondern muss sich aufbauen. Hast du schon einmal eine Geschichte geschrieben, in der du eine Hauptperson beschrieben hast? Lass es uns gemeinsam versuchen:

Wir haben eine weibliche Hauptperson. Ihre Haare sind blond und gelockt. Hm .... Oder vielleicht doch eher braun? So ein Hellbraun vielleicht, das sich in der Sonne aufhellt? Okay. Unsere Hauptperson hat braune Locken. Sie trägt an diesem Tag rote Stiefel mit weißen Punkten. Wobei es eigentlich auch ganz lustig wäre, wenn die Stiefel pink wären, oder ... ? Verstehst du, was hier passiert? Wir haben kein Hellwissen, sondern wir lassen unsere Fantasie fließen und mit ihrer Hilfe eine Geschichte entstehen. **Im Gegensatz zu Hellwissen ist Fantasie sehr, sehr langsam.** Du gehst vor und zurück, änderst Details oder auch ganze Handlungsstränge und veränderst, wo auch immer du etwas verändern möchtest. Wenn du eine Wahrnehmung hast und unsicher bist, ob das Hellwissen sein könnte, dann schaue also als Erstes darauf, in welcher Geschwindigkeit diese Wahrnehmung zu dir gekommen ist. Natürlich ist es am Anfang möglich, dass der Kern des Impulses hellwissend bei dir angekommen ist und du dann mit deiner Fantasie noch etwas ergänzt hast. Da geht es darum, sehr aufmerksam zu sein und dich wirklich auf die Essenz der Wahrnehmung zu konzentrieren. Eine der besten Erklärungen, die es zum Thema Hellwissen gibt, ist folgende: Wenn du die Antwort auf die Frage schon hast, bevor die Frage überhaupt gestellt, oder fertig gestellt, wurde, dann ist das Hellwissen. Dein intuitiver Zugang ist unabhängig von Zeit und Raum und kann dir eine Antwort liefern, bevor eine Frage überhaupt gestellt wurde. **Je aufmerksamer du deine Antworten beobachtest, umso rascher wird dir klar, ob es dein Wissen oder Hellwissen ist, das dir die Antwort gibt.**

Merke dir

Es gibt keinen schnelleren Sinn als das Hellwissen.

Fallbeispiel: Laura und das Hellwissen

Hellwissen im Alltag kann großartig sein. Oder dich auch ein bisschen in die Verzweiflung führen. Die Geschichte, die ich dir hier erzählen will, ist einer Studentin von mir passiert, und es hat bei ihr sämtliche Türen geöffnet, die geöffnet werden konnten.

Es war Ende Februar und die Jahresausbildung hatte gerade angefangen. Meine Studentin – nennen wir sie Laura – war zwar motiviert in die Ausbildung gestartet, aber in diesen ersten Wochen war sie sehr mit ihren Ängsten konfrontiert. Denn aus irgendeinem Grund war sie davon überzeugt, keine aktiven Hellsinne zu haben und diese auch niemals aktivieren zu können. Sie war dementsprechend frustriert und mutlos über die ausbleibenden Ergebnisse. Zum Glück war Laura aber auch sehr willensstark und stur und ließ sich von mir immer und immer wieder dazu motivieren, weiterzumachen und darauf zu vertrauen, dass sich ihre Kräfte zeigen würden, wann immer sie dafür so weit war. Wir übten den zweiten Abend zu dem Thema Aura-Reading und Laura war zunehmend genervt und verbissen. Da es in dieser Stimmung schwierig ist, sich mit einem Gegenüber zu verbinden, war ich bei ihr mit im Raum, um sie intensiv zu coachen und durch die Übung hindurchzuführen.

„Du bist hellwissend", sagte ich zum wiederholten Mal, als sie wieder einem Impuls nicht vertraute und ich ihn ihr aus der Nase ziehen musste. „Du musst lernen, diesem allerersten Impuls zu vertrauen und ihn einfach auszusprechen. Hör auf, dich selbst zu zensieren, damit blockierst du dein Hellwissen."

„Ich will aber nicht hellwissend sein", tobte Laura. „Das ist der blödeste Sinn, den man haben kann." Ich ließ sie wüten, denn ich wusste, dass dieser Frust dringend rausmusste, damit sie sich für die Impulse, die sie hellwissend bekam, öffnen konnte. „Wie muss ich es denn genau machen?", fragte Laura erschöpft, als sie ihren Wutanfall hinter sich hatte. „Ich kann doch nicht einfach mit jedem Impuls rausplatzen, den ich den ganzen Tag bekomme."

„Nein, natürlich nicht", erwiderte ich. „Aber du könntest deine engsten Freundinnen fragen, ob sie einverstanden sind, wenn du in den nächsten Wochen mit ihnen übst und einfach aussprichst, was da ankommt. Achte auf die Impulse, die du über dein Herz wahrnimmst. Beobachte, wo ein Impuls ankommt. Nimm ihn neutral wahr und zensiere ihn nicht. Wenn du ihn im allerersten Moment im Herzen fühlen kannst, dann ist es Hellwissen."

„Ich weiß nicht", murrte Laura. „Dann hätte ich heute meine Freundin fragen müssen, ob sie schwanger ist. Ich hatte nämlich, kaum hatte ich sie gesehen, den irren Gedanken, dass sie ein Kind bekommt und schon im vierten Monat sei. Dabei ist sie so beinmager, dass man Haut und Knochen sehen kann. Sie ist praktisch durchsichtig und ich mache mir echt Sorgen um ihre Gesundheit. Ich bin sicher, dass sie nicht schwanger ist und sie mich nur ausgelacht hätte, wenn ich etwas gesagt hätte." Zweifelnd schaute sie mich an. Und ich schlug vor, dass sie mit ihrer Freundin sprechen sollte.

Zwei Wochen später hätten wir die nächste Trainingssession gehabt, doch so lange hielt Laura es nicht aus. Schon zwei Tage nach unserer Unterhaltung bekam ich von ihr eine Sprachnachricht, in der sie mir aufgeregt erzählte, dass sie sich getraut habe. Sie hatte ihre Freundin gefragt, ob es okay wäre, mit ihr das Hellwissen zu üben und einfach darauf zu vertrauen, ihre Impulse zu teilen, egal ob sie richtig oder falsch waren. Denn nur durch das Teilen der Impulse und durch die Erfahrungen, die sie dadurch sammeln konnte, könne sie lernen, welche Impulse wirklich Hellwissen waren und welche tatsächlich aus ihrem Kopf kamen. Die Freundin hatte versprochen, sie nicht für ihre Impulse zu verurteilen, sondern sie sich anzuhören. Sie erzählte mir, wie sehr sie sich gewunden habe, von der Schwangerschaft zu erzählen, und der Freundin gesagt habe, dass sie ihr deswegen gerne den Kopf abreißen könne. Doch von wegen. Die Freundin erzählte ihr freudestrahlend, dass sie in der fünfzehnten Woche schwanger sei, sie aber unter heftiger Schwangerschaftsübelkeit leide und darum bisher nur an Gewicht verloren habe, statt zuzunehmen. Darum könne man noch nichts sehen. Die größte Freude, die Laura dabei erlebte, war, dass diese Freundin sie in dem Zusammenhang fragte, ob sie die Patentante ihres Kindes werden wolle. Ich habe selten eine stolzere Patin erlebt als Laura, die dann auch noch zielsicher wusste, dass das Kind ein Mädchen werden würde. Selbstverständlich habe ich Bilder bekommen, als die Kleine zur Welt kam. Auf den Armen ihrer strahlenden Patin, die endlich an ihr Hellwissen glaubte und gelernt hatte, diese Impulse zielsicher und hilfreich weiterzugeben.

Ich möchte dich mit dieser Geschichte motivieren, an deine hellwissend empfangenen Impulse zu glauben, ihnen zu vertrauen und sie weiterzugeben. Ich bin mir bewusst, dass es am Anfang Überwindung braucht und dass du dir manches Mal vielleicht etwas blöd oder unbeholfen vorkommen wirst. Aber je öfter du es übst, umso besser lernst du deine persönliche Art von Hellwissen kennen und umso klarer werden deine Impulse sein. Und wer weiß, vielleicht macht dich dein Hellwissen ja auch zur Patentante, gerade so wie Laura.

Warum Hellwissen nur subjektiv, emotional ist

Nach dem Fallbeispiel, das dich hoffentlich positiv auf das Hellwissen eingestimmt hat, möchte ich dir ein paar Hintergrundinfos zu diesem Hellsinn mitgeben. Im Gegensatz zu den anderen Hellsinnen gibt es das Hellwissen nur als subjektive Form. Ich möchte dir gerne erklären, warum das so ist.

Wissen ist etwas, das wir über das Lernen stetig erweitern. Wir lernen und wenn wir das Gelernte abspeichern, so dass wir auch später wieder darauf zugreifen können, dann wird aus dem Gelernten irgendwann Wissen. Doch bei den meisten Dingen, die wir gelernt haben und die wir wissen, haben wir einfach nur eine Version davon gelernt. Wir glauben, dass das, was wir gelernt haben, die korrekte Antwort ist, dass dieses Wissen also das „korrekte" Wissen ist. Nur können wir nie wirklich mit Sicherheit sagen, dass dies auch tatsächlich so ist. Wir können nie genau wissen, ob das, was wir gelernt haben, wirklich korrekt war oder ob es von diesem Wissen auch noch andere Perspektiven gibt, von denen wir nichts ahnen. Vielleicht lässt sich das mit dem Thema Geschichte ganz gut beschreiben. Man sagt hier ja so schön: „Die Geschichte wird immer von den Gewinnern geschrieben." Denn diejenigen, die verlieren, haben keine Möglichkeit mehr, die Geschichte zu schreiben. Aber wenn wir uns nun als Beispiel einen Konflikt zwischen zwei Clans anschauen würden, dann würde der Clan, der verloren hat, ziemlich sicher die Situation anders beschreiben als der Clan, der gewonnen hat. Denn in den Geschichten, die wir über unser Leben erzählen, sind wir immer der Held. Das ist vollkommen natürlich und es wäre komisch, wenn wir uns ständig als Verlierer darstellen würden. Dieses menschliche Verhalten führt aber auch dazu, dass alles Wissen, das wir haben, von irgendwo gelenkt wird. Das kann absichtlich sein oder auch vollkommen unabsichtlich. Was dabei allerdings auf jeden Fall passiert, ist, dass unser Wissen immer nur subjektiv ist. Es ist durch unsere Geschichte, unsere Persönlichkeit und unsere Glaubenssysteme eingefärbt. Und so ist es auch mit dem Hellwissen.

Hellwissen ist ein ganz besonderer Hellsinn, der seine eigenen Regeln aufstellt. Denn wie beim Wissen ist auch Hellwissen von dem eingefärbt, was wir bereits in unserem Rucksack voller Lebenserfahrungen haben. Alles, was wir erleben, packen wir in unseren Lebensrucksack und jede neue Erfahrung, die wir machen, vergleichen wir mit jenen, die wir bereits gemacht haben. Unsere Wahrnehmungen – egal, welche es sind – orientieren sich damit immer an unserer Lebenserfahrung. Wenn du jetzt hellwissend einen Impuls bekommst, dann solltest du diesen Impuls deshalb sofort teilen, gerade wenn du noch am Anfang deiner Reise mit den intuitiven Fähigkeiten bist. Denn nachdem du den Impuls ausgesprochen hast, wirst du ihn vertiefen und noch umfassender verstehen wollen. Dafür greifst du nun auf deinen reichen Lebensrucksack oder auch auf deine anderen Hellsinne zurück. Und dadurch wird dein erster Impuls verändert, vielleicht sogar zensiert und verfälscht. Und das wollen wir natürlich nicht.

Exkurs

Wissen ist außerdem auch **mit Gefühlen verbunden** und eingefärbt. Wenn du dich an eine Situation erinnerst, dann hat diese Situation meistens auch ein Gefühl für dich. Vielleicht war Angst mit dabei, vielleicht Freude oder Aufregung. Vielleicht war das Gefühl auch einfach neutral. Aber die meisten Erinnerungen und das meiste Wissen wirst du mit einem subjektiven Gefühl verbinden. Darum ergibt es keinen Sinn, im Thema Hellwissen zu versuchen, ein Wissen nur objektiv zu betrachten. Du machst dir damit das Leben schwer und es wird doch nicht fruchten. Was ich dir hingegen raten würde, ist, zu erkennen, dass dein Wissen, einfach DEIN Wissen ist. Es ist nicht DAS Wissen, sondern der Teil des Wissens, der dir zugänglich ist. Das ist nicht gut oder schlecht, es ist einfach eine Tatsache. Wenn du dir dieser Tatsache bewusst wirst, dann kann das sehr entspannend wirken, denn dadurch bist du nicht mehr im Zwang, anderen Menschen dein Wissen aufdrängen zu müssen. Du kannst dann ganz einfach akzeptieren, dass sie ihren Teil an Wissen haben und du deinen Teil an Wissen hast und dass ihr euch damit einfach eure Meinungen lassen könnt. So ist es auch mit dem Hellwissen. Du musst nichts beweisen oder andere Menschen überzeugen. Du darfst es einfach als deine persönliche Wissensdatenbank annehmen.

Merke dir

Wissen ist **immer subjektiv** und gleichzeitig mit deinen Emotionen verknüpft. Darum gibt es beim Hellwissen **nur die emotionale Form.**

Und wieso ist jetzt der Fiesling gleichzeitig der Coolste der Hellsinne?

Zu Beginn dieses Kapitels habe ich davon erzählt, dass Hellwissen ein bisschen gemein ist und du wirklich lernen musst, dich darauf zu verlassen. Und gleichzeitig ist Hellwissen auch der Coolste unter den Hellsinnen …

Hellwissen ist der Hellsinn, der meiner Erfahrung nach sehr, sehr klar und sehr direkt ist. Wenn du also mit deinem Hellwissen eine Information hast, dann musst du diese Information niemals hinterfragen. Es ist eine Information, die ganz einfach da ist. In dem Moment, in dem du lernst, auf dein Hellwissen zu vertrauen, wirst du deshalb nie wieder ins Zweifeln kommen! Denn du weißt ganz genau: Was über diesen Sinn als Impuls ankommt, das musst du nicht interpretieren. Du kannst es auch nicht falsch verstehen. Du hast damit eine Wahrnehmung, die so klar ist wie ein Glas Wasser. Wie ein tiefer, klarer Bergsee. Ziemlich praktisch und auch ziemlich cool, oder?

Tipp

Wichtig ist, dass du weißt, dass die hellwissenden Impulse eher **über das Herz** ankommen als über den Kopf, und dass du lernst, wirklich darauf zu vertrauen. Fange an, genau zu beobachten, über welchen Weg bei dir ein Impuls ankommt, ob über das Herz oder über den Kopf, dann kannst du dieses Hellwissen wirklich zielgerichtet nutzen.

TRAGE DEIN HERZ AUF DER ZUNGE

Ich beschreibe es immer so: Wenn du einen hellwissenden Impuls bekommst, dann sollte dieser schneller aus deinem Mund herausfallen, als dein Kopf sagen kann: „Das kann ja nicht sein“. Genau deswegen ist es für Menschen, die hellwissend sind, unbeschreiblich wichtig, dieses Wissen **sofort auszusprechen.** Jeder Impuls sollte sofort artikuliert und nicht hinterfragt oder verändert werden. Man sollte nicht versuchen, ihn irgendwie anzupassen oder umzuformulieren, sondern er sollte wirklich direkt raus aus dem Mund. Es geht ein bisschen darum, dass du lernst, dein Herz auf der Zunge zu tragen und wirklich einfach alles zu sagen, was hellwissend als Impuls reinkommt. In dem Moment, in dem du es ausgesprochen hast, kann dein Kopf nicht mehr sagen: „Das ist nicht so, das stimmt nicht.“ Oder noch schlimmer: „Du hast einfach zu viel Fantasie.“ Nachdem du deinen Impuls ausgesprochen hast, kannst du dann tiefer in deine Wahrnehmung reingehen:

- Du bekommst einen Impuls.
- Du nimmst diesen Impuls wahr und sprichst ihn aus.
- Und danach gehst du dann tiefer. Aber erst, nachdem du ihn ausgesprochen hast.

Denn solange du ihn nicht ausgesprochen hast, wird dein Kopf kommen und alles besser wissen wollen. Erst in dem Moment, in dem du lernst, deine Impulse auszusprechen – und zwar ohne Zweifel und ohne dich selbst zu zensieren – in diesem Augenblick kommen diese Impulse hellwissend tatsächlich sehr klar an! Und in dem Moment lernst du dann auch, dass sie so direkt sind, dass du damit in relativ kurzer Zeit große Transformationen und Durchbrüche in deinem Leben erzielen kannst. Du bist dann mit deinen Wahrnehmungen so klar und laserfokussiert, dass du genau die Antworten bekommst, nach denen du gesucht hast.

Stellen wir uns vor, dass deine Freundin dir erzählt, dass sie Angst vor Spinnen hat. Sie kann sich aber nicht erinnern, wie es zu dieser Angst gekommen ist. Mit einem ausgeprägten Hellwissen bist du in der Lage, wie ein Laser genau die Situation im Leben deiner Freundin zu sehen, die diese Phobie getriggert und aktiviert hat. Du hast die Antwort einfach und kannst dich darauf verlassen, dass diese Antwort zu einhundert Prozent stimmt. Damit bist du sehr zielgerichtet und sehr transformierend. Das ist sowohl für dein Leben von unbeschreiblichem Nutzen wie auch im Leben von Menschen in deinem Umfeld, die von deinem Wissen profitieren dürfen. Aber bis du gelernt hast, wirklich auf dein Hellwissen zu vertrauen, kann es ein ganzes Stück Weg sein, und darum wollen wir uns jetzt an eine Übung dazu machen.

Übung

Eine erste Übung zum Hellwissen: Befrage einen Geistführer

Für diese Übung brauchst du entweder Papier und Stift. Oder noch besser, du stellst dein Handy auf Flugmodus und nutzt die Diktierfunktion. Es geht bei dieser Übung darum, jeden deiner Impulse auszusprechen, sobald er da ist. Darum achte darauf, dass du alleine bist und dich niemand hören kann. Es ist wichtig, dass du dich wohlfühlst und dein Gehirn nicht ständig damit beschäftigt ist, dir zu sagen, dass du komisch bist und es sowieso nicht funktionieren wird. Du bist alleine, kein Mensch kann dich hören und du darfst dich so komisch benehmen, wie du gerne möchtest.

In dieser Übung wirst du dich mit deinem Geistführer verbinden, der selbst Leben auf dieser Erde gelebt hat. Setze dafür schon vor der Übung den starken Impuls, deinem Geistführer jetzt in aller Klarheit zu begegnen. Du wirst sehen, dass ich in dieser Übung davon ausgehe, dass du einige Fragen mit Ja beantwortest. Wenn du kein klares Ja hast, dann nimm dir entweder mehr Zeit für die Übung oder wiederhole sie zu einem späteren Zeitpunkt. Mach dir keinen Druck. Vielleicht ist Hellwissen nicht der Sinn, der sich dir auf den ersten Blick zeigt. Das ist in Ordnung und nicht weiter tragisch.

Tipp

Falls du gerade bemerkst, dass du dich verkrampfst, könntest du eine gute Freundin oder vielleicht auch deinen Lieblingsmenschen einladen, die Übung mit dir gemeinsam zu machen. Allerdings mit dem Versprechen, dass ihr beide über die Resultate lacht, die ihr bekommt, und dass ihr es freudvoll und spielerisch angeht. Denke daran: Die intuitiven Gaben sind keine todernste Angelegenheit.

- Lasse dein Aufnahmegerät laufen. Du wirst erst in die Übung hineinfinden, aber wenn es jetzt schon läuft, dann musst du es nicht mitten in der Übung einstellen. Die Aufnahme hilft dir, damit du deine Impulse sofort aussprechen kannst. Du musst dir dann nichts bis zum Ende der Übung merken, sondern sprichst deine Wahrnehmungen einfach aus. Wenn du möchtest, kannst du am Schluss der Übung die Antworten auf deiner Aufnahme noch einmal anhören. Das kann helfen, dass du noch besser ins Vertrauen kommst. Außerdem kannst du dann deine Antworten in deinem spirituellen Tagebuch notieren. Lass uns loslegen.

- Komme mit deiner Aufmerksamkeit zu deinem Atem. Lasse deinen Atem ganz einfach und ohne Druck ein- und ausfließen. Der Atem fließt und verankert dich im Hier und Jetzt.

- Fühle deinen Atem und nimm wahr, wie du mit jedem Atemzug besser und besser in deiner inneren Mitte ankommst. Der Bereich um dein Herz-Chakra wird dabei immer kraftvoller, größer und stärker. Verbinde dich mit deiner inneren Mitte und konzentriere dich für die folgende Übung voll und ganz auf dein Herz.

- Fühle jetzt in dein Herz. Ist dein Geistführer schon da und bereit für dich?

- Konzentriere dich bei der Antwort nur auf dein Herz. Ja? Nein? Was ist der allererste Impuls?

- Wenn es dir hilft, sprich den Impuls sehr schnell laut aus.

- Stelle nun laut oder in deinem Herzen die Frage: „Bist du männlich oder weiblich?“ Nimm die Antwort einfach an.

- Nun interessiert es dich, wie lange dich dieser Geistführer schon begleitet. Stelle dazu die Frage: „Wie lange sind wir schon gemeinsam unterwegs?“ Nimm die Antwort einfach an. Wundere dich nicht: Es ist alles völlig normal zwischen drei Monaten und zwanzigtausend Jahren. Es gibt kein Unnormal in Bezug auf unsere Geistführer. Unsere Seelen sind alte Wesen mit viel, viel Lebenserfahrung. Es ist nicht sehr überraschend, wenn ein Geistführer dich schon viele Jahrtausende begleitet. Nimm die Zahl, die du bekommst, einfach an.

- Die nächste Frage an deinen Geistführer ist: „Gibt es ein bestimmtes Leben, das für dich besonders wichtig war?“

- Frage weiter: „Wo hat dieses Leben stattgefunden? Auf welchem Kontinent, in welchem Land?“ Nimm die erste Antwort wahr, die du bekommst. Sprich sie einfach aus. Wenn du als Erstes einen Kontinent bekommen hast, frage nach, welches Land. Wenn du sofort ein Land hattest, dann erfrage die Region.

- Was war die Lebensaufgabe deines Geistführers in diesem Leben, das für ihn so wichtig war? Höre auf den ersten Impuls.

- Frage weiter, solange es sich für dich gut anfühlt. Wenn du merkst, dass du langsam müde wirst oder die Übung beenden möchtest, dann bedanke dich bei deinem Geistführer für seine Unterstützung. Vielleicht hast du bereits Lust, eine weitere Sitzung mit ihm abzumachen. Das könntest du, ist aber überhaupt kein Muss.

- Dann lässt du deine inneren Bilder verschwinden. Sie lösen sich auf wie Nebel in der Sonne und du findest in deinen Alltag zurück. Nimm deinen Körper wieder wahr und öffne, wann immer du bereit bist, wieder deine Augen.

Tipp

Natürlich kannst du diese Übung weitermachen und noch viel mehr über deinen Geistführer und eure gemeinsame Geschichte erfahren. Ich lasse sie bewusst offen, so dass du in die Richtung weitergehen kannst, in die du gehen möchtest. Wenn du merkst, dass du bei einer Antwort besonders neugierig wirst, dann frage unbedingt nach. Erfahre mehr und tiefere Informationen. Es ist sehr gut möglich, dass ein anderer deiner Hellsinne dich beim Tiefergehen unterstützt und du zusätzlich zu den hellwissenden Informationen auch noch innere Bilder oder Gefühle bekommst. Wie immer: Nimm alles an, freue dich darüber und sei offen dafür. Unterm Strich ist es wunderbar, wenn du dich und deine Sinne besser kennenlernst und lernst, all jene zu nutzen, mit denen du eine Verbindung hast. Du lernst dabei quasi nicht nur ein Instrument zu spielen, sondern gleich die ganze Band.

Übung

Wir tauchen mit einer zweiten Übung tiefer ins Thema Hellwissen

EINE REISE ZU DEINEM AHNENFEUER

Wir werden in dieser Übung alle Sinne einbeziehen, die du bisher trainiert hast. Denn mir ist es wichtig, dass du alle deine Sinne wirklich kennenlernst. Und dass du dich immer besser auf sie verlassen kannst und immer genauer weißt, welche von diesen Sinnen dich ganz stark ansprechen und welche noch in den Kinderschuhen stecken. Die Reise zum Ahnenfeuer ist eine Einladung an dich, Dinge ins Feuer zu geben, die du nicht weiter auf deinem Lebensweg mitnehmen möchtest. Das kann zum Beispiel eine Blockade, eine Verhaltensweise oder eine Verbindung zu jemandem sein. Wir gehen nun zusammen an dieses Ahnenfeuer, damit du ins Feuer geben kannst, was du nicht mehr brauchst.

- Komme als Erstes mit deiner Aufmerksamkeit zu deinem Atem und atme ganz entspannt ein und aus. Lasse deinen Atem ganz einfach fließen, ohne Druck, ohne etwas erreichen zu wollen.

- Gehe nun mit deiner Aufmerksamkeit zu deinem Herzraum – dem Bereich um das Herz-Chakra – und mache diesen Bereich mit deiner Intention groß und stark. Du fühlst dein Herz, nimmst es wahr.

- Schließe nun deine Augen und stelle dir deine innere Leinwand vor: Du weißt dabei ganz genau, dass diese Leinwand vor deinem inneren Auge vorhanden ist. Und sie wird groß, so dass du sie vor deinem inneren Auge ganz genau erkennen kannst.

- Und wieder entsteht auf dieser Leinwand ein Bild von deinem inneren Garten. Heute kannst du auf dieser Leinwand erkennen, dass es in deinem inneren Garten langsam Abend und Nacht wird. Die Sonne geht unter, das Licht ist golden und die Bilder werden immer klarer, bis du den Impuls fühlst, dass du vorwärtsgehen und eintreten möchtest, so wie du das die letzten Male auch gemacht hast.

- Vor dir erscheint ein Pfad und du gehst auf diesem Weg in deinen inneren Garten. Du siehst dich um. Es ist warm, ein ganz angenehmer, sanfter Wind bläst und du bist auf einem gemütlichen Spaziergang.

- Blicke dich um: Was kannst du ganz genau sehen? Welche Pflanzen und Blumen fallen dir heute auf? Vielleicht siehst du heute eine bestimmte Farbe von Blumen oder eine ganz bestimmte Pflanze, die dir noch nie aufgefallen ist, und die sich dir heute ganz deutlich zeigt. Vielleicht zeigt sich dir heute ein neuer Bereich in deinem inneren Garten, den du noch nie betrachtet hast.

- Höre jetzt ganz genau zu: Wie hört sich dein innerer Garten heute Abend an? Welche Geräusche kannst du wahrnehmen? Sind es Grillen, die zirpen? Der Wind, der durch die Sträucher weht? Vielleicht Vogelgezwitscher? Oder andere Tiere?

- Du siehst die Sonne, die langsam auf den Horizont zugeht und schon bald versinken wird. Und du hörst, wie es in deinem inneren Garten tönt.

- Irgendwann bekommst du den inneren Impuls und weißt ganz genau: Da will ich langgehen. Nimm diesen Impuls wahr und folge ihm.

- Dieses Wissen führt dich zu einem Pfad und der Pfad führt zu einem kleinen Hügel. Du stehst an diesem Hügel und gehst nun ganz gemütlich den Weg hoch. In der Ferne kannst du fröhliche Stimmen hören.

- Du hörst vielleicht auch schon ein Feuer knistern und knacken. Du weißt nun ganz genau: Dein Ahnenfeuer wartet auf der anderen Seite dieses Hügels, und du gehst schneller voran.

- Mutig und kraftvoll läufst du über den Hügel und siehst auf der anderen Seite eine wunderschöne Senke. Und in dieser Senke ist ein großes Feuer aufgeschichtet, das fröhlich brennt.

✳ Während die Sonne hinter dem Horizont versinkt, gehst du auf dieses Feuer zu. Daneben sitzen Ahnen von dir und der eine oder andere Schutzengel oder Geistführer wartet ebenfalls auf dich. Du weißt, dass sie alle heute gekommen sind, um dich dabei zu unterstützen, etwas loszulassen, das sich in deinem Leben nicht mehr stimmig anfühlt.

✳ Du gehst zu diesem Feuer und bevor du ganz da bist, weißt du innerlich schon, dass du von den Wesen, die an diesem Feuer sitzen, bedingungslos geliebt wirst. Du bist angenommen und du bist genau an dem Ort, an dem du jetzt sein solltest. Du fühlst in jeder Zelle deines Körpers, wie richtig und stimmig es sich jetzt anfühlt, an diesem Ahnenfeuer zu sein.

✳ Schon während du nähertrittst, weißt du ganz genau, welche Ahnen es sind, die da auf dich warten. Sie freuen sich unbeschreiblich, dich heute zu sehen.

✳ Du gehst ans Feuer und ein Wesen, das auf dich gewartet hat, zeigt dir deinen Sitzplatz. Setze dich hin, mach es dir gemütlich und schau dich um.

✳ Du wirst freudvoll begrüßt. Wie hört sich das an? Wer sitzt alles an diesem Ahnenfeuer? Vielleicht kannst du Gesichter erkennen, die dir bekannt sind. Vielleicht weißt du einfach, wer da alles auf dich wartet.

✳ Stelle nun die Frage für dich: Wie viele Generationen von Ahnen sitzen heute da und sind für dich an dieses Ahnenfeuer gekommen? Nimm die Antwort einfach an, die du bekommst. Du bekommst über dein inneres Wissen eine Zahl und diese Zahl stimmt.

✳ Nun schaue dich um, ob du alle diese Ahnen sehen kannst oder ob sie zum Teil hinter dem Feuer sind und das Feuer so groß ist, dass du gar nicht alle Ahnen sehen kannst.

✳ Einer dieser Ahnen steht auf und kommt zu dir. Er sagt zu dir: „Bist du bereit loszulassen, was du nicht mehr in deinem Leben haben möchtest?"

- Fühle in dich hinein, wann der richtige Zeitpunkt ist, um loszulassen.

- Nimm in deiner Seele wahr, welches Thema es ist, das du jetzt dem Feuer übergeben möchtest. Es kann jedes Thema sein, das du möchtest. Vielleicht ein Konflikt, den du hattest. Vielleicht ein Missverständnis, vielleicht eine berufliche Situation. Vielleicht eine Blockade, die dich an deinem Voranschreiten hindert. Egal, was kommt, nimm alles an!

- Sage nun deinen Ahnen, was dein Thema ist, und lege dieses Thema in die Hände des Ahnen, der zu dir getreten ist. Du kannst zugucken, wie dieser Ahne dein Thema dem Feuer übergibt, so dass diese große Herausforderung jetzt im Feuer gereinigt und verbrannt wird.

- Atme tief durch. Fühle, wie sich in deinen Zellen Freude ausbreitet, Verbundenheit, Liebe und Selbstliebe. Und fühle, wie du dich wohlfühlst und entspannst. Genieße die Zeit mit deinen Ahnen. Genieße die Verbindung.

- Irgendwann fühlst du, dass es für dich Zeit ist, zurückzugehen, in deinen Alltag einzutauchen und wieder die Verantwortung für dein Leben zu übernehmen.

- Bedanke dich bei deinen Geistführern und Ahnen. Bedanke dich auch dafür, dass du diese Blockade jetzt ins Feuer geben durftest. Atme tief, tief durch.

- Dann stehst du auf und du weißt, dass der Weg zurück in deinen Garten nur zwei, drei Schritte dauert. Du gehst diese Schritte ganz entspannt.

- Nun bist du wieder in deinem Garten und kannst dich ganz gemütlich dort hinsetzen, wo es dir besonders gut gefällt. Und während du dich hinsetzt, verschwinden die inneren Bilder vor deinem geistigen Auge wie Nebel in der Sonne. Sie lösen sich ganz einfach auf und verschwinden.

- Du kommst langsam, ausgeruht und befreit wieder in deinem Alltag an.

REFLEXIONSFRAGEN FÜR DEIN HELLWISSEN

Wir sind nun am Ende des Kapitels zum Thema Hellwissen angelangt und ich bin gespannt: Wie ist es dir ergangen? Was hat das Thema Hellwissen bei dir ausgelöst? Meiner Erfahrung nach kann das Wissen über Hellwissen zwei ganz unterschiedliche Reaktionen auslösen. Manche Menschen erkennen endlich „ihren" Hellsinn und sind glücklich darüber, ihren Zugang gefunden zu haben. Andere finden Hellwissen sehr fremd und können vorerst wenig damit anfangen.

- Kannst du für dich einschätzen, zu welcher Gruppe du gehörst?
- Konntest du den Unterschied zwischen Fantasie und Hellwissen erkennen?
- Wo genau in deinem Körper kannst du hellwissende Impulse wahrnehmen?

Beobachte dich selbst neugierig und erkenne, wie sich dir dein ganz persönliches Hellwissen zeigt. Du wirst erkennen, wie viel du lernen kannst, wenn du dich genau betrachtest.

Der Selbstliebe-Tipp deiner Seele

FINDE ZURÜCK IN DIE LEICHTIGKEIT

Gerade das Hellwissen für dich zu entdecken, kann manchmal ganz schön knifflig sein. Doch deine Seele wünscht sich von dir, dass du deine Spiritualität **freudvoll und lustvoll** angehst. Dass du mit deinem geistigen Team lachst und Teil eines Teams wirst, das sehr, sehr freudvoll und humorvoll ist. Denke daran, du bist nicht allein: Vor vielen Jahren ging es mir genauso, dass ich meine Spiritualität sehr ernst genommen habe und immer irgendwie das Gefühl hatte, dass diese Verbindung sehr heilig sein muss. Ich erinnere mich gut daran, dass ich eines Abends ziemlich müde von meiner Wohnung in meine damalige Praxis ging. Ich habe mich ein bisschen in die Praxis geschleppt, fühlte mich schwerfällig und konnte mich nicht auf meinen spielerischen Zugang zum Sein besinnen. Auf dem Weg zur Praxis konnte ich neben mir Erzengel Metatron gehen sehen, der sich mit mir auf den Weg in die Praxis gemacht hatte, weil er mir helfen wollte, eine Gruppe zu leiten. (Erzengel Metatron ist ein Teil meines Teams, den ich schon sehr lange channele und mit dem ich dadurch eine sehr innige Verbindung habe.) Er ging neben mir, wobei er den schwebenden Gang eines geistigen Wesens hatte. Ich betrachtete ihn aus den Augenwinkeln und machte dann irgendeinen Spruch darüber, wie schwebend er doch aussehen würde, und dass ich mich so noch müder fühlen würde. Daraufhin lachte er und fing an, in sehr müdem und schwerfälligem Gang neben mir herzutrotten. Dabei sagte er: „Besser so!?“ Natürlich musste ich darüber wie verrückt lachen und damit war meine Laune wiederhergestellt, meine Müdigkeit wie weggeblasen. Ich konnte grinsend zur Praxis laufen und einen richtig guten Meditationsabend halten. Denn ich hatte die Aufforderung meiner Seele verstanden, die mir gesagt hatte: „Du musst mehr spielen.“

- Nimm auch du die Spiritualität nicht so ernst, sondern gehe deine Gaben und Fähigkeiten lustvoll und freudvoll an. Ein wilder Tanz durch die Küche kann zum Beispiel sehr, sehr freudvoll sein.

- Setze dich auf eine Schaukel und schaukle, hüpfe ins Wasser oder tobe im Schnee herum. Mache etwas, das dich mit deinem inneren Kind und mit dieser freudvollen, spielerischen Energie verbindet, so dass du wirklich in deine Entspannung und Leichtigkeit kommst und wieder in deine Harmonie mit dir und der Welt.

Hellriechen und Hellschmecken

Hellriechen und Hellschmecken sind zwei Hellsinne, die sehr nahe beieinanderliegen. Genau aus diesem Grund habe ich sie dir in einem Kapitel zusammengefasst. Weil sie so nah beieinanderliegen, ist es möglich, dass es dir am Anfang schwerfällt, die beiden Sinne wirklich zu unterscheiden. Wo war jetzt die Wahrnehmung? In der Nase oder im Mund? Dabei ist es wichtig zu wissen, dass der Geruchs- und Geschmackssinn direkt miteinander verbunden sind. So wie du weniger schmecken kannst, wenn du eine verstopfte Nase hast, kannst du auch weniger wahrnehmen, wenn du dich ausschließlich auf das Hellriechen oder Hellschmecken fokussierst. Je mehr du dich mit diesen beiden Sinnen befasst, umso stärker werden sie sich mischen. Das ist aber überhaupt nicht schlimm, denn es geht nicht darum, sich nur auf einen ganz spezifischen Sinn zu konzentrieren, sondern alle deine Hellsinne zu entdecken und zu trainieren. Lass uns zuerst mit dem Hellriechen loslegen.

Hellriechen

Der Geruchssinn ist einer der **unmittelbarsten und stärksten Sinne** unseres Körpers. Über ihn verbinden wir uns mit unseren Erfahrungen und Erlebnissen, mit unseren Emotionen und Trieben. So kann dich ein bestimmter Geruch in deine Kindheit zurückversetzen, weil du frisch gemähtes Gras immer mit dem Sommerurlaub auf dem Bauernhof verbunden hast. Oder du fühlst dich, wenn du ein bestimmtes Parfüm riechst, sofort wieder wie mit fünf, als du das erste Mal allein mit deiner Großmutter unterwegs warst. Ebenso verbinden wir bestimmte Gerüche mit bestimmten Erinnerungen. Weihrauch ist so ein Beispiel. Viele Menschen mögen den Geruch von Weihrauch sehr gerne oder überhaupt nicht, weil sie damit gute oder schlechte Erinnerungen im Zusammenhang mit der Kirche haben. Immer ruhig sitzen, nicht lachen dürfen und jeden Sonntag früh aufstehen, wäre dann eine eher schwierige Erinnerung, während bunte Lichter, Kerzen, Weihnachtslieder und die Vorfreude auf das Öffnen der Geschenke wiederum sehr positive Erinnerungen sind. Und wenn wir schon von Weihnachten sprechen: Hast du auch sofort einen bestimmten Geruch in der Nase, den du mit Weihnachten verbindest? Vielleicht an das traditionelle Weihnachtskeksebacken im Dezember? Oder an Zimt und Orange im Duftlämpchen?

Gerüche verbinden uns unmittelbar mit unseren Erfahrungen und so kann dich Hellriechen bei deinen intuitiven Wahrnehmungen unterstützen. Denn je mehr deiner Hellsinne aktiv sind, umso einfacher ist es für dich, diese in deinem Alltag zielgerichtet und ergebnisorientiert zu nutzen.

Exkurs

„Ich kann dich nicht riechen." Vielleicht ist dir diese Aussage schon einmal begegnet. Gerade bei der **Partnerwahl** ist der Geruchssinn ein wichtiger Faktor. Denn jeder Mensch hat eine ganz persönliche Duftnote. Diese Duftnote gibt Auskunft über das Erbgut eines Menschen und so kannst du – sehr unbewusst – entscheiden, ob ein Mensch zu dir passt oder nicht. Dabei wählt die Biologie einen Partner, der sich möglichst stark von deinen eigenen Genen unterscheidet, so dass mögliche Nachkommen eine gute, widerstandsfähige Genmischung bekommen. Das hört sich vielleicht ein bisschen wissenschaftlich an, ist aber wichtig, um das Hellriechen und die Unmittelbarkeit deines Geruchssinns zu verstehen.

Hellriechen – Ist das wirklich ein angenehmer Hellsinn?

Wenn es um das Thema Hellriechen geht, bin ich selbst noch nicht ganz sicher, ob ich den Hellsinn angenehm finde oder nicht. Denn Hellriechen kann auch seine unangenehmen Seiten haben. Ich persönlich bin sehr, sehr heikel mit meinem Geruchssinn und meiner Wahrnehmung über die Nase. Und so kann es sein, dass ein Parfüm für mich sehr anstrengend riecht oder ein Geruch mich sehr stark abstößt. Wenn wir nun diesen Geruchssinn als Hellsinn nutzen, dann bekommen wir diese ganzen Gerüche auch über unsere intuitiven Fähigkeiten mit. Und je nachdem, wie offen du dafür bist und wie angenehm dieses Erleben für dich ist, kann das Hellriechen für dich positiver oder negativer sein.

Die positive Seite am Hellriechen ist, dass es für dich ein Sinn ist, der dich **zusätzlich unterstützt.** Zum Beispiel, wenn du später als Fortgeschrittene einen Jenseitskontakt aufbaust. Du stellst dann einen Kontakt mit einer verstorbenen Person her und mit deinem Hellriechen kannst du diese Person dann riechen. Dieser Geruch kann eine wunderbare Bestätigung für dich sein. Zum Beispiel könnte es sein, dass du hellfühlend den Impuls hast, deinen verstorbenen Onkel in der Nähe zu haben. Nun riechst du plötzlich sein Aftershave und erinnerst dich daran, wie er immer gerochen hat. In dem Fall unterstützt dich dein Hellriechen sehr stark und ist sehr hilfreich in deiner Wahrnehmung.

Wenn du nun auf der anderen Seite Menschen in deinem Umfeld hattest, die für dich sehr unangenehm gerochen haben, dann wäre es keine Freude, einen stechenden Schweißgeruch zu riechen, weil deine Tante aus der jenseitigen Welt aufgetaucht ist, die sich gerne mit dir unterhalten möchte. Darum ist es für mich ein Anliegen, dass du dir gut überlegst, wie schnell und intensiv du dich auf das Thema Hellriechen einlässt. Denke daran, dass du dich dabei gut reflektierst.

- Wie ist dein Geruchssinn im Alltag? Bist du eher heikel? Riechen die Dinge in deinem Umfeld für dich eher etwas zu streng?

- Bist du zum Beispiel sehr heikel, wenn es um künstliche Gerüche geht? Oder liebst du Parfüm? Bist du sowieso immer eingesprüht und liebst es, unterschiedliche Düfte auszutesten?

- Es ist auch ein Unterschied, ob du Raucherin bist oder nicht oder ob dein Geruchssinn ganz grundsätzlich stark ausgeprägt ist oder nicht.

Wie du Hellriechen in deinem Alltag nutzen kannst

Hellriechen ist für mich ein Hellsinn, den ich vor allem im Zusammenhang mit **Jenseitskontakten** oder auch in der Arbeit mit der **geistigen Welt nutze.** Sagen wir, du möchtest gerne mit deinen Geistführern arbeiten und vielleicht zusätzlich auch mit aufgestiegenen Meistern oder Erzengeln. Dann kann es durchaus sein, dass diese Meister und Engel sich dir mit einem ganz individuellen, persönlichen Geruch zeigen, so dass du über deine hellriechende Wahrnehmung erkennen kannst, welcher von den Engeln und Meistern gerade bei dir ist und dich bei deiner Aufgabe unterstützt. Wenn du dann das Hellriechen so weit ausgeprägt hast, dass du ganz einfach riechen kannst, wer da ist, dann weißt du auch, an wen du dich wenden darfst und mit wem du in diese Verbindung gehen kannst. Und so ist Hellriechen im Alltag tatsächlich ein sehr praktischer Hellsinn, der dich sehr gut unterstützen kann. Er ist vielleicht einfach auf den ersten Blick ein kleines bisschen ungewöhnlich.

Aber auch wenn du noch kein so enges Verhältnis zu deinem Spirit Team hast, kannst du das Hellriechen in deinem Alltag sehr gut einbauen. In einem ganz bestimmten Bereich in meinem Leben ist es für mich ganz selbstverständlich, hellzuriechen, auch wenn es mir lustigerweise ein bisschen peinlich ist, dir davon zu erzählen: Wenn nämlich jemand in meinem Umfeld krank ist, kann ich das riechen. Aus irgendeinem Grund riechen die Menschen für mich anders, wenn sie krank sind, als wenn sie gesund sind, und ich kann sehr zielgerichtet sagen, ob sich gerade eine Erkältung anbahnt oder nicht. So habe ich einen Expartner, der immer gerne zu mir kam, um sich von mir bestätigen zu lassen, dass er wirklich krank ist, oder von mir zu hören, dass er einfach nur unter Erschöpfung (bei uns in der Beziehung damals liebevoll „Männergrippe“ genannt) litt. Ich musste jeweils nur kurz an ihm schnuppern und konnte es ihm sagen, so dass er anfangen konnte, seine Symptome zielgerichtet zu behandeln, noch bevor die Krankheit wirklich ausgebrochen ist. Auch bei anderen Menschen in meinem Umfeld und sogar bei meinen Katzen rieche ich das sehr deutlich. Vielleicht hast du Lust, darauf zu achten, ob es dir auch so geht.

Fallbeispiel: Kontakt ins Jenseits

Als ich mir überlegt habe, welches Fallbeispiel ich mit dir zum Thema Hellriechen teilen darf, musste ich ein bisschen grübeln. Dann ist mir aber eine wunderbare Geschichte eingefallen, die ich vor vielen Jahren mit einer Freundin erlebt habe. Wir waren in England unterwegs und diese Freundin wollte sich unbedingt von einem Medium die Karten legen lassen. Darum haben wir bei jemandem einen Termin gebucht, der uns empfohlen worden ist.

Am Abend vor unserem Treffen fragte ich meine Freundin, ob es in Ordnung sei, wenn ich mitkäme. Sie sagte, dass sie mich unbedingt dabeihaben wolle, und ich freute mich darüber, stille Zeugin ihres Erlebnisses zu sein. Am nächsten Morgen mussten wir uns in einem Laden melden und wurden dann eine enge Treppe in den ersten Stock hochgeschickt. Oben landeten wir in einem winzigen Wartebereich. Eine kleine, magere Frau war gerade dabei, sich Tee zu kochen.

„*Ihre Mutter ist da und will mit Ihnen reden*", sagte die Frau, die sich als das Medium entpuppte, plötzlich und drehte sich zu meiner Freundin um.

„*Meine Mutter?*", stotterte meine Freundin. „*Aber...*"

„*Ich weiß*", antwortete das Medium. „*Ihre Mutter ist verstorben. Sie ist aber trotzdem hier und will mit ihnen reden.*" Sie hörte sich ein bisschen genervt an. „*Sind sie für einen Jenseitskontakt hier?*"

„*Nein*", meine Freundin stotterte noch immer. „*Ich wollte mir die Karten legen lassen.*"

„*Dachte ich es mir*", murmelte das Medium, nahm sich ihren Tee und ging den Gang hinunter auf ihr Sitzungszimmer zu. „*Kommen Sie jetzt mit oder was?*", fragte sie ungeduldig, als sie sich an der Tür nach meiner Freundin und mir umdrehte. Wir wechselten einen verunsicherten Blick und gingen ihr hinterher.

In ihrem Sitzungszimmer hatte das Medium einige Kerzen brennen und es sah überraschend gemütlich aus. In der Mitte des Raumes stand ein kleiner, blauer Tisch mit abgenutzter Tischplatte, hinter den sich das Medium setzte. Für uns standen zwei Stühle bereit, meiner etwas weiter hinten in der Ecke, der meiner Freundin gleich beim Tisch. Seufzend wartete das Medium, bis wir uns hingesetzt hatten. Dann strich sie sich über das Gesicht und blickte meine Freundin nachdenklich an.

„*Ich weiß, dass Sie nicht wegen Ihrer Mutter gekommen sind, aber ihre Mutter ist da und möchte gerne mit Ihnen reden*", sagte sie etwas freundlicher als vorhin in der Küche. Meine Freundin schaute mich über die Schulter unsicher an. Ich nickte ihr aufmunternd zu.

„*Warum wissen Sie denn, dass meine Mutter hier ist und dass sie verstorben ist?*", fragte sie schließlich. Der Tod ihrer Mutter war zwar schon lange her, aber es war für meine Freundin ein Thema, das sie sehr berührte.

„*Ich arbeite seit fünfunddreißig Jahren als Medium*", erzählte das Medium. „*Die Karten lege ich vor allem für die Touristen, die hier in der Stadt sind. Meine Hauptaufgabe ist es, Jenseitskontakte herzustellen.*" Sie schaute meine Freundin aufmerksam an. „*Gestern Abend konnte ich ein ganz bestimmtes Parfüm riechen. Ich wusste, dass dieses Parfüm zu einer Verstorbenen gehört, denn ich selber nutze kein Parfüm und ich hatte keinen Besuch.*" Sie zuckte mit den Achseln. „*Heute Morgen konnte ich dieses Parfüm hier in diesen Räumen wieder riechen. Also war mir klar, dass es etwas mit einer Klientin von heute zu tun hat. Und dann sind Sie beide die Treppe hochgekommen und mit Ihnen eine ganze Wolke von diesem Parfüm.*"

Erschrocken schnupperte meine Freundin an ihrer Bluse. Man konnte förmlich sehen, dass sie sich fragte, ob sie sich zu stark eingesprüht hatte. Ich schmunzelte.

„*Nicht Sie*", rief das Medium. „*Sie sind nicht zu stark parfümiert. Es ist Ihre Mutter, die mir damit zeigen wollte, dass ihre Tochter den Raum betritt und es nun an der Zeit ist, mit ihr zu reden.*"

„*Ach so!*", sagte meine Freundin erleichtert. „*Was will sie mir denn sagen?*"

„*Die Frage ist im Moment nicht, was sie Ihnen sagen will*", erwiderte das Medium „*sondern, ob Sie bereit sind, auf das Kartenlegen zu verzichten und stattdessen einen Jenseitskontakt mit Ihrer Mutter zu erleben.*" Nun hörte sie sich wieder etwas genervt an. „*Wenn ich sie so stark riechen kann, haben sie meistens etwas Wichtiges zu sagen*", murmelte sie, bevor sie auffordernd auf meine Freundin blickte und ihre Entscheidung erfragte.

Was danach folgte, war einer der schönsten und beeindruckendsten Jenseitskontakte, den ich jemals erleben durfte. Es war für meine Freundin ein großer Schritt in die Heilung der Trauer um ihre Mutter und ein großer Schritt in ein größeres Verständnis über sie und ihr Leben. Für dieses Medium war es vollkommen natürlich, einen Geruch aus der geistigen Welt wahrzunehmen. Im Nachgespräch erfuhr ich, dass sie es immer schon vorher riechen konnte, ob es ein Kartenlegen geben würde oder nicht. Denn wenn sie die Karten legte, dann arbeitete sie mit ihrem eigenen geistigen Team zusammen und dieses roch komplett anders als die Verstorbenen, die sich zeigten. Erst beim Hinausgehen fiel mir auf, dass auf dem Tisch nicht einmal ein Kartenset gelegen hatte. So sicher vertraute das Medium ihren Impulsen.

Das objektive, körperliche Hellriechen

In unserem Fallbeispiel konnte das Medium objektiv (körperlich) hellriechen. Lass uns daher nun einmal schauen, was das genau bedeutet.

Wenn wir vom objektiven, körperlichen Hellriechen sprechen, dann geht es um das, was du über deine **physische Nase** wahrnehmen kannst. Du nimmst dabei die Gerüche aus der geistigen Welt oder aus deinem energetischen Umfeld genauso über deine Nase wahr, wie du eine Aura mit deinen Augen sehen kannst oder hellhörend etwas laut wahrnimmst. Du nutzt dafür deine Nase und deinen Geruchssinn. Es ist tatsächlich so, dass du **die Gerüche wahrnimmst, als wenn sie im Raum wären.** Das ist so, wie wenn du riechen kannst, dass jemand ein leckeres Essen mit den unterschiedlichsten, spannenden Gerüchen kocht, aber niemand ist in deiner Küche und kocht tatsächlich. Das Medium in unserem Fallbeispiel konnte einen bestimmten Geruch hellriechend wahrnehmen. Und das meistens schon ein oder zwei Tage, bevor sie mit dem Klienten zu tun hatte, so dass sie den Geruch nicht einordnen konnte. Diese Gerüche zeigten sich ihr an Orten und zu Zeiten, in denen sie ganz sicher wusste, dass der Geruch nicht da sein konnte. Wie zum Beispiel der Geruch eines sehr starken Parfüms, während sie unter der Dusche stand. Irgendwann kam dann ein Klient zu ihr in die Sitzung, der genau diesen Geruch mit sich brachte, so wie meine Freundin den Geruch ihrer Mutter mit sich brachte. So konnte das Medium einordnen, welche Energie zu welchem Klienten gehörte. Dabei ging es gar nicht nur um Verstorbene. Dieses Medium hatte ihr Hellriechen so stark trainiert, dass sie praktisch alle Erzengel und viele ihrer eigenen Geistführer hellriechend wahrnehmen konnte. Sie wusste aufgrund ihrer Geruchsfähigkeit eigentlich immer, wer gerade mit ihr im Raum war. Ein so ausgeprägtes Hellriechen ist sicher eher ungewöhnlich, aber sehr interessant und wenn du für dich fühlst, dass das ein Sinn ist, der dich sehr anspricht, dann möchte ich dich einladen, dich auf die aufregende Reise zu machen, ihn genauer kennenzulernen.

Unser Geruchssinn ist ein extrem **vielseitiger Sinn.** Hast du dir schon einmal überlegt, wie viele Gerüche du kennst und auseinanderhalten kannst? Ich mir auch nicht. Aber wenn du dir darüber Gedanken machst, wirst du merken, dass es unzählige sind. Mit einigen dieser Gerüchen wirst du positive Erlebnisse verbinden, mit einigen negative. Was dabei aber auffällig ist: Praktisch jeder Geruch hat auch eine emotionale Komponente. Du kannst einen Geruch mögen oder ihn nicht mögen. Du kannst dich hingezogen oder abgestoßen fühlen.

Exkurs

Wusstest du, dass ein Baby bereits mit einem komplett ausgereiften Geruchssinn zur Welt kommt? Ist das nicht interessant, wenn man bedenkt, was sich bei einem Baby sonst alles entwickelt, nachdem es zur Welt gekommen ist? Darum können Babys zum Beispiel direkt nach der Geburt die Brust der Mutter finden. Die Bibliothek der Gerüche, die wir in unserem Körper mit uns herumtragen, wird vor allem in den ersten drei Lebensjahren entwickelt und wir greifen jederzeit darauf zurück.

Tipp

Trotzdem kannst du deinen **Geruchssinn auch weiter ausbilden.** Das könntest du zum Beispiel machen, in dem du dir einige **ätherische Öle** kaufst und daran schnupperst, bis du die Gerüche blind erkennst. Genauso schön ist es, wenn du mit Räucherwerk arbeitest. Das Gleiche kannst du mit deinem Gewürzschrank machen. Du riechst an den verschiedenen Gewürzen und lernst, immer mehr davon über deine Nase und deinen Geruchssinn zu erkennen. Diese Art von Übungen helfen dir nicht nur mit deiner Nase und deinem Geruchssinn, sondern auch beim Training deines Hellriechens. Denn je mehr Gerüche du in deiner Geruchsdatenbank speicherst, desto mehr Vergleichsmöglichkeiten hast du, wenn du Gerüche hellriechend wahrnimmst.

Das subjektive, emotionale Hellriechen

Beim subjektiven (emotionalen) Hellriechen dreht sich wiederum alles um deine **„innere Nase".** Dabei nimmst du einen Geruch nicht über deinen physischen Geruchssinn wahr, sondern über das Gefühl, das du mit dem Geruchssinn verbindest. Um einen Geruch subjektiv hellriechend wahrzunehmen, wirst du nicht in der Luft schnuppern. Denn es ist dir klar, dass der Geruch nicht wirklich in der Luft ist. Du wirst dich stattdessen innerlich auf dein Riechorgan konzentrieren und eher ein Gefühl eines Geruchs bekommen als einen tatsächlichen Geruch. Vielleicht könnte man es mit einer Erinnerung an einen Geruch beschreiben. Du weißt, wie etwas riecht, und du erinnerst dich an diesen Geruch. Nun ist es aber – wie das nun mal bei den Hellsinnen so ist – nicht so, dass du diese Geruchserinnerung bewusst in deinen Alltag holst, sondern dass sie hellriechend passiert. Du hast also plötzlich die Erinnerung an das Parfüm deiner Großmutter, obwohl du nicht bewusst an deine Großmutter gedacht hast. Erst die Erinnerung an ihren Geruch bringt deine Wahrnehmung zu deiner Großmutter und erst da bemerkst du vielleicht, dass sie dich gerade aus der jenseitigen Welt besuchen gekommen ist.

Vielleicht ist es dir schon einmal passiert, dass du von jemandem geträumt hast, mit dem du schon lange keinen Kontakt mehr hattest. Im Traum ist dir diese Person erschienen. Ich könnte mir gut vorstellen, dass du sofort einen bestimmten Geruch in der Nase hattest, obwohl diese Person dir nur im Traum erschienen ist. **Denn wir verbinden jeden Menschen instinktiv mit einem Geruch,** weil Gerüche für uns Menschen so elementar sind. Normalerweise ist es uns nicht bewusst, dass wir diese Gerüche wahrnehmen, aber wenn du anfängst, dich mit deinem Hellriechen zu beschäftigen, dann wirst du mehr und mehr erkennen, wie oft du automatisch einen Geruch mit einer bestimmten Person oder Situation verbindest. Hellriechen greift auf diesen sehr ursprünglichen Sinn zurück und hilft dir, deine Wahrnehmung zu erweitern, zu vertiefen und klarer darin zu werden.

Zusammenfassung

Objektives, körperliches Hellriechen	Die **körperliche Wahrnehmung** von Gerüchen, die du über die **biologische Nase** wahrnimmst. Meistens verbunden mit einem Gefühl.
Subjektives, emotionales Hellriechen	Die **emotionale Wahrnehmung** von Gerüchen über deine **innere Nase.** Das emotionale Verbinden einer bestimmten Situation oder Person mit einem ganz bestimmten Geruch.

Übung

Eine Übung zum Hellriechen

Wenn du das Hellriechen üben möchtest, gibt es ganz viele Wege, wie du das angehen könntest. Einer davon ist es auch, tatsächlich „Riechen" zu üben.

Wie in dem Tipp, den ich dir weiter vorne in diesem Kapitel auf Seite 141 gegeben habe. Für das Trainieren deines Hellriechens möchte ich dir außerdem eine erste Übung ans Herz legen.

Tipp

Je mehr Gerüche du bewusst wahrnehmen kannst, umso einfacher kannst du auch hellriechend Dinge wahrnehmen. Dies gilt für alle Hellsinne. Je besser du deine Gefühle kennst, umso einfacher kannst du Gefühle von Menschen in deinem Umfeld wahrnehmen. Je mehr du aktiv mit inneren Bildern arbeitest, umso einfacher entstehen sie, wenn du hellsichtig etwas erkennen möchtest. Je mehr Töne und Lieder du kennst, umso einfacher kann die geistige Welt diese nutzen, um dir hellhörend Informationen zu übermitteln. Darum übe mit verschiedenen Essenzen und Gerüchen und lerne deinen Geruchssinn besser kennen. Erinnere dich daran, dass das Trainieren deiner Hellsinne genau das ist: Ein Training von Muskeln, die bei vielen von uns schlafen, statt aktiv, trainiert und wach zu sein.

Sorge für diese Übung dafür, dass es bei dir ruhig ist und du dich voll und ganz auf die Steps auf den nächsten Seiten konzentrieren kannst. Diese Übung ist ein bisschen ungewöhnlich, denn ich werde dich nicht in deinen inneren Garten führen. Da du dich voll und ganz auf deinen Geruchssinn konzentrieren sollst, werde ich die Umgebung sehr ruhig halten und versuchen, auf jede Art von Ablenkung zu verzichten. Wundere dich also nicht.

- Finde einen bequemen Sitz. Richte deine Aufmerksamkeit auf deinen Atem.

- Nimm wahr, wie dein Atem ein- und ausfließt. Wie du immer mehr im jetzigen Moment ankommst. Du bist auf dich und die Übung konzentriert.

- Komme nun mit deiner Aufmerksamkeit zu deinem Herz-Chakra – diesem wunderbaren Bereich deines Herzens, der so stark und so machtvoll ist. Nimm diesen Bereich wahr und fühle, wie er immer größer und stärker wird.

- Nimm wahr, wie dein Herz-Chakra sich immer weiter ausdehnt, bis es dich vollkommen umhüllt, so dass du dich mitten in einer großen Kugel aus deiner Herz-Energie befindest. Diese Kugel fühlt sich sicher, harmonisch und liebevoll an. Du bist sanft umhüllt von der Kraft und Energie deines Herzens.

- Nimm nun wahr, welche Energie sich in dieser Kugel befindet. Kannst du eine Farbe erkennen? Kannst du ein Geräusch hören oder vielleicht ein Gefühl spüren? Nimm einfach wahr. Gib dich der Empfindung ganz hin und fühle, dass du mit dieser Hingabe besser und besser in die Ruhe und Harmonie kommst.

- Nun setze einen starken Impuls. Sage laut oder in Gedanken, was oder wen du jetzt als Geruch wahrnehmen möchtest. Du könntest zum Beispiel sagen: „Ich möchte jetzt den Geruch meines Schutzengels wahrnehmen." Oder du könntest auch sagen, dass du den Geruch deiner besten Freundin wahrnehmen möchtest. Natürlich kannst du auch deinen Geistführer, einen Erzengel, deine Schwiegermutter oder dein Kind wählen. Nimm einfach ein Wesen in deinem Leben, das du gerne mit einem bestimmten Geruch in Verbindung bringen möchtest. Denke daran: Du setzt den Impuls. Du wartest nicht ab, wer sich zeigt, sondern wirst selbst aktiv.

- Nimm nun den Geruch wahr, den die Energie aussendet, für die du dich entschieden hast. Wie riecht diese Person für dich?

- Ist es ein frischer Geruch? Vielleicht ein Zitrusgeruch? Ist es ein ganz bestimmtes Parfüm? Eine gemeinsame Erinnerung, die du mit einem Geruch verbindest? Welcher Geruch zeigt sich dir, wenn du an dieses Wesen denkst?

- Nimm den Geruch in all seinen Facetten wahr. Ist es ein starker Geruch, den du auch auf zwei Metern Entfernung riechen könntest? Oder ein ganz sanfter, zarter, den du erst wahrnimmst, wenn du ganz nah bist?

- Ist es ein herber, männlicher Geruch? Oder ein blumiger, weiblicher?

- Nimm alles wahr, was sich dir zeigt.
- Dann bedanke dich dafür und verabschiede die Energie, die sich dir hier liebevoll gezeigt hat.
- Atme nun einige Male tief durch. Gehe nun mit deiner Konzentration wieder ganz zu deiner Kugel, in der du immer noch sicher und geschützt sitzt. Nimm die Kugel und die Energie in deiner Herz-Kugel wahr. Nimm wahr, wie sich der Geruch verflüchtigt, und jetzt setze den Impuls, einen weiteren Geruch gezeigt zu bekommen.
- Entscheide dich wieder für ein bestimmtes Wesen, dessen Geruch du gerne kennenlernen möchtest. Wieder kann es ein Geistführer sein oder auch ein Mensch, den du aus deinem Leben kennst. (Arbeite hier am besten mit zwei etwas unterschiedlichen Energien. Es ist viel einfacher, wenn du die Energie deiner Mutter mit der Energie deines zweijährigen Sohnes vergleichst, als wenn du deinen zweijährigen Sohn mit deinem vierjährigen Sohn vergleichst. Genauso ist es viel einfacher, einen Engel und einen Geistführer zu vergleichen, als zwei Engel. Die unterschiedlichen Energien machen dir die Übung einfacher.)
- Nimm nun den Geruch des zweiten Wesens wahr, für das du dich entschieden hast. Was für einen Geruch kannst du jetzt wahrnehmen?
- Sei offen für alles, was sich zeigt. Vergleiche diesen Geruch mit dem Geruch, den du vorhin wahrgenommen hast. Das Vergleichen hilft dir, um noch tiefer in die Übung und in die Wahrnehmung zu kommen.
- Ist dieser Geruch männlicher, weiblicher oder neutraler als der Geruch vorhin? Woran erinnert dich dieser Geruch? Womit verbindest du ihn?
- Manchmal kann es auch sein, dass du zu einem Geruch gleichzeitig ein Gefühl, ein Bild oder eine Melodie bekommst. Nimm all diese Informationen einfach auf und merke sie dir, damit du sie später in deinem spirituellen Tagebuch erfassen kannst.
- Bedanke dich wiederum bei der Energie und verabschiede sie. Atme einige Male tief durch.
- Nun kannst du deine Sitzunterlage fühlen und nimmst deine Arme und Beine wieder wahr. Komme ganz in deinem Tempo wieder im Alltag an.

REFLEXIONSFRAGEN FÜR DEIN HELLRIECHEN

Du hast dich in diesem Kapitel mit einem ziemlich ungewöhnlichen Hellsinn befasst. Ich fände es nun spannend, von dir zu hören, wie es dir dabei ergangen ist.

- Magst du das Hellriechen? Oder geht es dir etwa wie mir und du bist nicht ganz sicher, ob du diesen Hellsinn in deinem Leben bis in die letzte Konsequenz integrieren möchtest?

- Was waren deine Erfahrungen in deinem Alltag und in den Übungen mit dem Hellriechen? Konntest du erkennen, dass du das Hellriechen ganz automatisch in einen gewissen Bereich integriert hast?

- Oder ist dir aufgefallen, dass du gewisse Erinnerungen in deinem Leben mit bestimmten Gerüchen verbindest?

Der Selbstliebe-Tipp deiner Seele

NIMM DIR EINE AUSZEIT

Du hast dich mit diesem Buch auf eine wunderbare Reise zu dir selbst und zu deinen intuitiven Gaben begeben. Das Trainieren dieser Gaben ist, wie das Wort schon sagt: Ein Training. Es kann ganz schön anstrengend sein, dich Tag für Tag damit auseinanderzusetzen und diese Übungen eine nach der anderen durchzugehen. **Darum sind Auszeiten so wichtig.** Tage, an denen du bewusst nichts tust, was mit deinen intuitiven Fähigkeiten zu tun hat. Tage, an denen du dich um das Leben, deine Hobbys und die Leichtigkeit des Seins kümmerst. Viele Menschen haben Angst, dass sie die Hellsinne sofort wieder verlieren, wenn sie einen Tag nicht damit arbeiten. Aber so ist das nicht. Diese Erkenntnisse und dieses Wissen verschwinden nicht, nur weil du einen Tag oder eine Woche Pause machst. Ganz im Gegenteil. Es ist sogar sehr gut möglich, dass du einen einfacheren, leichteren Zugang zu deinen Hellsinnen entwickelst, wenn du erst mal Pause machst. Manchmal muss sich ein Wissen in das Muskelgedächtnis des Körpers einfügen, bevor es wirklich „Klick" macht. Seit ich ein Teenager bin, jongliere ich gerne. Ich habe viele unterschiedliche Techniken kennengelernt. Eines Nachmittags habe ich stundenlang versucht, eine neue Bewegung zu lernen. Ich habe versucht und versucht und es hat einfach nicht geklappt. Voller Wut habe ich meine Jongliersachen in ihre Kiste geschmissen und mir gesagt, dass ich das nicht kann. Erst nach einer oder zwei Wochen war ich wieder so weit, die Sachen hervorzuholen und es erneut zu versuchen. An diesem Tag gelang die Bewegung vom ersten Versuch an. Diese kleine Geschichte ist mir seither oft wieder eingefallen, wenn eine Studentin von mir ihren Zugang zu einem bestimmten Hellsinn nicht auf Anhieb gefunden hat. **Mach auch du zwischendurch eine Pause.** Gönn dir Ruhe. Denke nicht weiter darüber nach, was nicht geht, sondern lenke deine Konzentration auf etwas, das dir Freude macht und dir hilft, wieder in den Fluss deines Lebens zu kommen. In dem Moment, in dem du deinen Geist zur Ruhe kommen lässt, kann dein Körper integrieren, was du in den Wochen und Monaten davor gelernt hast. Aber dafür braucht es Auszeiten.

Was ist für dich die perfekte Auszeit von deinem Leben? Was tut dir so richtig gut? Ist es ein Nachmittag mit deiner besten Freundin? Ein fröhlicher Städtetrip? Absinken in die heiße Umgebung einer schönen Saunalandschaft? Vielleicht einfach mal wieder einen Roman lesen und deine Fantasie schweifen lassen? Wenn du merkst, dass du diese Auszeiten in einer gewissen Regelmäßigkeit brauchst, dann sorge bereits im Vorfeld dafür. Denn die Reise, auf der du dich befindest, ist eine intensive Reise.

Hellschmecken

Stell dir vor, es ist Sonntagmorgen. Du hast einen wunderbaren, freien Tag vor dir, ganz ohne lästige Aufgaben und Termine. Du hast großartig geschlafen und bist fit für das, was der Tag dir bringen mag. Nun stehst du auf, machst dich bereit und gehst ins Esszimmer. Und dort reißt du erstaunt die Augen auf. Eine gute Fee hat dir den wunderbarsten Sonntagsbrunch gezaubert, den du dir vorstellen kannst. Wo auch immer du hinschaust, siehst du Gerichte und Nahrungsmittel, die zu deinen Lieblingsspeisen gehören. Du kannst es kaum erwarten, mit dem Schlemmen zu beginnen. Teller um Teller voller Köstlichkeiten stehen auf dem Tisch und warten darauf, von dir entdeckt zu werden. Während du dich staunend umsiehst, läuft dir das Wasser im Mund zusammen und du kannst die leckeren Gerichte schon fast auf deiner Zunge schmecken. Die Fee führt dich an deinen Platz und du setzt dich hin. Doch in dem Moment, in dem du dir etwas auf deinen Teller füllen möchtest, legt sie dir die Hand auf die Schulter und bittet dich darum, noch einen Augenblick Geduld zu haben. Erstaunt lehnst du dich auf deinem Stuhl zurück und wartest ab. Die gute Fee nimmt einen Teller, auf dem sie deine Lieblingsfrucht aufgeschnitten hat, und hält ihn mit einem kleinen bisschen Abstand vor dich hin, so dass du die Frucht gerade noch nicht riechen kannst, sondern sie nur siehst. Du freust dich so sehr darauf, diese Frucht zu probieren, dass du schon fast schmecken kannst, wie sie sich in deinem Mund anfühlen wird. Ihre Konsistenz ist dir bestens bekannt und du schmeckst schon, wie süß oder saftig sie sein wird, wenn du endlich in sie hineinbeißen kannst. Dann nimmt die Fee einen anderen Teller. Auf diesem liegt eine Köstlichkeit, die sie für dich gebacken hat. Es ist etwas, das du schon richtig lange nicht mehr hattest, und du kannst es kaum erwarten, endlich mal wieder deine Zähne in dieses Lieblingsgebäck zu schlagen. Auch diesen Teller hält sie in einem kleinen Abstand vor dich hin und fordert dich auf, dir vorzustellen, wie es in deinem Mund schmecken wird. Wie wird die Konsistenz sein? Saftig, sandig oder trocken? Süß oder herzhaft? Oder vielleicht sogar eine Mischung von beidem? Es sieht so gut aus, dass du bereits jetzt weißt, wie es in deinem Mund schmecken wird.

Bist du hungrig geworden? Ich auch.

Willkommen in der wunderbaren Welt des Hellschmeckens.

Alles auf der Zunge

Beim Hellschmecken geht es darum, dich wirklich auf die **Wahrnehmung deiner Zunge und deines Mundes** zu konzentrieren. Vielleicht hilft es dir, wenn du ein bisschen mit deiner Zunge spielst, als würdest du etwas zu Essen oder ein Getränk wirklich kosten. Stell dir vor, dass diese Wahrnehmung in deinem Mund ist und du sie sozusagen „probierst". Vielleicht wird es dir am Anfang etwas komisch vorkommen, einen Geschmack auf diese Art und Weise kennenzulernen, aber das ist Hellschmecken – wenn du einen Geschmack in deinem Mund wahrnimmst, der nicht wirklich vorhanden ist.

Hellschmecken kann aber auch eine Herausforderung sein. Stellen wir uns vor, dass du eher zurückhaltend bist, was neue Geschmacksrichtungen und Konsistenzen in deinem Mund angeht. Zum Beispiel ist bei mir ein Aspekt meiner Hochsensibilität, dass ich verschiedene Konsistenzen in meinem Mund nicht mag. Dabei geht es nicht um den Geschmack, sondern tatsächlich um das Gefühl, das dieses Nahrungsmittel in meinem Mund auslöst. Außerdem bin ich Vegetarierin und möchte keinen Fleischgeschmack in meinem Mund haben. Diese beiden Dinge führen dazu, dass ich persönlich Hellschmecken gegenüber nicht besonders offen bin und viel lieber meine anderen Hellsinne nutze. Ich erzähle dir das deswegen, weil ich dich ermutigen möchte, **jederzeit für dich zu beobachten,** ob dir ein Hellsinn liegt oder ob er dir aus einem bestimmten Grund nicht liegt. Hellschmecken ist kein Hellsinn, auf den ich mich jederzeit blind verlassen möchte. Darin sind für mich zu viele Wenns und Abers enthalten. Ich nutze das Hellschmecken sehr gerne ergänzend, aber es wird niemals ein Haupthellsinn von mir sein. Vielleicht geht es dir ähnlich oder du erkennst jetzt, dass dir ein anderer Hellsinn aus einem bestimmten Grund nicht liegt. Dann ist das nicht schlimm und du machst auf keinen Fall etwas falsch. Du hast einfach für dich erkannt, was dir liegt und was dir eher weniger liegt.

Wenn wir uns die Zunge aus wissenschaftlicher Sicht anschauen, dann wissen wir, dass wir mindestens fünf verschiedene Geschmacksrichtungen auf der Zunge wahrnehmen können. Zurzeit kennen wir die Geschmacksrichtungen süß, salzig, bitter, sauer und umami. Umami ist ein japanisches Wort und bezeichnet den herzhaften, würzigen Geschmack von Fleisch. Da die Forschung nie am Ende ist, werden wir bestimmt in ein paar Jahren neue Erkenntnisse dazu haben und das ist es doch, was uns Menschen so grandios macht. Unsere Begeisterung, Neues zu erfahren und zu erforschen. Genau darum geht es auch bei deiner Reise zu deinen intuitiven Fähigkeiten. Sei offen für alles, was sie dir bringen, und urteile niemals über dich und deine Wahrnehmung.

Fallbeispiel: Das schwedische Dessert

Wie bereits erwähnt, ist Hellschmecken nicht mein Lieblingshellsinn und ich habe mich viele Jahre lang geweigert, es überhaupt auszuprobieren. Ich fand es schlicht überflüssig, neben all meinen anderen Hellsinnen auch noch mein Hellschmecken zu trainieren. Eine Haltung, auf die ich im Rückblick nicht besonders stolz bin. Doch dann nahm ich an einer internationalen Weiterbildung teil.

Wir waren eine große Gruppe von Studenten aus allen möglichen Ländern und eines der Themen, mit denen wir uns auf dieser Weiterbildung beschäftigten, waren die Hellsinne und wie wir diese besser trainieren konnten. Wir hatten schon viele Übungen gemacht und an diesem Nachmittag hatten wir den Auftrag, verschiedene Hellsinne miteinander zu verbinden und die Wahrnehmung möglichst vielseitig weiterzugeben. Ich war mit einer Schwedin eingeteilt, die ich sehr mochte und mit der ich schon viele wunderbare Gespräche geführt hatte. Wir kamen also ein bisschen ins Plaudern und genossen die warme Sonne, die ausnahmsweise in den Raum schien, nachdem es tagelang durchgeregnet hatte. Wir waren nicht besonders aufmerksam und schnackten einfach, statt zu arbeiten. Ich weiß natürlich nicht, ob die Lehrerin das bemerkt hatte oder ob sie einfach sonst in unsere Richtung kam. Auf jeden Fall stand sie plötzlich neben uns und wollte wissen, was wir machten. Mit roten Köpfen erklären wir, dass wir gerade beginnen wollten.

„Dann fang doch mal an“, sagte sie und nickte mir zu. Ich begann, meine Wahrnehmung zu erklären, und hielt mich wie immer an mein Hellsehen, Hellfühlen und Hellhören. *„Gut, das sind Sinne, die du wirklich gut kannst“*, sagte die Lehrerin und blickte mich ungeduldig an. *„Aber du bist hier, um etwas Neues zu lernen, oder?“* Ich nickte verdutzt. *„Dann möchte ich jetzt gerne, dass du dich nur noch auf deine Wahrnehmung im Mund konzentrierst. Beschreibe ganz genau, wie sich diese Wahrnehmung in deinem Mund anfühlt, wie sie schmeckt und was für eine Konsistenz sie hat.“*

Ich grummelte leise vor mich hin und versuchte, mich nur noch auf meine Geschmacksnerven zu konzentrieren. Langsam beschrieb ich meiner Trainingspartnerin, was ich in meinem Mund schmecken und fühlen konnte. Ich mochte dieses Hellschmecken einfach nicht und war entsprechend ... trotzig. Doch die Lehrerin blieb mit verschränkten Armen neben mir stehen und mir war klar, dass sie erst weiterziehen würde, wenn sie mit meiner Arbeit zufrieden wäre. Ich seufzte innerlich resigniert und begann, mich wirklich auf das Hellschmecken einzulassen. Mein Mund begann, sich ungewöhnlich anzufühlen, als hätte ich etwas zu essen darin. Den ersten Eindruck, den ich bekam, war, dass ich etwas Süßes im Mund hatte.

„Es ist süß, wie ein Dessert“, erklärte ich. *„Aber keine Schokolade und es schmeckt auch nicht fruchtig.“* Die Schwedin und die Lehrerin lehnten sich interessiert vor. Ich stockte einen Moment lang verdutzt. *„Das ist ja komisch, irgendwie bekomme ich auch einen leicht metallischen Geschmack. Aber ich habe keine Ahnung, woher das kommt.“* Erschrocken blickte ich auf. *„Ich meine, es schmeckt nicht nach Blut! Nicht so metallisch. Eher, wie wenn man von einem Silberlöffel isst und diesen Silbergeschmack schmeckt.“*

Die Schwedin lachte. *„Ich verstehe, was du meinst.“* Sie wollte weiterreden, aber die Lehrerin unterbrach ihre Antwort.

„Lass Marisa weiter üben. Hilf ihr nicht.“

Ich machte also mit meiner Wahrnehmung weiter. *„Das Essen fühlt sich etwas klebrig an, sehr süß, vielleicht wie Karamell oder Toffee. Es erinnert mich an einen sehr süßen Kuchen.“* Ich konnte die klebrige Konsistenz fast auf meiner Zunge spüren und nahm wirklich wahr, wie süß dieses Dessert war. *„Aber diesen metallischen Geschmack verstehe ich einfach nicht. Der passt so gar nicht in dieses Dessert.“*

Die Schwedin kicherte wieder. *„Ich werde es dir erklären.“* Sie blickte fragend zu der Lehrerin, die mich zufrieden betrachtete und dann nickte. *„Du hast ein Dessert beschrieben, das meine Oma immer gemacht hat. Sie hat es auf einem uralten Backblech gebacken und man konnte dieses Blech immer schmecken. Aber irgendwie wäre das Dessert für mich nicht echt gewesen, wenn es nicht danach geschmeckt hätte. Obwohl ich mir aus der heutigen Sicht nicht vorstellen kann, dass das besonders gesund gewesen ist.“* Ich musste ebenfalls grinsen. Die Lehrerin lächelte.

Dann blickte sie mich ernst an. *„Übe weiter. Trainiere. Ruhe dich nicht auf den Sinnen aus, die du schon hast, sondern nimm diese Arbeit ernst. Du bist hier, um Durchbrüche zu erzielen, nicht, um dich auf deinen Erfolgen auszuruhen. Ich werde dich in den nächsten Tagen genau beobachten.“*

Ich nickte. Ich war zwar ein bisschen eingeschüchtert, aber ich wusste auch, dass ich diesen Tritt in den Hintern wirklich gebraucht hatte. Denn in den nächsten Tagen erlebte ich tatsächlich einige Durchbrüche, weil ich mich den Wahrnehmungen wirklich hingab.

Das objektive, körperliche Hellschmecken

Nach diesem Fallbeispiel für objektives Hellschmecken wollen wir tiefer ins Thema eintauchen.

Beim objektiven (körperlichen) Hellschmecken dreht sich alles darum, dass du den Geschmack der Nahrungsmittel, mit denen du dich verbindest, **wirklich auf der Zunge wahrnehmen kannst.** So könnte es zum Beispiel sein, dass ein ganz bestimmtes Erlebnis für dich mit einem bestimmten Geschmack verbunden ist. Stellen wir uns vor, dass du deine beste Freundin vor fünfundzwanzig Jahren als Teenager im Sommerurlaub am Baggersee kennengelernt hast. An diesem See habt ihr jeden Tag ein ganz bestimmtes Eis gegessen. Noch heute verbindest du dieses Eis mit deiner Freundin und jener unbeschwerten Zeit am See. So hat deine Freundin quasi einen Geschmack bekommen und sobald du dieses Eis isst, wirst du an sie denken. Wenn du nun aus dem Nichts heraus plötzlich diesen Geschmack im Mund hast, wirst du dir automatisch Gedanken machen, ob es deiner Freundin gut geht und was sie gerade so macht. Dafür nimmst du diesen Geschmack in deinem Mund wirklich wahr.

Gerade wenn du intuitiv mit jemandem verbunden bist, ist es gut möglich, dass sich dir das Hellschmecken auf körperliche Art und Weise zeigt. Du schmeckst dann auf deiner Zunge etwas, das du mit einem Menschen in deinem Umfeld verbindest, und kannst ihn somit wahrnehmen. Diese Verbindungen sind sehr oft an Erinnerungen gekoppelt. Das Eis am Baggersee, die Sonntagstorte bei Oma im Garten, die traditionelle Maibowle auf dem Familienfest. All das sind Erinnerungen an Nahrungsmittel, die sich dir auch hellschmeckend zeigen können, wenn es darum geht, eine Person oder eine Energie wahrzunehmen, die damit in Zusammenhang steht. Doch natürlich ist es auch möglich, Wesen aus der geistigen Welt oder Jenseitskontakte hellschmeckend wahrzunehmen. So könnte es sein, dass dein Schutzengel einen ganz bestimmten Geschmack in deinem Mund auslöst. Oder dass du – wie im Fallbeispiel– deine Oma mit einem ganz bestimmten Dessert in Verbindung bringst und dann den Geschmack davon auf der Zunge hast.

Das subjektive, emotionale Hellschmecken

Das subjektive (emotionale) Hellschmecken ist ein Sinn, bei dem du dich vielleicht wunderst, wie das gehen sollte. Und gleichzeitig ist es auch ein Sinn, der bei sehr vielen Menschen relativ ausgeprägt vorhanden ist. Lass mich dir das in einem kleinen (leckeren) Beispiel erklären:

Stell dir vor, es ist Abend. Du stehst nach einem langen, erfreulichen Arbeitstag in der Küche und hast dir gerade deine leckere Tomatensauce gekocht, die du so gerne isst. Die Sauce ist auch schon fast fertig und im anderen Topf köchelt die Pasta vor sich hin. Noch ein paar Handgriffe und dein Abendbrot ist fertig. Du probierst deine Sauce und bleibst dann nachdenklich stehen. Irgendetwas fehlt. Diese Sauce ist nicht so, wie sie sein sollte. Du schmeckst nochmals ab und dann weißt du es: Noch ein bisschen Oregano und ein klein wenig schwarzer Pfeffer und dann ist sie perfekt.

Hast du das vielleicht so oder so ähnlich schon einmal erlebt? DAS ist subjektives Hellschmecken. In dem Moment, in dem du gekostet hast, wusstest du, was noch fehlt. Natürlich kannst du jetzt sagen: „Das ist aber einfach Erfahrung." Stimmt, das könnte es sein. Aber das ist es nicht. Es gibt nämlich auch viele Köche, die genau das nicht können, obwohl sie genauso viel Erfahrung haben wie du. Das subjektive Hellschmecken zeigt sich sehr gerne in solchen Situationen. Der Unterschied zum objektiven Hellschmecken ist, dass du dabei den Geschmack nicht wirklich im Mund und auf der Zunge hast, sondern hellschmeckend wahrnimmst, was da noch fehlt. Die einzige Herausforderung dabei ist, herauszufinden, ob dir jetzt hellschmeckend oder hellwissend klar geworden ist, was noch in deiner Sauce fehlt. Da geht es nun für dich darum, ganz genau zu verfolgen, wie und wo eine Information bei dir angekommen ist. Hattest du zuerst das innere Wissen? Das, was du oft im Herzbereich wahrnehmen kannst? Dann ist es dein Hellwissen. Oder war die Wahrnehmung wirklich im Mund, so dass es hellschmeckend war?

Zusammenfassung

Objektives, körperliches Hellschmecken	Die **körperliche Wahrnehmung** von Geschmack, die du über deinen **biologischen Mund** wahrnimmst.
Subjektives, emotionales Hellschmecken	Die **emotionale** Wahrnehmung von Geschmack über deine **innere Wahrnehmung.** Zum Beispiel beim Kochen.

Übung

Eine Übung zum Hellschmecken

Für diese Übung brauchst du einen Übungspartner, der dir ein paar Nahrungsmittel vorschlägt, mit denen du dich hellschmeckend verbinden kannst. Am einfachsten ist es, wenn ihr dafür am gleichen Ort seid, so dass du deine Wahrnehmung beschreiben kannst und gleich ein Feedback dazu bekommst.

Die Person sollte einige Gerichte im Kopf haben, die du nicht kennst. Falls du dich an eine bestimmte Ernährungsform hältst, solltest du das außerdem im Vorfeld absprechen. Auch wichtig ist: Falls es Nahrungsmittel gibt, die du nicht verträgst oder auf die du stark allergisch reagierst, solltest du dies ansprechen. Ich gehe davon aus, dass es tatsächlich kein Problem ist, wenn du dich trotzdem hellschmeckend damit verbindest, aber der Körper hat ein Zellgedächtnis. Stell dir vor, du bist allergisch gegen Erdbeeren und dein Gegenüber denkt ausgerechnet daran. Dann kann es möglich sein, dass dein Körper mit einem allergischen Anfall reagiert, weil er sich daran erinnert, dass er so immer auf Erdbeeren reagiert. Das wollen wir natürlich auf jeden Fall vermeiden.

- Wir fangen mit einem einfachen Nahrungsmittel an. Vielleicht mit einer Konfitüre. Schau doch einmal bei dir nach, ob du davon mehr als eine Sorte im Schrank hast. Wenn es dir hilft, kann dein Gegenüber dieses Lebensmittel, ohne dass du es siehst, in die Hand nehmen, so dass er oder sie sich intensiv damit verbinden kann. Hat deine Übungsperson zum Beispiel die Auswahl zwischen drei Konfitüren, dann wählt sie verdeckt eine davon.

- Nun verbindest du dich hellschmeckend mit dieser Konfitüre. Schmecke sie wirklich in deinem Mund. Welche Frucht ist es, die du da schmecken kannst? Ist sie sehr süß, eher sauer? Ist es eine Beere oder eher eine Steinfrucht? Fühlt es sich in deinem Mund samtig an oder eher rau? Versuche, wirklich zu schmecken, was dein Übungspartner da in der Hand hält. Sei neugierig und nimm wahr.

- **Wenn du nicht weiterweißt oder blockiert bist, dann nimm deine weiteren Hellsinne mit dazu. Gib nicht einfach auf und frage nach der Antwort, sondern nutze dann dein Hellsehen und lass dir eine Farbe deiner Frucht zeigen.**
  - Nutze dein Hellfühlen, dein Hellwissen und dein Hellhören.
  - Rieche, ob du die Frucht hellriechend wahrnehmen kannst.
  - Wenn du es so machst, trainierst du ganz nebenbei auch gleich noch deine anderen Hellsinne.

- Teile deine Wahrnehmung mit deinem Übungspartner und vergleiche, was du bekommen hast, mit dem, was er in der Hand halt.

ZWEITER TEIL DER ÜBUNG

Wenn diese Übung gut geklappt hat, gehen wir in den nächsten Teil.

- Nun denkt dein Übungspartner an ein Gericht, das du nicht kennst. Vielleicht kann er dir den Namen dieses Gerichts verraten, aber das ist gar nicht wichtig.

- Komme nun wieder zu der Wahrnehmung in deinem Mund. Nimm wahr, ob das Gericht süß oder herzhaft ist.

- Nimm nun die Konsistenz wahr und beschreibe sie.

- Nimm jetzt wahr, welche Nahrungsmittel verwendet wurden. Vielleicht kannst du nicht ein einzelnes Gemüse sagen, aber du merkst, ob es zum Beispiel scharf und würzig ist. Sei offen für alles, was sich dir zeigt.

- Tauche nun wieder aus der Übung auf und komme zurück in den Alltag.

Tipp

Wenn du deine Wahrnehmungen teilst und dein Gegenüber damit nichts anfangen kann, dann ist das nicht weiter schlimm. Gehe nicht in die Wut oder rede dir ein, dass du es nicht kannst, sondern reflektiere, was nicht geklappt hat. Hast du ein anderes Gericht wahrgenommen? Kennt dein Übungspartner vielleicht auch das Gericht, das du beschrieben hast? Oder hast du vielleicht deine Wahrnehmung nicht präzise genug geteilt, so dass er nicht wirklich verstanden hat, was deine Erkenntnisse sind? Denke daran, dass du nichts falsch machst, sondern dass du dich auf ein Experiment eingelassen hast, und dieses Experiment ist eine Reise.

REFLEXIONSFRAGEN FÜR DEIN HELLSCHMECKEN

Ich bin neugierig: Wie waren die Erkenntnisse zum Thema Hellschmecken für dich?

- Hast du vielleicht erkannt, dass du in der Küche sowieso schon hellschmeckend bist?
- Überlege dir, welche Form des Hellschmeckens für dich natürlicher ist: Geht es dir eher um die objektive Wahrnehmung oder um die emotionale?
- Gibt es Erinnerungen in deinem Leben, die du mit dem Thema Hellschmecken verbindest?
- Reflektiere gerne auch für dich: Ist Hellschmecken für dich ein Hellsinn, den du gerne vertiefen würdest? Warum? Oder warum vielleicht auch nicht?

Der Selbstliebe-Tipp deiner Seele

LASS DEIN LICHT HELL LEUCHTEN

„Lass dein Licht hell leuchten", das ist einer der Sätze, den ich besonders zu Menschen, die sich mit ihrem Seelenweg und ihrer eigenen spirituellen Entwicklung befassen, sehr, sehr oft sage. Deshalb möchte ich ihn auch dir als Selbstliebe-Tipp deiner Seele mit auf den Weg geben.

Du bist ein Licht auf dieser Welt. Dieses Licht ist das Licht deiner Seele, das sich entschieden hat, auf dieser Welt zu inkarnieren und zu wirken. **Dein Wirken auf dieser Welt ist wichtig.** Du bist wichtig. Wenn du nicht wärst, würdest du unendlich vermisst werden. Denn alles, was auf dieser Welt passiert, passiert aus einem Zusammenspiel aus unzähligen Seelen, die sich entschieden haben, jetzt – in diesem Augenblick – zu inkarnieren und ihr Wissen und ihre Liebe auf die Erde zu tragen.

Wir sind aufgefordert, wirklich hinzuschauen und uns zu entwickeln. Jede dieser Arbeiten, jede Therapiesitzung, jedes Reflektieren mit einer guten Freundin, jedes Hinschauen führt dazu, dass du dein Licht heller und heller leuchten lässt. Es führt dazu, dass du deine Seelenaufgabe wirklich und wahrhaftig annimmst und Schritt für Schritt den Weg gehst, den deine Seele sich für dich gedacht hat. Egal, wie bewusst oder unbewusst du diesen Weg in den letzten Jahren gegangen bist, du hast dafür viel Mut, Disziplin und Durchhaltevermögen bewiesen. Du hast dich nicht unterkriegen lassen, egal wie heftig der Sturm deines Lebens geweht hat. **Du hast wirklich Grund, stolz auf dich und deine Entwicklung zu sein.** Denn mit jedem Aufstehen, mit jedem Schritt, mit jedem Quäntchen Mut hast du dein inneres Leuchten stärker werden lassen. Du bist mehr und mehr zu diesem wunderbaren Leuchtturm geworden, der so wertvoll ist für die Erde und ihre Bewohner.

Erkenne also, dass dein Licht wichtig ist. Es ist notwendig und es ist elementar für diese Erde. Und wann immer du an deinem Lebensweg zweifelst, denke daran, dich mit deinem Seelenlicht zu verbinden und dieses Licht ganz bewusst hell leuchten zu lassen. Denn dieses helle Licht ist wechselseitig. Je mehr du an dir und deinen Themen arbeitest, umso heller leuchtet dein Licht. Und je heller du dein Licht leuchten lässt, um so einfacher wird die Arbeit an dir. Und darum denke immer daran, dein Licht hell zu machen, wann immer du das Gefühl hast, dass du oder dein Umfeld davon profitieren könnten.

Sensitivität und Medialität

Nachdem wir nun Kapitel für Kapitel in die einzelnen Hellsinne eingetaucht sind, fragst du dich vielleicht, was du eigentlich mit deinen Hellsinnen machst, wenn sie dann erst mal aktiv sind und du dich damit verbunden hast.

Die Antwortet darauf lautet: Du arbeitest sensitiv und medial damit. In der Sensitivität verbinden wir uns, wie du bereits weißt, mit anderen Menschen und nutzen dafür die Herz-zu-Herz-Verbindung. In der Medialität verbinden wir uns mit der geistigen Welt. Das können Geistführer, Engel, Sternenwesen oder natürlich auch Verstorbene sein, die ihre Weisheit und ihre Botschaften mit uns teilen. Diese beiden Bereiche der intuitiven Arbeit unterstützen dich dabei, deine Wahrnehmung auf ein bestimmtes Ziel zu richten und dadurch einfacher deine feinstofflichen Impulse zu empfangen. Lass uns in beide Bereiche noch etwas tiefer einsteigen.

Sensitivität

Stell dir vor, du hast ein Kind, sagen wir einen Sohn, der ungefähr acht Jahre alt ist. Zum Glück geht dein Sohn gerne zur Schule und auch heute Morgen ist er fröhlich aus dem Haus gestapft. Du gehst ganz entspannt deinem Tagewerk nach und bist gerade vom Wocheneinkauf zurück. Plötzlich fühlst du dich komisch und musst dich kurz hinsetzen. Und in dem Augenblick weißt du ganz genau, dass es deinem Sohn nicht gut geht. Du wirst unruhig und überlegst dir, ob du in der Schule anrufen sollst. Aber dein Kopf erklärt dir, dass nichts sein kann und du dir umsonst Gedanken machst. Trotzdem kannst du es nicht lassen, den Stundenplan deines Sohnes anzuschauen, und du siehst, dass er gerade Turnunterricht hat. Obwohl du dich zwingen willst, dich wieder auf deine Einkäufe zu konzentrieren, kannst du nicht verhindern, dass du dir die Schuhe anziehst und deine Handtasche in die Nähe legst. Dein Telefon lässt du neben dir liegen, während du die letzten Dinge in den Kühlschrank packst. In dem Moment, in dem es klingelt, bist du schon auf dem Weg zum Auto und erst, als du schon losgefahren bist, hörst du, dass die Lehrerin dir sagt, dass sich dein Sohn beim Turnen vermutlich das Handgelenk gebrochen hat und ins Krankenhaus gebracht wird. Jetzt, wo du weißt, was passiert ist, fühlst du dich ruhiger und kannst dich auf die Fahrt konzentrieren.

Was ist Sensitivität nun ganz genau?

Grundsätzlich könnte man das Wort Sensitivität mit **Empfindlichkeit** erklären. Wenn wir diesen Begriff in einen medizinischen Kontext bringen, zeigt die Sensitivität an, wie empfindlich zum Beispiel ein Schwangerschaftstest ist und wie schnell er in der Lage ist, dir ein Resultat zu zeigen. Ein Test mit einer höheren Sensitivität kann dabei eine Schwangerschaft schon viel früher anzeigen als ein Test mit einer niedrigeren Sensitivität. Der eine Test ist also empfindlicher als der andere. Wenn wir dies auf uns Menschen übertragen, dann könnte man einen Menschen, der **empfindlich auf Impulse aus seiner Umgebung reagiert,** als sensitiv bezeichnen.

Jeder Gedanke von uns ist als Impuls in unserer Aura vorhanden. Diese Impulse sind ständig um uns im Raum, denn sie befinden sich nicht nur in unserem physischen Kopf, sondern auch in unserer Aura. Da die Aura sehr groß ist, ist es ganz normal, dass sich die Auren von verschiedenen Menschen überschneiden, wenn sie gemeinsam in einem Raum sind. Denn die meisten Räume sind nicht groß genug, als dass man sich jederzeit aus dem Weg gehen könnte. Wenn also ein Impuls in deiner Aura ankommt und du sensitiv bist, kannst du diesen Impuls auffangen und ihn für dich formulieren. Die Impulse, die du in dem Fall sensitiv empfängst, können bei dir durch sämtliche Hellsinne ankommen, die du aktiviert hast. Es ist also möglich, dass du einen Impuls hellsehend, hellhörend, hellfühlend, hellwissend, hellriechend oder hellschmeckend wahrnimmst. Viel wahrscheinlicher ist es allerdings, dass es eine bunte Kombination von allem sein wird.

In meinem Beispiel mit dem Jungen beim Turnen habe ich dir beschrieben, was passiert, wenn du als Mutter mit deinem Kind sensitiv verbunden bist. Diese sensitive Verbindung zu deinen Liebsten ist eine Verbindung, die du vermutlich schon jetzt hast und auch wiedererkennst. In vielen Fällen ist diese Verbindung sehr unbewusst und sie „passiert ganz automatisch". **Eine sensitive Verbindung kommt ganz natürlich mit Menschen zustande, die du in dein Herz lässt.** Je näher dir ein Mensch steht, umso wahrscheinlicher ist es, dass du sensitiv mit diesem Menschen verbunden bist. Wenn du dir nun überlegst, dass du die Menschen, die du liebst, in dein Herz lässt, dann ist es vielleicht nachvollziehbar, warum du mit diesen Menschen ganz natürlich eine sensitive Verbindung hast. Diese Verbindung ist stärker, wenn du dich im gleichen Raum wie deine Liebsten befindest. Denn dann verbinden sich eure Auren und du nimmst noch viel mehr wahr. Das heißt, du kannst sensitiv wahrnehmen, wie es den Menschen in deinem Umfeld gerade geht und was sie gerade beschäftigt. Vielleicht kannst du wahrnehmen, wie dein Lebenspartner gelaunt ist, obwohl er keinen Ton darüber verloren hat. Oder du fühlst, dass dein Kind ein Problem in der Schule hatte, obwohl es dir nichts erzählt hat. Dies alles sind Beispiele von sensitiver Wahrnehmung, die unbewusst passiert. Es ist allerdings dabei ganz wichtig zu verstehen, dass die Verbindung auch da ist, wenn du nicht im gleichen Raum bist. Denn eine Verbindung ist eine Energie und geistige Energie ist unabhängig von Zeit und Raum. Darum kann eine Mutter ihr Kind fühlen, auch wenn beide an unterschiedlichen Orten sind.

MIT WEITEREN MENSCHEN SENSITIV VERBINDEN

Nun hast du aber auch die Möglichkeit, deine sensitive Wahrnehmung zu schulen, so dass du zum Beispiel auch Impulse von Menschen wahrnehmen kannst, die nicht deine Lieblingsmenschen sind, aber denen du trotzdem hilfreich zur Seite stehen möchtest. Dafür darfst du in einem ersten Schritt lernen, dein Herz zu öffnen und **die Menschen wirklich angstfrei in dein Herz zu lassen.** Das braucht ein bisschen Mut, denn es ist ja so: Du hast unter Umständen deswegen nicht den Mut, die Menschen nah an dich heranzulassen, weil du befürchtest, dass sie dich verletzen könnten, wenn du sie ganz in dein Herz lässt. Natürlich stimmt diese Annahme, wenn wir von deinem näheren Umfeld sprechen. Aber wenn wir von Menschen sprechen, die dir nicht sehr nahestehen, stimmt das nicht. Diese Menschen können dich auch dann nicht verletzen, wenn du sie in dein Herz lässt, denn sie stehen dir nicht nahe genug. Sie kennen dich nicht gut genug dafür. Sie können zwar deine Triggerpunkte drücken, aber wirklich verletzen kannst nur du dich. Die meisten Menschen, die uns nicht nahe genug stehen, können zwar unser Verhalten kritisieren, aber nicht unsere Persönlichkeit. Und du bist nicht dein Verhalten. Du bist deine Essenz und ganz egal, was im Außen passiert: Du hast die Möglichkeit, dich zu entscheiden, dass deine Essenz nicht verletzt wird. Dabei geht es um deine bewusste Entscheidung. Außerdem ist es wichtig, dass du mit dem, was du erfährst, mitfühlend (und nicht mitleidend) umgehst. Darum wollen wir in dem Zusammenhang eine weitere Übung zum Thema Abgrenzung miteinander anschauen.

Übung

Abgrenzungstechniken

ÜBUNG 1: KUGEL AUS LICHT

Eine der wichtigsten Techniken, die ich zur Abgrenzung nutze, ist die Vorstellung, dass ich mich in einer wunderbaren Kugel aus Licht befinde. Diese Kugel unterstützt dich dabei, die Welt um dich herum neutral zu betrachten, ohne in die Dramen verstrickt zu werden, die im Alltag immer mal wieder geschehen. Du bleibst mit dieser Übung im Mitgefühl und lässt dich nicht ins Mitleid ziehen, darum ist sie so wertvoll. Wann immer du das Gefühl hast, dass dir etwas zu nahe kommt, kannst du diese Übung machen. Vor allem, wenn du gerade erst damit anfängst, dich für deine intuitiven Gaben zu öffnen, kann es hilfreich sein, sie jeden Tag zu machen. Du lernst dabei nämlich auch, deine eigene Aura sehr bewusst wahrzunehmen.

- Stelle dich als Erstes aufrecht hin und breite deine Arme aus.

- Nun rechnest du von deinen Fingerspitzen aus ungefähr einen Meter dazu.

- Stelle dir jetzt vor, dass in diesem Abstand rund um dich herum eine Kugel ist. Du bist selbst das Zentrum dieser Kugel und stehst ganz bequem mittendrin.

- Die Hülle deiner Kugel kann aus verschiedenem Material sein. Du kannst sie dir zum Beispiel als Kristallkugel vorstellen oder auch als feste, starke Seifenblase, die niemals zerplatzen kann.

- Schaue dir nun die Farbe deiner Hülle genau an. Welche Farbe hat sie? (Es geht dabei nicht wirklich um die Farbe an sich, sondern um die Energie, die du mit dieser Farbe verbindest. Wenn du gerade besonders viel Schutz und Abgrenzung brauchst, kannst du dir zum Beispiel deine Kugel in dunkelblau vorstellen, denn das ist im Allgemeinen eine wunderbare Schutzfarbe. Aber auch Gold kann dir helfen, denn es ist eine sehr neutrale Farbe. Natürlich bist du da ganz offen und nimmst einfach die Farbe, die dich heute anspricht. Verlasse dich dabei voll und ganz auf deine persönliche Wahrnehmung. Vertraue darauf.)

- Nun geht es darum, die Farbe im Inneren deiner Kugel zu manifestieren. (Dafür eignet sich zum Beispiel sehr gut die Farbe von Kerzenlicht. Diese Farbe, die nicht ganz weiß und auch nicht gelb und schon gar nicht rot oder blau ist, aber ein bisschen von allem. Diese Farbe ist ebenfalls eine sehr neutrale Energie aus der universellen Quelle.)

- Du hast dich jetzt also für deine Farben entschieden, die du heute brauchst. Diese Farben lässt du nun in und um deine Kugel herumfließen.

- Du kannst fühlen, wie sich deine Kugel mehr und mehr mit der Farbe füllt, die du als Inhalt manifestiert hast.

- Du stehst nun mitten in dieser Kugel und fühlst, dass alles, was nicht im höchsten Lichte für dich ist, außerhalb dieser Kugel bleibt und nicht in deine Aura eindringen kann. Egal, was dir nun im Außen begegnet, es hat keine Macht, wirklich bis zu dir vorzudringen.

Tipp

Mit dieser Übung bekommst du ein **Gefühl für deine Grenzen.** Wann immer du merkst, dass du deine Grenzen erweitern möchtest, lass deine Kugel größer werden. Wenn du das Gefühl hast, dass du hingegen mehr aus deinem Umfeld wahrnehmen möchtest, ziehe deine Kugel näher heran und mache sie durchlässiger. **Die Kugel wird sich von dir formen lassen, denn sie ist ein Gebilde aus Energie, das du mit deinen mentalen Kräften erschaffst.** Diese Energie lässt sich ganz nach deinem Willen und deinen Bedürfnissen formen. Wenn du eine größere Kugel brauchst, dann formst du sie größer. Wenn sie kleiner sein sollte, machst du sie kleiner. So kannst du deiner Kugel zum Beispiel auch eine Öffnung zur Erde hinzufügen, wenn du merkst, dass du dich stärker erden möchtest. Dabei ist die Kugel dann nicht mehr ganz rund, aber du kannst damit zusätzlich für Erdung in deinem Alltag sorgen. Schränke dich mit deiner Wahrnehmung nicht ein. Bilde die Kugel genau so, wie sie für deine Zwecke hilfreich und sinnvoll ist.

Übung

ÜBUNG 2: VERBINDUNG MIT EINER KERZENFLAMME

Für den Fall, dass du erst im Nachhinein bemerkst, dass du nicht genug abgegrenzt warst – was du aber jetzt nicht mehr verhindern kannst, weil die Situation bereits stattfindet oder vielleicht sogar bereits stattgefunden hat– möchte ich dir noch eine Übung mit auf den Weg geben. So könnte es beispielsweise sein, dass du bei einem Familientreffen warst und am Morgen vorher vergessen hast, die Übung mit der Kugel zu machen. Schon während des Familienfestes fandest du die Energie anstrengend und jetzt, wieder zuhause, merkst du, dass du dich ausgelaugt fühlst wie eine ausgepresste Zitrone. Dann würde ich dir die Übung mit der Kerze empfehlen.

- Stelle eine Kerze so vor dich hin, dass du sie gut sehen kannst, wenn du vor ihr sitzt, ohne deinen Kopf in eine bestimmte Richtung drehen oder senken zu müssen. Es soll einfach bequem sein.

- Verbinde dich nun mit dieser Kerzenflamme. Du kannst dir vorstellen, dass du quasi auf diese Flamme meditierst und dich auf energetischer Ebene mit dieser Flamme verbindest.

- Nach ein paar Minuten wirst du fühlen, dass du voll mit der Flamme verbunden bist. Das ist der Moment in dem du dich ganz bewusst entscheidest, dass alle Verbindungen, die du in deinem Leben hast – und die nicht mehr gut für dich sind – jetzt in dieser Flamme aufgelöst und ins Universum abgegeben werden.

- Fühle, wie sich alles von dir löst. Wenn du diese Übung das erste Mal machst, kann es sein, dass es sich für dich anfühlt, wie wenn ein Staubsauger alles aus deiner Aura saugt, was nicht mehr gut und hilfreich für dich ist. Alle Verbindungen werden vom Licht aufgelöst, die für dich nicht mehr hilfreich sind.

- Natürlich bleiben dabei alle Verbindungen bestehen, die weiterhin gut und hilfreich für dich sind. Es geht nur um das, was du in deinem Leben jetzt nicht mehr brauchst, das sich auflösen und ins Licht gehen darf.

- Nach einigen weiteren Minuten wirst du merken, dass es jetzt gut ist. Vielleicht nimmt der Druck ab, oder die Kerzenflamme beginnt zu flackern, oder du weißt einfach, dass jetzt alles weg ist, was nicht mehr gut für dich war. Dann kannst du ganz langsam wieder in den Alltag zurückkommen. Vielleicht denkst du daran, deinen Raum auch noch zu räuchern oder zumindest gut zu lüften, bevor du mit deinem Tag weitermachst.

Zwei Fallbeispiele zur Sensitivität

Um die Sensitivität wirklich zu verstehen, hilft es, sie dir in einem Fallbeispiel zu erklären. Wobei ich mich in diesem speziellen Fall gleich für zwei Beispiele entschieden habe. Denn mir ist es ein Anliegen, dir die Sensitivität sowohl an einem Einblick in meine Beratungspraxis als auch an einem Fallbeispiel im normalen Alltag näherzubringen.

Eine sensitive Beratung in meiner Praxis

Wenn ich in der Praxis mit Klienten arbeite, dann beginne ich sehr oft – gerade wenn ich den Klienten noch nicht kenne – mit einem Aura-Reading. Dafür verbinde ich mich über die sensitive Herz-zu-Herz-Verbindung mit meinem Klienten und schaue mir an, was ich in der Aura meines Gegenübers sehen kann. Denn die Aura jedes Menschen ist sehr aussagekräftig, wenn du lernst, was du daraus alles lesen kannst.

Als Erstes interessiert mich bei einer Sitzung die aktuelle Situation des Klienten. Meistens zeigen sich in diesem Moment die Themen, die mein Klient in die Praxis mitgebracht hat. Die Informationen, die ich dabei bekomme, erhalte ich über meine Hellsinne. Ich sehe Bilder, höre Informationen und fühle, wie sich mein Klient fühlt. Die Hellsinne sind meine Instrumente, um meinen Klienten sensitiv wahrzunehmen. Mit der Verbindung von Herz zu Herz schließe ich den Klienten liebevoll in mein Herz, damit ich ihm möglichst viel Hilfe für seinen Alltag vermitteln kann. Durch diese sensitive Verbindung habe ich die Möglichkeit, sehr viele Dinge zu erkennen. Ich sehe beispielsweise Herausforderungen und Talente in einer Aura. Ich kann Verbindungen zu Menschen im Leben meiner Klienten sehen und erkenne, ob diese Verbindungen hilfreich oder problematisch sind und wie man diese Verbindungen verbessern oder vertiefen könnte. Ich kann auch sehen, wenn eine Verbindung aufgelöst werden sollte, und unterstütze bei schwierigen Lebensentscheidungen. Oft haben die Herausforderungen ihre Wurzeln in der Kindheit. Ich schaue mir die Situation in der Kindheit eines Klienten genau an, die zu der Herausforderung geführt hat. Denn wenn jemand weiß, was die Ursache eines Problems ist, dann kann er dieses Problem viel einfacher angehen und lösen, denn er weiß dann ganz genau, wo er ansetzen darf, und hat nicht mehr das Gefühl, blind im Trüben zu fischen.

Nun könnte ich ganz neutral Informationen übermitteln. Aber das ist nicht das, was ich unter einer sensitiven Beratung verstehe. Wenn jemand zu mir in die Praxis kommt, dann möchte ich diesen Menschen wirklich begleiten. Ich hole ihn genau an dem Punkt ab, an dem er steht, und gebe mein Bestes, damit er eine wahrhaftige Entwicklung und einen Erkenntnisprozess durchlaufen hat, wenn er wieder geht. Durch die Herz-zu-Herz-Verbindung nehme ich daher wahr, wo mein Klient gerade steht und was er in diesem Moment der Beratung gerade braucht. Manchmal kann das auch einfach ein offenes Ohr oder gemeinsames Schweigen bedeuten. Es gibt einen Unterschied zwischen einem guten Medium und einer guten medial-sensitiven Beraterin. Das Medium kann Botschaften aus der geistigen Welt empfangen und weitergeben. Die medial-sensitive Beraterin ist nicht nur in der Lage, die Botschaften zu empfangen und weiterzugeben, sondern kann diese Botschaften auch so vermitteln, dass der Klient damit etwas anfangen kann. Dass er mit einem Lächeln und mit konkreten nächsten Schritten aus der Praxis geht und wirklich weiß, wie er mit seinen Talenten und Herausforderungen umgehen kann. Genau aus diesem Grund lege ich so viel Wert darauf, die sensitiven Fähigkeiten zu entwickeln und zu fördern.

Die Hochzeit

Das zweite Beispiel zum Thema Sensitivität soll ein fiktives Beispiel sein, das in dieser oder einer ähnlichen Form schon unzählige Male passiert ist. Einige Menschen wissen dabei bewusst, dass sie eine sensitive Wahrnehmung haben, für andere ist es eine unbewusste Wahrnehmung. Trotzdem handeln viele Menschen, weil sie etwas wahrnehmen, und reagieren auf ganz feine Schwingungen im Raum. Für dieses Beispiel soll unsere Hauptperson Alina heißen.

Alina ist etwas über dreißig und in einer glücklichen Beziehung. An diesem Samstag waren sie und ihr Partner zu der Hochzeit von sehr guten Freunden eingeladen. Schon seit vielen Jahren sind sie Teil einer Gruppe von Freunden, die viel Zeit miteinander verbringen, gemeinsam Urlaub machen und innig miteinander verbunden sind. Diese Hochzeit war einer der Höhepunkte des Jahres für die ganze Freundesgruppe. Alle hatten sich riesig darauf gefreut und die Frauen hatten sich am Vormittag gemeinsam mit der Braut beim Friseur getroffen, der ihnen allen wunderschöne Festtagsfrisuren gemacht hatte. Die Trauung war wunderschön gewesen und Alina hatte einige Tränchen der Rührung verdrückt. Das Anstoßen war sehr sehr lustig gewesen und nun saßen Alina und ihr Partner Ralf im wunderschönen Restaurant in einem zauberhaft dekorierten Saal und ließen sich das Essen schmecken. Alina fühlte sich vollkommen wohl und in ihrer Mitte. Sie beobachtete das verliebte Brautpaar und nahm die Romantik des Tages mit jeder Zelle ihres Körpers auf.

Sie hatte sich gerade in ihrem Stuhl zurückgelehnt und plauderte gemütlich mit einer Freundin, die neben ihr saß, und einer weiteren, die ihnen gegenübersaß. Sie fühlte sich verbunden mit der Welt, der Erde, den Menschen um sich herum und der wunderbaren Energie dieses magischen Tages. Doch während sie den anderen beiden Frauen zuhörte, hatte sie plötzlich das Gefühl, als würde sich eine schwere, dunkle Wolke über den Saal legen. Ein Schauer zog über ihre Arme und sie griff verwirrt nach der Hand ihres Partners. Dieser schaute sie fragend an, aber sie konnte nur mit den Schultern zucken. Sie hatte keine Ahnung, was gerade passiert war. Doch sie griff nach ihrem Schal und legte ihn sich über die Schultern.

Unauffällig spähte sie durch den Saal, denn irgendetwas war passiert, auch wenn sie nicht wusste, was es genau war. Ihre Freundinnen hatten nichts davon bemerkt und erzählten weiter. Alina versuchte, sich wieder auf sie zu konzentrieren und der Unterhaltung zu folgen, aber sie war abgelenkt. Immer wieder suchte sie den Blick der Braut und des Bräutigams, die an einem anderen Tisch saßen, umgeben von ihrer Familie. Alina konnte aus der Entfernung sehen, dass die Braut etwas blass geworden war, aber sie war nicht sicher, ob das nicht einfach an der Aufregung des Tages lag. Trotzdem fühlte sich Alina plötzlich traurig und wütend.

Sie schaute sich weiterhin um. Den Bräutigam konnte sie von ihrem Platz aus nur schlecht sehen, darum lehnte sie sich vor, um einen Blick auf ihn zu erhaschen. Er kniff die Lippen zusammen und blickte wütend auf seinen Bruder, der ein paar Plätze weiter rechts von ihm saß. Verwundert folgte Alina seinem Blick und sah nun den Bruder des Bräutigams. Dieser trank gerade ein Glas Wein aus und füllte sich sofort wieder nach. Sein Kopf war gerötet und seine Bewegungen waren fahrig und unsicher. Er hatte die Krawatte ausgezogen und die obersten Knöpfe seines Hemdes geöffnet. Es war offensichtlich, dass er bereits mehr als genug getrunken hatte und sein Bruder ihn zum Aufhören bewegen wollte.

Alina konnte fühlen, dass der Bräutigam Mitleid mit seinem Bruder hatte. Gleichzeitig konnte sie viel Trauer und Verzweiflung fühlen, die vom Bruder ausging. Sie konnte wahrnehmen, dass die Stimmung jeden Moment kippen konnte, denn die Energien, die sie jetzt fühlen konnte, waren Unsicherheit und Verwirrung und sie wusste, dass so rasch wie möglich etwas getan werden musste. Doch sie selbst wäre niemals stark genug, diesen Bruder zur Vernunft zu bringen.

Alina stieß ihren Partner Ralf an: *„Da ist etwas nicht in Ordnung“*, murmelte sie leise. *„Geh und schau, ob du dem Bräutigam helfen kannst.“* Ihr Partner drehte sich zum Tisch des Brautpaares und fing den Blick des Bräutigams auf. Er wechselte einen raschen Blick mit den Freunden, die an seinem Tisch saßen. Gemeinsam standen sie auf und gingen ganz entspannt auf den Bruder des Bräutigams zu.

Die Gäste, die an diesem Tisch saßen, wirkten verunsichert und die Blicke glitten immer wieder zu dem Betrunkenen, der angefangen hatte, halblaut vor sich hinzureden. Ralf kniete sich vor ihn und redete leise auf ihn ein. Als er nicht auf ihn hören wollte und sich wegdrehte, waren seine beiden Freunde bereits hinter dem betrunkenen Bruder und packten ihn unter den Achseln, um ihm beim Aufstehen zu helfen. Einer so geballten Kraft war der Bruder nicht gewachsen. Hilflos ließ er sich hochziehen und von den drei Freunden aus dem Saal begleiten. Sie stellten sich dabei so geschickt an, dass niemand bemerkte, dass sie den Bruder quasi abführten. Es sah einfach so aus, als ob ein paar Freunde sich gemeinsam vor dem nächsten Gang die Füße vertreten wollten.

Nur fünf Minuten später kamen sie zu dritt wieder hinein. Unauffällig ging Ralf zum Brautpaar und beugte sich zu ihnen. Alina konnte beobachten, wie sich Erleichterung auf ihren Gesichtern bemerkbar machte und sie sich sichtlich entspannten. Auch die anderen Gäste am Brauttisch schienen erleichtert aufzuatmen. Dann setzte sich ihr Liebster wieder zu Alina, nahm ihre Hand und drückte ihr einen Kuss darauf. „*Wir haben ihn in ein Taxi gesetzt und nach Hause geschickt*“, erzählte er leise. „*Er steckt gerade mitten in einer Trennung und konnte die gute Stimmung hier nicht aushalten.*“

Er schaute Alina fragend an. „*Wie hast du bemerkt, dass etwas los ist? Deine Blickrichtung geht ja nicht einmal zum Brauttisch?*“ „*Ich konnte sensitiv wahrnehmen, dass die Stimmung zu kippen drohte. Darum habe ich angefangen, mich umzuschauen und nach der Quelle des Ärgers zu suchen. Dabei bin ich sehr schnell fündig geworden.*“ „*Aber wie hast du denn das überhaupt bemerkt? Du kannst doch nicht die Energien von so vielen Menschen wahrnehmen?*“ „*Doch. Ich war so glücklich und verbunden und alle Menschen in diesem Raum haben zu diesem Glück beigetragen. Ich habe sie quasi in mein Herz gelassen und darum sehr früh bemerkt, dass etwas schiefläuft.*“ „*Hm*“, sagte Ralf. „*Und was wäre passiert, wenn du dich nicht so geöffnet hättest?*“ „*Nun*“, Alina überlegte. „*Vielleicht wäre dann die Situation eskaliert und wir hätten keine so schöne Stimmung mehr, wie wir sie jetzt haben.*“ „*Was wirklich schade wäre*“, bestätigte Ralf, denn in diesem Augenblick hatte der Bräutigam die Braut hochgezogen und führte sie für den Brautwalzer auf das Parkett.

Der Rest des Abends wurde genauso glücklich und schön, wie es sich Alina für das Brautpaar gewünscht hatte. Der schönste Moment war für Alina, als die Braut zu ihr kam und sie in die Arme schloss, um sich bei ihr für ihre rasche und zielsichere Intervention zu bedanken. Ralf hatte den beiden gesagt, dass er nur aufgrund von Alinas Wahrnehmung früh genug gewarnt gewesen war.

In dem Fallbeispiel auf der vorigen Seite nutzte Alina ihre Fähigkeiten ganz bewusst. Sie bemerkte ihre Wahrnehmungen, suchte nach der Ursache und fand schnell eine gute Lösung. Vielleicht kennst du eine ähnliche Situation, die weniger harmonisch ausgegangen ist und in der ein Streit eskaliert ist. Dann ist es oft so, dass der sensitive Mensch die ganzen Energien auf sich einprasseln fühlt und nicht wirklich weiß, wie er damit umgehen soll. Dafür helfen die Abgrenzungsübungen, die ich weiter vorne in diesem Kapitel beschrieben habe. Wenn du allerdings mitten in der Situation steckst, erinnere dich an mein Erlebnis auf der Beerdigung meiner Tante von Seite 52: Versuche niemals, die Energien festzuhalten. Lasse sie durch dich hindurchfließen und übergib sie der Erde. Es ist nicht deine Aufgabe, die Verantwortung für alle Menschen in deinem Umfeld zu übernehmen.

Warum Sensitivität im Alltag und im Leben so wichtig ist

In meinen Ausbildungen lege ich sehr großen Wert auf die Sensitivität und das hat zwei Gründe: Auf der einen Seite kann dir die Sensitivität, wie schon erwähnt, wirklich sehr gut dabei helfen, **deine Hellsinne auszubilden.**

Aber auch aus einem anderen Grund ist es mir so wichtig, dir die Sensitivität nahezubringen: Wir leben in einer Welt, in der die wenigsten Menschen noch **wirklich achtsam und bewusst zuhören** können. In den meisten Fällen hört ein Mensch genau so lange zu, bis er die Gelegenheit hat, etwas über sich selbst zu erzählen und eine eigene Erfahrung in das Gespräch zu bringen. Dann sind seine Erfahrungen wichtig, er hat das Gespräch innerhalb kürzester Zeit an sich gerissen und muss nicht mehr zuhören, sondern hat sich die Rolle des Erzählers ergattert. Dabei kommen gerade eher schüchterne, zurückhaltende und introvertierte Menschen immer zu kurz und finden niemanden mehr, der ihnen wirklich ernsthaft zuhört. Denn diese Menschen werden in dem Fall eher schweigen und den zuhörenden Part des Gespräches übernehmen.

Das ist meiner Erfahrung nach ein großes Problem unserer Gesellschaft, denn wir brauchen für unsere seelische Gesundheit Menschen in unserem Umfeld, die uns **wirklich sehen** und uns die notwendige Plattform bieten, um einfach sein zu können, wer wir sind. Wir brauchen Menschen, die uns die Gelegenheit bieten, zu erzählen, und die Möglichkeit, um zu reflektieren. Denn jeder Mensch braucht sein individuelles Umfeld, um sein Leben anschauen und überprüfen zu können. Die einen möchten sich dafür mit möglichst vielen Fakten auseinandersetzen. Die anderen brauchen Menschen, mit denen sie ihre Probleme erörtern können. Die dritten müssen allein im Wald spazieren gehen und über ihren Situationen brüten. Aber viele Menschen wünschen sich ein Gegenüber, das ihnen zuhört, ohne sofort mit eigenen Geschichten oder Tipps aufzuwarten, sondern ihnen mit einem zugewandten Herzen und offenen Ohren Zeit zur Verfügung stellt.

Je besser du mit deiner Sensitivität verbunden bist, umso einfacher wird es dir fallen, mehr und mehr auf die Menschen in deinem Umfeld einzugehen und ihnen ein sicheres, achtsames und liebevolles Umfeld für ihre Themen zu bieten. Denn wenn du dich wirklich für sie öffnest, werden sie merken, dass sie dir vertrauen können, und sich entsprechend selbst auch öffnen.

Für dich hingegen ist dieses Angebot eines liebevollen Umfeldes für deine Mitmenschen eine wunderbare Übung, um dich von Herz zu Herz zu verbinden. Du fühlst dann den Menschen wirklich mit all deinen Sinnen und nimmst wahr, ob er dir die Fröhlichkeit gerade nur vorspielt oder ob er wirklich fröhlich ist. Und wenn er dir von einem Problem erzählt, wirst du erkennen, wie du ihm bei diesem Problem helfen kannst, denn mit deiner Sensitivität nimmst du nicht nur das wahr, was der Mensch ausspricht, sondern auch das, was er nicht sagt.

Außerdem hast du dabei die Möglichkeit, aus seiner Aura das aufzunehmen, was als mögliche Lösung für das Problem schon vorhanden ist. Denn das ist etwas, was wirklich wichtig ist zu wissen: Für jedes Problem, das wir in unserem Leben haben, haben wir auch schon die Lösung. Nur ist es oft so, dass sich diese Lösung in unserer Aura befindet und wir keinen Zugriff darauf haben. Mit jemandem in unserem Umfeld, der Zugriff auf die Lösung in der Aura hat und uns diese übermitteln kann, haben wir die Möglichkeit, unsere Persönlichkeitsentwicklung voranzubringen und in unserem Leben große Veränderungen herbeizuführen.

Wenn du also lernst, dich wirklich auf deine sensitiven Gaben zu konzentrieren, dann wirst du **viele Menschen in deinem Leben glücklich machen** und ihnen helfen, ihr eigenes Leben besser zu verstehen und glücklicher zu leben.

Sensitivität professionell nutzen

Wenn es ein tiefer Wunsch von dir ist, aus deinen intuitiven Fähigkeiten eine Karriere zu machen, dann ist die Sensitivität das, worauf du dich **wirklich fokussieren** solltest. Denn auch wenn du ein grandioses Medium werden solltest, das großartige Botschaften aus der geistigen Welt empfängt, bist du in erster Linie Beraterin. Das heißt, du bist mit den Menschen, die zu dir kommen, verbunden. Wenn du zwar zielgerichtet und präzise Botschaften und Wahrnehmungen hast, aber nicht in der Lage bist, dich wirklich empathisch mit deinem Gegenüber zu verbinden, werden die Menschen immer etwas unbefriedigt von dir weggehen und vermutlich auch nicht wiederkommen. Um die Menschen auf ihrem Weg wirklich und wahrhaftig begleiten zu können, musst du dich mit ihnen verbinden können. Du musst mit ihnen die Herz-zu-Herz-Verbindung eingehen und sie wirklich in deinen Herzraum lassen. Menschen sind feinfühlige Wesen und sie fühlen sehr genau, ob du ernsthaft an ihnen interessiert bist oder ob sie für dich einfach ein „Job" sind. Indem du deine Sensitivität schulst und ausbildest, hebst du dich von deinem Umfeld ab. Indem du lernst, jeden Menschen, der in deine Praxis oder dein Zuhause kommt, **wirklich liebevoll anzunehmen,** lernst du, die Menschen auf elementarer Ebene anzunehmen und sie wirklich durch ihre Herausforderungen zu begleiten.

Übung

Eine Übung zur Sensitivität

Wenn ich mir überlege, was für eine Übung zum Thema Sensitivität ich mit dir teilen könnte, muss ich ein bisschen über mich selbst schmunzeln. Ich habe nämlich dafür vermutlich so viele Übungen in meinem Lebensrucksack, dass ich vor lauter Bäumen den Wald nicht mehr sehe.

Eine wunderschöne Übung, die ich sehr gerne mit dir teilen möchte, ist eine, für die du einen Übungspartner brauchst. Nimm dir zwanzig oder dreißig Minuten Zeit, damit du verschiedene Varianten davon durchspielen kannst. Vielleicht hat dein Übungspartner ja auch selbst Lust, es auszuprobieren. Mach es dir erst einmal gemütlich und richte den Raum so ein, dass du dich wohl und entspannt fühlst. Setze dich dann deinem Übungspartner gegenüber und lade ihn ein, Schritt für Schritt gemeinsam mit dir durch die Übung zu gehen.

- Nun kommst du mit deiner Aufmerksamkeit zu deinem Atem. Atme ganz entspannt ein und aus, so wie du es von jeder meiner Übungen inzwischen kennst. Lasse den Atem einfach fließen, ohne ihn kontrollieren zu wollen, und lasse zu, dass der Atem zum wichtigsten Ankerpunkt des jetzigen Momentes wird.

- Schließe nun ganz entspannt deine Augen, damit du dich ganz auf deine Wahrnehmung konzentrieren kannst. Falls du später in der Übung die Augen wieder öffnen möchtest, ist das kein Problem. Es geht nur darum, wirklich in die Empfindung reinzukommen. Mach es ganz so, wie es für dich stimmig ist.

- Nun richtest du deine Aufmerksamkeit auf deinen Herzraum. Fühle dein Herz-Chakra und den Bereich rund um dein Herz. Nimm diesen Bereich wirklich wahr und mache ihn groß und stark.

- Nun stellst du dir vor, dass du deinen Herzbereich groß und größer machst. So groß, dass du vollkommen von deiner Herz-Energie umhüllt wirst. Lasse diese Energie sich einfach immer weiter ausdehnen, bis du fühlen kannst, dass dein ganzes Wesen von annehmender Liebe umhüllt ist.

- Konzentriere dich jetzt auf deinen Übungspartner. Wenn du möchtest, öffne deine Augen und schaue deinen Übungspartner an. Wenn du dich mit geschlossenen Augen wohler fühlst, setzt euch mit geschlossenen Augen gegenüber und konzentriert euch so aufeinander.

- Lade nun deinen Übungspartner still in deinen Herzraum ein. Es ist nicht notwendig, dass du etwas sagst. Ganz im Gegenteil, das könnte sogar verwirrend für ihn sein.

- Stelle dir vor, wie sich von deinem Herzen zum Herzen deines Übungspartners eine starke, kraftvolle Verbindung aufbaut. Du kannst dir diese Verbindung wie ein Band vorstellen, das von deinem Herzen zu seinem Herzen geht und wieder zurück zu dir. Du könntest dir auch vorstellen, dass ihr beide in einer liegenden Acht, dem Zeichen für Unendlichkeit, steht, du in dem einen Blütenblatt und dein Übungspartner in dem anderen Blütenblatt.

- Lasse nun deine Energie zu deinem Übungspartner fließen und fühle, wie seine Energie zu dir zurückfließt. Nimm wahr, wie diese Verbindung zustandekommt und wie du dich immer inniger verbunden fühlst.

- Bitte nun deinen Übungspartner, sein Herz weit für dich aufzumachen – sich wirklich auf die Übung, die Verbindung und auf dich und deine Liebe einzulassen. Gib ihm ein paar Momente Zeit, um sich wirklich zu öffnen, und fühle gleichzeitig, was das mit dir macht. Wie fühlt sich deine Verbindung an? Wird sie enger? Wird sie wärmer? Wird sie bunt? Wie nimmst du die Verbindung wahr?

- Während du so innig mit deinem Übungspartner verbunden bist, nimm gleichzeitig auch wahr, wie es ihm geht. Ist er aufgeregt? Ganz ruhig? In sich gekehrt? Traurig oder glücklich? Was für einen Impuls kannst du bekommen? Achte darauf, dass du den Impuls nicht nur über dein Hellfühlen wahrnimmst, sondern auch über deine anderen Sinne. Wenn er sich traurig anfühlt, was ist es für eine Farbe? Was für ein Musikstück? Wie schmeckt es? Wie riecht es? Verbinde dich bewusst mit allen Hellsinnen und nutze all deine Gaben dafür.

- Wenn du Lust hast, erzähle deinem Gegenüber, was du wahrnimmst und wie sich diese Wahrnehmung anfühlt. Erzähle alles, was du an Impulsen bekommst.

- Nun bittest du deinen Übungspartner, sein Herz ganz bewusst zu verschließen. Du selbst bleibst in deiner offenen Verbindung, aber dein Partner hat die Aufgabe, sein Herz bewusst zu verschließen und sich sozusagen innerlich zurückzuziehen.

- Bleibe dabei ganz aufmerksam: Wie fühlt es sich an, wenn dein Übungspartner sich zurückzieht? Ist er für dich noch erreichbar? Fühlst du dich ausgeschlossen? Vielleicht auch abgelehnt? Versuche, die Gefühle und Wahrnehmungen nicht auf dich persönlich zu beziehen, sondern nimm eine neutrale Position ein und sei neugierig und offen. Es geht nicht um dich, sondern darum, dass du gerade etwas Neues lernst.

- Nimm alle Unterschiede wahr, die sich dir zeigen. Wie fühlt sich der Raum an? Wie fühlt sich die Temperatur an? Lasse dir dafür alle Zeit, die du brauchst.

- Nun bittest du dein Gegenüber, in eine offene, neutrale Verbindung zu kommen. Weder dir sehr zugewandt noch ablehnend. Eher so, wie sich das im Alltag für diese Person gut anfühlen würde.

- Nimm wiederum wahr. Wie fühlt es sich jetzt an? Was für Bilder, Farben, Impulse und Wahrnehmungen hast du, wenn dein Gegenüber einfach „ist"? Wie nimmst du die Herz-zu-Herz-Verbindung jetzt wahr? Wenn du möchtest, notiere alles, was dir dazu auffällt, in deinem Tagebuch.

- Nun tauscht ihr die Rollen. Wenn dein Übungspartner möchte, lasse ihn die gleichen Szenen durchspielen, wie ihr sie gerade geübt habt. Fühle dabei für dich, wie es ist, wenn du in der Rolle des Übungspartners bist. Wie fühlst du dich dabei? Wie fühlt sich der Raum der anderen Person für dich an? Kannst du dich hingeben oder hast du das Gefühl, die Kontrolle halten zu müssen? Wenn das so ist, warum hast du dieses Gefühl?

- Nimm auch jetzt ganz neutral wahr und beobachte einfach. Sei offen für alles, was sich zeigt.

VARIATIONEN DIESER ÜBUNG

Bei einer möglichen Variante dieser Übung befindet sich dein Übungspartner **nicht im gleichen Raum** wie du. Während du den Raum aufbaust, soll er sich überlegen, in welcher Energie er hineinkommen möchte. Ist er gut gelaunt und überglücklich? Ist er niedergeschlagen und traurig? Ist er aggressiv und kocht vor Wut?

- Verbinde dich dieses Mal mit dem Raum, in dem du sitzt, anstatt direkt mit deinem Übungspartner. Du erfüllst den ganzen Raum mit deiner Energie und lässt sie einfach fließen.

- Wenn dein Übungspartner dann hineinkommt, achte darauf, ihn nicht anzuschauen, damit du nicht auf seinem Gesicht seine Gefühle lesen kannst, sondern drehe dich um oder schließe deine Augen. Fühle nun im Raum, in welcher Energie er hineingekommen ist. Sehr spannend wird diese Variante dann, wenn dein Übungspartner in unterschiedlichen Energien in den Raum kommt und du die Unterschiede wahrnehmen lernst. Natürlich kannst du auch unterschiedliche Übungspartner dazugewinnen, so dass du immer vielfältigere Informationen sammeln kannst.

REFLEXIONSFRAGEN ZUR SENSITIVITÄT

In diesem Kapitel habe ich sehr unterschiedliche Beispiele der sensitiven Arbeit mit dir geteilt. Denn mir ist es ein Anliegen, dass du die intuitiven Fähigkeiten in ihrer Ganzheit wahrnehmen kannst. Mit diesem Rückblick kannst du für dich reflektieren, wie es dir ergangen ist:

- Hast du dich in der einen oder anderen Situation wiedererkannt?

- Es geht mir nicht darum, dass du bereits jetzt als professionelles Medium arbeitest, sondern dass du lernst, dich und dein Verhalten zu reflektieren und zu erkennen, wo du sowieso schon sensitiv bist und wo du diese Fähigkeiten noch ausbauen darfst, sofern du denn möchtest: Darum überlege dir einen Moment, wie die Übungen geklappt haben. Liegt dir die sensitive Arbeit oder ist es etwas, das dich noch ein bisschen schüchtern sein lässt?

Der Selbstliebe-Tipp deiner Seele

DU BIST DIE ZENTRALSONNE IN DEINEM UNIVERSUM

Gerade, wenn du sehr feinfühlig und emphatisch bist, kann es sein, dass deine Aufmerksamkeit ständig **nach außen** gerichtet ist. Dass du immer wieder versuchst, es deinem Umfeld recht zu machen, und dich selbst dabei gerne vergisst. Die geistige Welt hat hierzu ein wundervolles Bild, das ich mit dir teilen möchte:

Stell dir das **Bild eines Sonnensystems** vor: Es gibt die Sonne als zentralen Fixstern und um sie herum drehen sich die verschiedenen Planeten. Einige von ihnen sind weiter weg, andere sind näher dran. Wenn du zur Welt kommst, dann bist du die Sonne in deinem ganz persönlichen Sonnensystem. Wenn du nun älter wirst, passiert es leider in sehr vielen Fällen, dass du die Position des Fixsterns verlässt. Du versuchst ständig, es allen recht zu machen, und dabei vergisst du dich selbst und deine Bedürfnisse. Oder vielleicht vergisst du dich gar nicht wirklich, sondern du hast schon so lange nicht mehr stillgestanden, dass du gar nicht mehr weißt, was deine Bedürfnisse eigentlich sind und was dir guttun würde. Wenn du zur Ruhe und in deine innere Mitte finden möchtest, dann ist es für dich eine wunderbare Übung, innezuhalten und die große Stopp-Taste zu drücken. Werde dir bewusst, ob du gerade genug Aufmerksamkeit für dich selbst hast oder ob du ständig im Außen bist:

- **Hast du Zeit für deine Projekte oder werden diese ständig nach hinten verschoben, weil du ein Feuer löschen musst, das aus deinem Umfeld kommt und mit dir eigentlich gar nichts zu tun hat?**
- **Nimmst du Rücksicht auf deine alltäglichen Bedürfnisse?**

Wenn du merkst, dass dein Fixstern hektisch von Planet zu Planet rast, ist es Zeit, dass du dich zurücklehnst und dein Sonnensystem neu ordnest. Dabei geht es nur um das Bild in deinem Kopf. Nimm dir Zeit, dir bewusst zu werden, wie die Planeten heißen, um die du kreist, und überlege dir, wie nah oder weit weg von dir sie sich optimalerweise befinden sollten. Und dann stell dir vor, wie du wieder zu deinem Fixstern wirst und diese Planeten ganz harmonisch um dich herum zu kreisen beginnen. Näher, weiter weg, schneller, langsamer. In runden und elliptischen Umlaufbahnen, so wie es für jeden dieser Planeten passend ist. Es ist nicht deine Aufgabe, jedes Bedürfnis von jedem dieser Planeten zu versorgen. Es ist deine Aufgabe, sie **mit deinem Licht und deiner Liebe zu beleuchten,** so dass sie in ihrem Tempo wachsen und gedeihen können.

Medialität

Während sich bei der Sensitivität alles um dein Gegenüber und die Menschen in deinem Umfeld dreht, so dreht sich bei der Medialität alles um die **geistige, feinstoffliche Welt.** Eine der bekanntesten Formen der Medialität ist der Jenseitskontakt. Wenn du mit einem geliebten Menschen, der bereits verstorben ist, Kontakt aufnehmen möchtest, dann kannst du dafür zu einem Medium gehen, das diesen Kontakt auf mediale Art und Weise herstellt. Oft ist es aber auch so, dass gerade **Menschen, die erst vor Kurzem verstorben sind, sich noch einmal zeigen und sich sozusagen verabschieden.** Vielleicht hast du schon einmal eine solche Geschichte gehört. Mir fällt dazu zum Beispiel etwas ein, was ich schon von vielen Seiten gehört habe. Ein Partner ist gestorben und ein oder zwei Wochen nach seinem Tod brannten mitten in der Nacht plötzlich die Lichter im Schlafzimmer oder der Fernseher lief. Das sind ganz typische Zeichen, dass dieser Mensch noch einmal vorbeikommt und auf sich aufmerksam macht. Für einen Verstorbenen kostet es ziemlich viel Energie, Lichter oder einen Fernseher anzustellen, darum sind diese Geschichten für mich immer so rührend. Sie machen es, um ihren Angehörigen in der Trauer Hoffnung zu geben. Um ihnen zu vermitteln, dass sie nicht weit weg sind.

Ich schreibe diese Zeilen an einem Sonntagabend. Es ist schon dunkel draußen und kaum habe ich angefangen, zu schreiben, wusste ich, dass mich ein lieber, verstorbener Mensch aus meinem Umfeld gerade besuchen kommt. Und während ich den vorherigen Abschnitt tippte, fing dieser Verstorbene an, Lärm in meinem Büro zu machen. Der Boden knackte, die Kabel wackelten und ein Stuhl wurde deutlich sicht- und hörbar verschoben. Ich weiß, das könnte sich auch unheimlich anfühlen, aber die Energie, die ich dazu wahrnehme, ist so liebevoll, fröhlich und humorvoll, dass ich darüber lachen muss. **Ich begrüße „meine“ Verstorbenen und ich rede mit ihnen, wenn sie sich mir zeigen.** Ich erzähle ihnen, was ich gerade mache, was ich vorhabe und heute auch, wann ich Feierabend machen werde. Ich liebe diese Begegnungen. Ich weiß nämlich: Wenn ich in einer halben Stunde aufstehe und Abendessen koche, werde ich nicht allein in der Küche sein, sondern mich ganz wunderbar mit einem Menschen unterhalten, der in meinem Leben für viele Jahre eine große Rolle gespielt hat und der selbst ein sehr spirituelles und ganzheitliches Leben gelebt hat. Medialität ist für mich erfüllend, umhüllend, ergänzend. Medialität ist der Grund, warum ich meine Arbeit so sehr liebe und sie gegen nichts auf der Welt eintauschen würde.

Medial – das, was alle sein wollen

Wenn ich gefragt werde, was ich arbeite, und dann erkläre, dass ich unter anderem mediale Beraterin bin, bekommen viele spirituelle Menschen große Augen. Denn die Verbindung und Kommunikation mit der geistigen Welt ist etwas, das für viele Menschen ein großer Wunsch ist und der Grund, warum sie in vielen Fällen zu mir in die Ausbildungen und Kurse kommen. Sie können sich nichts Schöneres vorstellen, als **direkt mit ihren Geistführern und Schutzengeln kommunizieren** zu können und zu erfahren, wie sie welche Entscheidung in ihrem Leben treffen sollen. Vielleicht ist das einer der Gründe, warum auch du dir dieses Buch gekauft hast und warum du so intensiv an deinen intuitiven Fähigkeiten und an deinen Hellsinnen arbeitest. Und obwohl ich den Austausch mit der geistigen Welt innig liebe und ihn nicht missen möchte, sind in der Vorstellung von vielen Menschen auch ein paar Überlegungsfehler mit dabei. Denn die geistige Welt entscheidet nicht FÜR dich, welchen Weg du gehst oder welche Entscheidung du treffen solltest. Als Menschen haben wir den freien Willen und dieser freie Wille steht universell über allem. Er ist ein absolutes Grundgesetz in unserem Universum und wird nicht nur von den Menschen, sondern auch von der geistigen Welt akzeptiert. Auch wenn die geistige Welt dir viele Hinweise geben kann, um dir eine Entscheidung zu erleichtern, wird sie niemals für dich die Entscheidung treffen. Denn **spirituelle Entwicklung bedeutet auch, dass du in deine Vollverantwortung gehst** und bereit bist, jede deiner Entscheidungen selbst zu treffen, dafür einzustehen und die daraus entstehenden Konsequenzen zu tragen.

Indem du deine intuitiven Fähigkeiten entwickelst und damit auch deine Medialität, kann das Wahrnehmen der Impulse aus der geistigen Welt und von deiner Seele immer einfacher werden. Du wirst damit immer intuitiver und lernst, bedingungslos auf deine Wahrnehmung zu vertrauen. Durch diese Intuition bist du immer besser in der Lage, mediale Impulse deiner Seele oder deines geistigen Teams zu empfangen und diese Impulse dann zielgerichtet in deinem Leben umzusetzen. **Diese Impulse helfen dir, deinen Seelenweg zu gehen** und zu erkennen, wo dich die nächsten Schritte hinführen. Aber nicht nur das. Du hast wunderbare Wesen an deiner Seite, die sehr, sehr hilfsbereit sind und dich wirklich unterstützen möchten. Je besser du lernst, sie wahrzunehmen, um so einfacher ist es, ihre Botschaften zu entschlüsseln, und um so inniger werden die Beziehungen, die du in deinem geistigen Team hast. Für die meisten Menschen ist Medialität verbunden mit Jenseitskontakten, der Verbindung zu Engeln oder Sternenwesen. Was sie dabei oft vergessen, ist die eigene Seele, mit der wir auch medial verbunden sind und die uns wunderbare Botschaften und Weisheiten mit auf den Weg geben kann. Darum möchte ich dich einladen, auch deine Seele wahrzunehmen und dich mit diesem wunderbaren Wesen zu verbinden, das deine Heimat und dein Hafen ist. Denn gerade durch die Medialität kannst du auch deine Seele und ihre Wünsche an dich besser und klarer wahrnehmen.

Doch auch wenn du ein intuitiver, medialer Mensch bist, der eine enge Verbindung zu der eigenen Seele und optimalerweise auch zu der geistigen Welt hat, heißt das noch lange nicht, dass du nie wieder Probleme in deinem Leben haben wirst. Du wirst dadurch kein Leben ohne Herausforderungen leben, sondern genauso sehr mit deinen eigenen Schatten konfrontiert werden. Denn die Herausforderungen gehören zu unserem Leben. Meistens wachsen wir vor allem an schwierigen Situationen und Herausforderungen besonders stark. Wenn wir diese nicht mehr hätten, würden wir auf der Stelle treten. Uns nicht mehr wirklich bewegen, sondern anfangen, uns auf unseren Lorbeeren auszuruhen. Dafür sind wir aber nicht inkarniert. **Wir sind inkarniert, um zu wachsen und zu reifen.** Darum kann die Medialität zwar eine wunderbare Ergänzung in deinem Leben sein und dir helfen, dich selbst und deine Seele besser zu verstehen, aber sie wird nicht automatisch alle Probleme für dich lösen, denn das wäre kontraproduktiv.

Der wichtige Unterschied zwischen Medialität und Sensitivität

Inzwischen hast du mich ein bisschen kennengelernt und weißt, dass es mir ein Anliegen ist, dir klare und nachvollziehbare Informationen und Grundlagen zu liefern. Darum finde ich es auch wichtig, dass du den Unterschied zwischen Sensitivität und Medialität verstehst. Wenn du dich nämlich entscheidest, bei jemandem eine Beratung zu machen, solltest du vorher wissen, worauf du dich einlässt und was du vom einen oder vom anderen zu erwarten hast. Wenn du also gerne eine Botschaft deiner geistigen Führung hättest, bist du bei einer sensitiven Beratung falsch. Ebenso macht es keinen Sinn, in einer medialen Beratung auf Klarheit über die Aura zu hoffen.

Wenn es um die **Sensitivität** geht, dann geht es immer um die **Verbindung von Mensch zu Mensch.** Es geht um die Wahrnehmung des menschlichen Wesens und dessen Aura. Eine sensitive Beratung nutzt in vielen Fällen die Hellsinne, kann aber auch einfach über die Intuition oder über die Empathie geschehen. Deine Beraterin hilft dir dabei, dich selbst besser zu verstehen, deine Lebensgeschichte anzuschauen und zu analysieren und natürlich auch, deine Talente und Gaben zu erkennen, so dass du sie nutzen kannst.

Bei einer **medialen Beratung** hingegen wird sich alles um die **geistige Welt** drehen. Dabei kann es sein, dass deine Beraterin sich mit deinen Geistführern, den Erzengeln oder den Sternensaaten verbindet. Sie kann sich aber auch mit deinem geliebten Großvater verbinden, der gestorben ist, als du zehn warst. In diesem Fall geht es eher um die Weisheit und Unterstützung aus der geistigen Welt. Oder sie ist in der Lage, deine vergangenen Leben anzuschauen und zu betrachten, welchen Einfluss diese Leben auf dein heutiges Dasein haben. Du bekommst die Informationen vollumfänglich überliefert, aber es ist möglich, dass du von einer Person, die ausschließlich medial arbeitet, dabei nicht an die Hand genommen wirst, um die Informationen zu verstehen und zu verarbeiten.

Für mich wäre der Optimalfall, dass du bei jemandem bist – oder dass du zu jemandem wirst – der **sowohl sensitiv als auch medial** verbunden ist und der dir eine wirklich umfassende Beratung bieten kann. Das bedeutet dann nämlich, dass diese Person sich auf der Herz-Ebene mit dir verbindet und dich und deine Aura in deiner Vollständigkeit wahrnimmt. Gleichzeitig ist diese Person medial mit der geistigen Welt verbunden und in der Lage, dir klare Botschaften von deiner geistigen Führung zu übermitteln. Wenn du dann eine Botschaft bekommst, die bei dir vielleicht auslost, dass du mit einer Herausforderung oder mit Ängsten in deinem Leben konfrontiert bist, kann dich diese Person sensitiv an die Hand nehmen und dir zeigen, wie du mit diesen Herausforderungen am besten umgehen kannst. Damit ergibt sich ein Gesamtbild, das stimmig ist und in dem du als Klient gesehen, achtsam angenommen und unterstützt wirst.

Zusammenfassung

Sensitivität	Der Austausch von **Herz zu Herz** zwischen zwei Menschen oder Mensch und Tier, Mensch und Pflanze über die Aura des jeweiligen Wesens.
Medialität	Der Austausch mit der **geistigen Welt** über deine Hellsinne. Das können alle Wesen aus deinem Spirit Team genauso sein wie deine Seele oder Jenseitskontakte.

Fallbeispiel zur Medialität

Ein Fallbeispiel, das ich dir zum Thema Medialität zeigen möchte, ist, dir den Ablauf und das Erleben eines Jenseitskontaktes zu erläutern. Dabei möchte ich dir ein Beispiel aus meiner Praxis erzählen.

Es war ein heißer Sommertag und ich hatte alle Fenster in der Praxis offen, um ein kleines bisschen Bewegung in die stickige Luft zu bringen. Meine letzte Klientin hatte die Praxis gerade verlassen und meine nächste Klientin klingelte. Ich kannte sie nicht und begrüßte eine Frau Mitte fünfzig, mit hellen Haaren und in einem luftigen Sommerkleid. Sie wirkte etwas aufgeregt. Daran bin ich allerdings gewöhnt, die meisten Menschen scheinen ein wenig nervös zu sein, wenn sie das erste Mal zu mir kommen.

Während sie sich die Schuhe auszog und hinsetzte, konnte ich dank meiner medialen Fähigkeiten und meiner Hellsicht einen großen, breiten Mann mit dunklen Haaren und einem auffälligen Bart neben ihr stehen sehen. ‚Oh, sie kommt für einen Jenseitskontakt', dachte ich für mich, sagte aber nichts. Nach der Begrüßung bestätigte sich meine Vermutung. Die Dame hatte die Informationen auf meiner Website allerdings gründlich durchgelesen und sagte mir nur, dass sie gerne einen Jenseitskontakt hätte, aber sie mir keine weiteren Informationen dazu geben wolle, damit ich frei und offen in den Kontakt gehen konnte.

Ich musste mir das Schmunzeln verkneifen, denn sobald sie das Wort „Jenseitskontakt" ausgesprochen hatte, begann der bärtige Herr hinter ihr wild mit den Armen zu fuchteln. Ich nickte also auf ihren Wunsch hin und fragte gleichzeitig den Mann über das Hellhören und die Telepathie, wer er denn sei. „Ihr Mann, ich bin ihr Mann", rief der Verstorbene nachdrücklich. Genau das hatte ich vermutet und so konnte ich anfangen, ihr zu erklären, wen ich vor mit hatte und wie dieser Mann mit ihr verbunden war. Zuerst beschrieb ich ihr sein Aussehen. Sie begann sofort zu weinen, als ihr klar wurde, wen ich beschrieb. Als ich sagte, dass er ein bisschen wie ein Holzfäller aussehe mit seinem großen, breiten Körper, den dunklen Haaren und dem Vollbart, lachte sie unter Tränen. „Genau so hat er ausgesehen", bestätigte sie meine Worte.

Nun fragte ich den Mann, wann und woran er gestorben sei. Er erzählte mir, dass es noch nicht lange her sei, erst ein paar Wochen, und dass sein Herz nicht mehr mitgemacht habe. Dies übermittelte ich so seiner Witwe, denn in einem Jenseitskontakt ist es immer elementar, dass ich auch eine Beweisführung bringe. Ich erzähle, wer da ist und wie diese Person aussieht. Ich beschreibe, woran sie gestorben ist, denn damit kann die zurückgebliebene Person wirklich erfahren, dass der Verstorbene nur auf der anderen Seite des Schleiers ist und nicht weit weg. Die Menschen, die hier auf der Erde zurückgeblieben sind, erkennen dadurch, dass sie weiterhin mit den Verstorbenen verbunden sind. Einfach auf eine etwas andere Art als vorher.

Als ich die Todesumstände meines Jenseitskontaktes beschrieb, flossen noch mehr Tränen. Die Dame wollte wissen, ob sie alles richtig gemacht habe, denn ihr Mann war vollkommen überraschend gestorben. Durch meine medialen Fähigkeiten war ich in der Lage, ihr zu helfen, in die Heilung zu kommen. Ich konnte damit als Vermittlerin zwischen ihr und ihrem Mann fungieren und dafür sorgen, dass sie ihr Leben weiterleben konnte, ohne sich ständig sorgen zu müssen, ob ihr Verhalten korrekt gewesen war oder nicht.

Bei einem Jenseitskontakt fließen immer viele Tränen. Trotzdem ist es eines meiner liebsten Tools, denn damit kann ich den Menschen helfen, wirklich in die Heilung zu kommen, den Tod der geliebten Person zu verstehen und einen Schritt weiter in ihrem Trauerprozess zu gehen. Letzte wichtige Worte können ausgetauscht werden. Es kann zur Versöhnung und zum gegenseitigen Verständnis kommen. Meine medialen Fähigkeiten dafür zu nutzen, ist für mich ein großes Geschenk und ein Antrieb, auch mich selbst immer weiterzubilden.

Ein zweites Fallbeispiel zur Medialität

Ein ganz anderes Beispiel von medialer Arbeit habe ich vor einiger Zeit erlebt, als ich als Sprecherin für einen großen Channeling-Kongress eingeladen war.

Ich durfte für diesen Kongress nicht nur ein Video abliefern, sondern war auch dazu eingeladen, an einem Live-Event teilzunehmen. Wir trafen uns per Video und der erste Teil dieses Events war ein Gespräch, während der zweite Teil als Channeling angesetzt war. Als Medium arbeite ich sehr gerne mit einem Seelenbruder – das ist ein Wesen aus meinem geistigen Team – zusammen. Dieser meldet sich im Alltag selten, aber auf dem Channeling Kongress hat er immer sehr viel zu sagen und mitzuteilen.

An diesem Abend war das auch so. Der Moderator, der diesen Kongress wunderbar leitete, stellte mir Fragen und mein Seelenbruder gab die Antworten darauf. Als Medium war meine Aufgabe in diesem Fall, diese Antworten aus der Kombination aller meiner Hellsinne in verständliche Worte zu packen. Dieser Prozess geht bei mir so schnell, dass ich schon öfter gefragt wurde, ob jetzt eigentlich Marisa oder die geistige Welt antwortet. Die Fragen des Moderators und aus dem Publikum waren wunderbar und die Live-Session machte unbeschreiblich viel Freude.

Nach etwa einer Stunde ging es dann darum, das Channeling zu machen. Doch dabei überraschte uns mein Seelenbruder und erklärte, dass er nicht alleine sei, sondern viele Helfer mitgebracht habe und dass es nicht einfach nur ein Channeling sei, sondern eher ein Healing, das auf einer sehr tiefen Zellebene stattfinden würde. Ein Healing ist ein Ausdruck, den ich nutze, wenn es darum geht, dass universelle Heil-Energie übertragen wird. Dabei darf jeder Mensch, der das gerne möchte, die Energie empfangen und sich davon durchfluten lassen. Heilenergie kann sehr spezifisch verwendet werden, wenn zum Beispiel jemand krank ist, oder auch allgemein, einfach zum Wohlbefinden der Menschen, die mitmachen. Die Heilenergie an sich macht eigentlich nichts, sie aktiviert in erster Linie die Selbstheilungskräfte der Menschen und unterstützt sie in ihrem Wohlbefinden. Es ist also keine Manipulation und schon gar kein Medikament oder eine medizinische Intervention, sondern einfach nur universelle Energie, die das Wohlbefinden unterstützt.

Vom Healing, das mein Seelenbruder für den Kongress plante, hatte ich bis zu diesem Zeitpunkt nichts gewusst, darum war nicht nur der Moderator einigermaßen verblüfft, sondern vor allem auch ich. Doch ich vertraue der geistigen Welt und habe gelernt, ihre Entscheidungen nicht zu hinterfragen, da sie sehr genau wissen, was sie tun. Also ließ ich mich in die Aufgabe hineinfallen und führte die Zuschauer in eine Heilmeditation. Wow! Was für eine Energie. Die geistige Welt und die Wesen um meinen Seelenbruder herum hatten einen grandiosen Heilraum aufgebaut. Die Energie war satt und kraftvoll und ich konnte mit jedem Wort, das ich sprach, fühlen, wie sich der Raum mehr und mehr aufbaute und wie die Heilenergie diesen Raum flutete.

Meine Aufgabe war es, in diesem Moment wirklich als Dreh- und Angelpunkt zwischen den Menschen und der geistigen Welt zu funktionieren und mich als Kanal für diese großartige Energie zur Verfügung zu stellen. Diese Erlebnisse sind für mich immer wunderbare Lektionen der Demut. Ich bin dankbar, dass ich sie erleben und meine Fähigkeiten zum Wohle der Menschheit einsetzen darf. Ich erkenne voller Demut, was ich dabei erfahren kann und wie viele Menschen ich berühren und auf ihrem Weg ein längeres oder kürzeres Stück begleiten darf.

Während dieses Live-Events war ich als Medium für die geistige Welt tätig. Dabei ging es nicht um einen Verstorbenen und auch nicht um eine einzelne Empfängerin. Es ging um Wesen aus den höheren Dimensionen und um ein paar tausend Zuschauer, die live mit dabei waren. An diesem Abend war ich sowohl in einer aktiven medialen Rolle – nämlich während des Gesprächs – als auch in einer passiven medialen Rolle – nämlich während des Healings. Ich werde dir auf den nächsten Seiten den Unterschied erklären. Beides sind Rollen, die wunderschön sind und die ich innig schätze. Und all das, was ich dir in meinen beiden Beispielen erzähle, ist Medialität. Sie ist so vielseitig, dass mir mein Beruf niemals langweilig werden wird.

Was ist alles medial?

Ich habe es dir in meinen beiden Fallbeispielen bereits beschrieben. Die Medialität ist ein extrem vielseitiger Bereich der intuitiven Fähigkeiten und etwas, das dir in vielen verschiedenen Formen und auf unterschiedliche Art begegnen wird. Sowohl ein Jenseitskontakt als auch der Kontakt zu deinem Schutzengel oder einem aufgestiegenen Meister ist ein medialer Kontakt. Denn für all diese Kontakte brauchst du deine intuitiven Fähigkeiten und Hellsinne. Nur mit deinen „normalen" Sinnen könntest du die Informationen nicht erfassen. Je besser du also deine intuitiven Fähigkeiten trainiert hast, um so einfacher wird es dir fallen, die medialen Impulse zu verstehen und so zu übersetzen, dass sie in deinem Leben auch hilfreich sind. Wenn wir von Medialität sprechen, gibt es sowohl die passive als auch die aktive Medialität.

PASSIVE MEDIALITÄT:

- In der passiven Medialität stellt ein Medium der geistigen Welt seinen Kanal zur Verfügung, doch **das Medium bleibt selbst in einer eher passiven Rolle.**

- Wenn du eine passive Form der Medialität praktizierst, dann begibst du dich in einen veränderten Bewusstseinszustand. Dieser Zustand fühlt sich einer Meditation sehr ähnlich an. Du bist zwar da und wach, aber gleichzeitig sehr auf deine eigene innere Mitte fokussiert. Der Unterschied zu der Meditation ist, dass du dabei nicht in dich selbst versinkst. Du bist dabei nicht nur auf dich selbst fokussiert, wie du das in der Meditation bist, sondern in erster Linie auf die geistige Welt und ihre Bedürfnisse, die sie an dich hat. Trotzdem bist du sehr in der Ruhe und Hingabe. Du überlässt sozusagen der geistigen Welt den Raum, damit sie deinen Kanal für genau das nutzen können, was in dem Moment optimal ist. Für viele Menschen ist es ganz normal, in der passiven Medialität die Augen zu schließen.

- Die passive Form der Medialität beinhaltet das Healing, das Channeling und alles, was mit dem Thema Trance zu tun hat. Das heißt Trance Healing, Trance Speaking und Trance Communication sowie die physikalische Form der Medialität. Bei einem Healing stellst du deinen Körper und deinen Kanal zur Verfügung, um universelle Heilenergie auf die Erde und in deinen Übungspartner fließen zu lassen. Bei einem Channeling stellst du entweder deine Hand zur Verfügung, wenn du ein Schreibchanneling machen möchtest, oder deinen ganzen Körper, wenn du ein Sprechchanneling machen möchtest. Auch da übernimmt die geistige Welt sozusagen die Führung. Wenn ich ein Sprechchanneling mache, bin ich so sehr im Kanal, dass ich nach einer Session nicht mehr weiß, worüber gesprochen wurde. Im Sprechkanal spricht die geistige Welt von mir als von „dem Medium“, weil in dem Fall meine Persönlichkeit einen zweitrangigen Platz einnimmt.

AKTIVE MEDIALITÄT:

- Von der aktiven Medialität sprechen wir hingegen, wenn das Medium bei der Arbeit eine **aktive, wache Rolle** einnimmt.

- Aktiv bist du beispielsweise bei einer medialen Beratung, bei der Lesung der Zeitlinien, bei einem Jenseitskontakt und bei vielen Kontakten mit der geistigen Welt, den Engeln, den Geistführern und den Starseeds.

- Bei der aktiven Medialität bringst du alle Hellsinne zusammen, um eine umfassende Erklärung abzugeben. Bei der passiven Form der Medialität hingegen kann es sein, dass du nur deine Stimme nutzt oder nur deine Schreibhand oder nur die Hände, um Heilenergie fließen zu lassen. Selbst wenn du bei einem Schreibchanneling zusätzlich zu dem, was du schreibst, Bilder sehen würdest, würdest du diese nicht berücksichtigen, so lange sie die geistige Welt nicht innerhalb des Schreibchannelings beschreibt. In der aktiven Form hingegen nutzt du alle Sinne, die bei einer Frage aktiviert werden, und beschreibst alles, bis du ein rundes Bild bekommst.

- Ebenfalls eine Form der medialen Arbeit ist es, wenn du Ahnenarbeit machst und erkennst, welche Themen schon über viele Generationen in deiner Familie vorhanden sind. Wie du diese Themen auflösen kannst und warum diese Themen sich in deinem Leben zeigen.

- Auch das Betrachten von vergangenen Leben gehört zur medialen Arbeit. Dabei verbindest du dich mit einem oder mehreren vergangenen Leben, nimmst wahr, warum sie sich heute zeigen und was sie für einen Einfluss auf dein jetziges Leben haben, und bringst in der heutigen Zeit ebenso wie in der vergangenen Zeit Harmonie und Heilung in Situationen, die noch aufgeklärt werden müssen.

Prognosen – auch ein medialer Bereich

In dem Einrad-Fallbeispiel im Kapitel über das Thema Hellsehen habe ich davon gesprochen, dass ich etwas gesehen habe, das noch nicht passiert ist. Das nennt man eine Prognose. Damit ist **ein Ereignis** gemeint, **das noch nicht eingetroffen ist,** das jedoch vom Medium bereits wahrgenommen und in Worte gefasst wird. Vielleicht ist das genau der Grund, warum du dich ursprünglich entschieden hast, dieses Buch zu kaufen. Denn das ist es doch, was viele Menschen sich wünschen: Zu sehen, was auf der anderen Seite der Kurve ist, bevor sie um die Kurve gehen. Zu wissen, was eine Entscheidung bedeuten wird, bevor man sich entscheidet.

Prognosen sind eine wunderbare Sache und sie sind brandgefährlich. Denn wir können immer nur eine Momentaufnahme sehen und jede Entscheidung, die du triffst, wird deinen zukünftigen Weg verändern. Lass es mich in einem Beispiel erklären: Du bist heute bei mir in der Sitzung und ich sage dir: „Achte heute Abend darauf, dass du den Teller richtig auf den Tisch stellst. Ich habe den Impuls, dass er hinunterfällt." Nun hast du verschiedene Möglichkeiten, auf diese Prognose zu reagieren. Du könntest sie vergessen, deinen Teller schusslig hinstellen und er fällt herunter. Oder du bist achtsam und stellst den Teller in die Mitte des Tisches, so dass er eben nicht herunterfällt. Du bist nur deswegen achtsam, weil ich es dir gesagt habe. Wenn wir aber meine Prognose ganz genau anschauen, wirst du feststellen, dass ich nicht recht hatte. Du hast nämlich aufgrund der Prognose dein Verhalten verändert und so dafür gesorgt, dass meine Wahrnehmung sich nicht manifestieren wird. Trotzdem sind es aber gerade die Prognosen, die die Menschen zu den Wahrsagern und Kartenlegern treiben, denn die Neugierde auf die Zukunft lässt sich für einige Menschen kaum unterdrücken.

Wie man mit dem Thema Prognose umgeht, ist eine Entscheidung, die jeder Mensch für sich selbst treffen muss. Meine Haltung ist folgende: Als spirituelle Lehrerin würde ich niemals von meinen Studentinnen Prognosen erwarten, denn mit der „normalen" medialen Beratung können wir unseren Klienten schon so viel Tiefe, Weisheit und Wissen mit auf den Weg geben, dass es keine Prognosen mehr braucht. Ich als Medium hingegen gebe Prognosen. Nicht, weil ich es besonders großartig finde, welche zu machen, sondern weil ich in meinen frühen Jahren als Medium noch nicht gelernt hatte, dass man das eigentlich nicht macht, und sie immer gegeben habe. Da sie in neunzig Prozent der Fälle eintreffen, habe ich nie damit aufgehört. Aber ich erkenne an, dass es etwas ungewöhnlich ist und dass man **niemals erwarten darf, dass ein Medium Zukunftsschau macht beziehungsweise Prognosen gibt.**

Eine Übung zur Medialität

Übung

Für diese Übung solltest du dir zwanzig bis dreißig Minuten Zeit gönnen. Achte darauf, dass du es ruhig hast und nicht abgelenkt wirst. Stelle dein Handy auf Flugmodus und komme mit deiner Aufmerksamkeit ganz zu dir und der Erfahrung, die du jetzt machen wirst. Falls du eine Frage hast, die du einem Schutzengel oder Geistführer stellen möchtest, dann werde dir dieser bewusst, damit du sie für diese Übung vor dir hast.

- Komme mit deiner Aufmerksamkeit zu deinem Atem. Lasse ihn zur Ruhe kommen, bis du den Moment wahrnimmst, an dem der Atem dich zu atmen scheint und du nicht mehr die Kontrolle hältst.

- Nun gehst du mit deiner Aufmerksamkeit zu deinem Herz. Nimm deinen Herzraum ganz deutlich wahr und mache ihn groß und stark. Dein Herz-Chakra wächst und wird größer, bis es dich ganz umhüllt.

- Jetzt stellst du dir wieder deine innere Leinwand vor. Stelle dir vor, wie sie sich öffnet und groß und größer wird und du auf deiner Leinwand deinen inneren Garten sehen kannst.

- Lasse das Bild von deinem inneren Garten intensiver werden. Nutze dafür bewusst alle deine Hellsinne, die du gerne nutzen möchtest.

- Irgendwann hast du einen starken Impuls, jetzt in deinen Garten zu gehen. Gib diesem Impuls nach und stelle dir vor, wie du deinen inneren Garten betrittst. Schaue dich gut um, nimm alles wahr, was sich dir jetzt zeigen will. Wie zeigt sich dir dein Garten heute? Ist es Tag? Nacht? Vielleicht gerade Sonnenauf- oder -untergang? Wie ist die Temperatur? Wie ist das Wetter?

- Gehe ganz entspannt durch deinen Garten. In ein paar Metern Entfernung kannst du eine Sitzgelegenheit erkennen. Gehe auf diese Sitzgelegenheit zu und setze dich gemütlich hin.

- Während du dasitzt, kommt ein Wesen aus deinem Spirit Team zu dir und setzt sich neben dich. Das kann ein Engel sein, ein Geistführer oder auch ein Erzengel oder aufgestiegener Meister. Auch ein Sternenwesen könnte sich zeigen. Keines davon ist schlechter oder besser. Es geht nur darum, womit dir heute am besten gedient ist. Denke daran, dass dein Schutzengel dich unter Umständen viel besser kennt und dir viel konkreter Antwort auf deine Fragen geben kann als ein Erzengel, der scheinbar viel mehr Macht hat. Diese Einstufungen sind sehr menschlich und haben nicht wirklich etwas mit der geistigen Welt zu tun.

- Das Wesen dreht sich zu dir um und schaut dich mit liebevollen Augen an. Nimm dir die Zeit, es ganz genau wahrzunehmen. Wie sieht es aus? Kannst du eine Haarfarbe erkennen? Trägt es ein bestimmtes Kleidungsstück oder hat es Flügel und diese Flügel haben eine bestimmte Farbe?

- Nun frage es nach seinem Namen. Sei nicht überrascht, wenn du beim ersten Versuch keinen Namen bekommst, aber öffne dich trotzdem dafür. Es gibt Wesen aus der geistigen Welt, die komplizierte Namen haben, oder es kann auch sein, dass ihr euch von der Energie her angleichen müsst, bevor du einen vollständigen Namen erfährst. Vielleicht bekommst du heute einfach einen Eindruck von einem Namen oder einen Buchstaben daraus. Auch das ist großartig. Feiere deine Erfolge und sei niemals streng mit dir.

- Konzentriere dich jetzt auf deine Gefühle. Wie fühlt sich dieses Wesen für dich an? Löst es eine bestimmte Empfindung in deinem Körper aus? Was für eine Empfindung ist das? Gibt es vielleicht einen bestimmten Bereich an deinem Körper, wo du das Wesen fühlen kannst? Wo ist das?

- Nimm dein Hellriechen und dein Hellschmecken mit dazu. Kannst du etwas riechen oder schmecken, was im Zusammenhang mit diesem Wesen ist? Was ist es für ein Geruch? Was für ein Geschmack?

- Dieses Wesen ist heute für dich da, um dir deine Frage zu beantworten. Stelle ihm jetzt deine Frage und nimm seine Antwort wahr. Öffne alle deine Hellsinne für diese Antwort. Vielleicht bekommst du diese Antwort über ein inneres Bild oder eine Farbe. Vielleicht hörst du ein Wort oder auch mehrere Sätze. Vielleicht ein Musikstück oder eine Melodie oder ein Instrument. Vielleicht kannst du deine Antwort in deinem Körper und über deine Emotionen fühlen. Vielleicht weißt du einfach, was die Antwort ist, noch bevor du deine Frage wirklich formuliert hast. Denke daran: Es ist egal, über welchen Hellsinn oder welche Hellsinne du deine Antwort bekommst. Jeder davon ist großartig und je öfter du diese Art von Übung machst, um so vielseitiger werden deine Antworten werden. Es geht darum, dass du einfach weitermachst und nicht aufgibst, wenn es beim ersten Mal nicht so klappt, wie du dir das vorgestellt hast.

- Wenn die Antwort für dich noch unklar ist, frage nach. Gehe tiefer und forsche, was dir die geistige Welt sagen will. Unsere Geistführer lieben es, ihre Weisheit und ihr Wissen mit uns zu teilen. Wenn deine Antwort noch nicht so tiefgehend ist, wie du dir das wünschst, dann liegt es daran, dass ihr noch nicht so viel Erfahrung habt, wie ihr am besten und einfachsten kommuniziert.

- Frage das Wesen aus deinem Team, ob es dir sonst noch etwas zu sagen hat. Sei aufmerksam und nimm alles an, was du übermittelt bekommst. Sei offen und in einer annehmenden Haltung.

- Bedanke dich nun für die Hilfe dieses Wesens. Es hat sich bemüht und seine Energie mit dir geteilt. Das Wesen steht auf und geht langsam weg, aber du weißt genau, dass du es jederzeit wieder treffen kannst. Entweder in deinem Garten oder wenn du schlafen gehst.

- Nimm dir noch einen Moment lang Zeit, die Antworten zu verinnerlichen. Und bedanke dich auch bei dir für deinen Mut und deine Hingabe an deine intuitiven Fähigkeiten. Du hast schon so viel geschafft! Es ist Zeit, stolz auf dich zu sein.

- Fühle diesen Stolz in jeder Zelle deines Körpers und komme genau in diesem Gefühl wieder zurück in den Alltag.

VARIATIONEN DIESER ÜBUNG

Natürlich kannst du diese Meditation in jeder Form machen, in der du möchtest. Du kannst verschiedene Wesen aus deinem geistigen Team treffen und dich mit ihnen unterhalten. Du kannst auch ein ganz bestimmtes Wesen ansprechen und darum bitten, genau dieses Wesen zu treffen. Wenn du möchtest, kannst du auch geliebte verstorbene Menschen einladen und so mit ihnen ins Gespräch gehen. Es sind dir für diese Übung keine Grenzen gesetzt. Was immer hilft, wenn du mit der geistigen Welt in Kontakt gehst, ist, wenn du selbst aktiv wirst. Fragen stellst, nachfragst, die Verbindung von dir aus aufbaust und dich über dein Herz- und dein Kronen-Chakra verbindest. Wenn du in einer passiven Haltung bist und einfach nur hoffst, dass du den einen oder anderen Informationsschnipsel bekommst, dann wird dein Austausch mit der geistigen Welt weniger fruchtbar sein, als wenn du dich deiner Schöpfermacht erinnerst und sie nutzt.

Tipp

Mir ist es wichtig, dich nochmals daran zu erinnern: **Die Wesen aus der geistigen Welt sind uns nicht überlegen.** Sie haben einfach eine andere Aufgabe als du. Deine Aufgabe ist es in dem Fall, Mensch auf der Erde zu sein. Dein Schutzengel hat die Aufgabe Schutzengel erwischt und ein Sternenwesen ist ein Wesen aus einem anderen Sonnensystem. Diese Aufgaben sind alle ehrenvoll und mal einfacher, mal schwieriger. Wenn du erkennst, dass du als Mensch nicht weniger wert bist als alle Wesen aus deinem Team, hast du die Möglichkeit, ihnen auf Augenhöhe zu begegnen und in die Verbindung mit ihnen zu gehen.

REFLEXION ZUR MEDIALITÄT

Nun habe ich schon so oft in diesem Buch ein paar Fragen für dich formuliert, in denen wir das Gelernte reflektieren und du dir überlegen kannst, was du gelernt hast und ob dir eine bestimmte Methode liegt oder eher nicht.

Doch jetzt sprechen wir über das Thema Medialität. Und ich stelle fest, dass ich diesen Bereich der intuitiven Arbeit so sehr liebe, dass es mir schwer fällt, dir Fragen zu stellen. Denn in der Medialität gehe ich komplett auf. Ich bin einhundert Prozent glücklich, wenn ich medial arbeiten darf, und wenn ich während der Jahres-Ausbildung meine Studenten in das Thema Medialität einführe, bin ich vor lauter Freude darüber immer ganz aufgeregt. Die mediale Arbeit verschafft dir die Möglichkeit, sowohl wirklich in die Tiefe eines Themas vorzudringen, als auch in die Höhen der geistigen Welt abzuheben. Es ist eine Arbeit, die so vielfältig ist, dass ich selbst nach vielen Jahren damit noch immer neue Bereiche und Möglichkeiten entdecke. Und darum möchte ich hier auch nicht groß Fragen stellen, sondern ich möchte meinem Wunsch Ausdruck verleihen: Ich wünsche mir, dass du die Magie der medialen Arbeit auch erkennen kannst und dass du damit genauso glücklich wirst wie ich.

Natürlich wäre es schön, wenn du dich jetzt reflektieren würdest und dir genau überlegst, was jetzt gut geklappt hat und was nicht. Ich bin sicher, du wirst die richtigen Fragen für dich finden. Und wenn nicht, dann blättere etwas weiter zurück und lasse dich von den Fragen inspirieren, die ich dir in den vergangenen Kapiteln gestellt habe.

Der Selbstliebe-Tipp deiner Seele

VERGISS NIE DEINE VERBINDUNG ZUR GÖTTLICHEN QUELLE

Jeder Mensch ist ein wunderbares, kraftvolles Individuum. Keine zwei Menschen sind genau gleich, sondern wir alle haben unterschiedliche Ideen, Ansichten, Lebenserfahrungen, Aufgaben und verschiedene Gründe, genau jetzt hier auf der Erde zu sein. Und trotzdem stammt jeder Mensch, jedes Tier, jede Pflanze aus der gleichen göttlichen Quelle, ist ein Gedanke der gleichen universellen Intelligenz.

Du bist ein Tropfen der göttlichen Quelle. Damit bist du genauso „gleich" und genauso „anders" wie jedes andere Lebewesen in diesem Universum. Denn du bist genauso ein Individuum wie ein Teil des großen Ganzen. Deine Seele ist sich über dieses Wissen bewusst. Und sie ist sich auch über ihre Verbindung zur universellen Intelligenz bewusst, so dass sie darauf zugreift, wann immer sie möchte. Zu erkennen, wie wichtig und wie unwichtig wir gleichzeitig sind, rückt jede Herausforderung, jeden Berg, den es zu erklimmen gilt, in eine neue Perspektive. Man erkennt, dass man mit allem, was man tut, einen Beitrag für das universelle Leben leistet. Der Wunsch deiner Seele an dich ist es, dass auch du deiner Umwelt mit dieser Achtsamkeit begegnest. Denn indem du die Erde und ihre Wesen liebst, liebst du auch dich. Indem du das Leben respektierst, respektierst du auch dein Leben. Je mehr du deinen Planeten und die Wesen, die mit und auf deinem Planeten leben, in Liebe umhüllst, um so mehr umhüllst du auch dich selbst in Liebe. Und je mehr Liebe du für dich selbst empfindest, um so näher kommst du der Wahrnehmung deiner Seele. Denn deine Seele liebt bedingungslos. Sie liebt dich bedingungslos. Für die Seele ist die annehmende, hingebende und bedingungslose Liebe der normale Zustand. Du hingegen bist ein Mensch. Für dich ist die bedingungslose Liebe ein Konzept, das du in seiner Ganzheit erst erfassen können wirst, wenn du diese Inkarnation hinter dir lässt. Denn du bist hier auf der Erde nicht dafür da, jemand anderen bedingungslos zu lieben, außer dich selbst. Wenn es um die partnerschaftliche, familiäre oder freundschaftliche Liebe geht, dann ist das Konzept der Bedingungslosigkeit völlig verklärt und macht keinen Sinn. Denn dafür inkarnierst du nicht auf einem Planeten, auf dem es alles gibt, außer der bedingungslosen Liebe. Die bedingungslose Liebe ist etwas, das du dir nur für einen einzigen Menschen auf dieser Erde vorbehalten solltest: Für dich! Du verdienst es, dass du dich selbst bedingungslos annimmst, dass du dich akzeptierst und dass du dir deine Fehler und Unzulänglichkeiten verzeihst. **Je mehr du dich selbst bedingungslos annimmst, um so näher kommst du dem Gefühl, das deine Seele für dich empfindet.** Und umso näher kommst du dadurch der universellen Quelle der Liebe.

Hast du Zweifel?

Ich gratuliere dir! Du hast dich mit diesem Buch auf den Weg gemacht oder vielleicht hast du es sogar schon intensiv bearbeitet, gelesen, gelernt und bereits viele Übungen gemacht. Du hast deine Komfortzone erweitert, hoffentlich viele Erkenntnisse gehabt und neue Dinge gelernt. Und vielleicht ist es dir an der einen oder anderen Stelle schwergefallen, das Buch nicht einfach zu packen und wütend an die Wand zu schmeißen. (Zum Glück ist dieses Buch viel zu schön für so etwas, oder?) Das kann ich so gut verstehen. Diese Arbeit mit den intuitiven Gaben ist wirklich ein hartes Muskeltraining. Ein Training, das Durchhaltevermögen und Disziplin erfordert. Und dummerweise ist es für viele Menschen so, dass die inneren Zweifel sehr schnell sehr laut werden. Diese Zweifel fangen sofort an. Schon wenn du das Buch in den Händen hältst, kann es sein, dass eine Stimme in dir sagt, dass du das sowieso nicht kannst und dass du gar nicht damit anzufangen brauchst. Wenn dann die erste Übung nicht beim ersten Versuch klappt, wird diese Stimme vielleicht richtig laut und ruft, dass sie es ja gesagt habe, dass du es gar nicht zu versuchen brauchst. Und dann bist du verunsichert und zweifelst daran, dass diese Fähigkeiten wirklich in dir vorhanden sind. Wenn du es dann noch mit einem anderen Hellsinn versuchst und dann merkst, dass auch da die erste Übung nicht einfach flutscht, kann diese innere Stimme richtig fies werden. Sie kann so fies werden, dass deine Zweifel dich fertigmachen und du das Buch ganz hinten in den Schrank legst. Da, wo du es nicht mehr sehen musst, damit du dich nicht mehr mit deinem scheinbaren Versagen auseinandersetzen musst.

Bitte höre mir gut zu: es ist nur ein *scheinbares* Versagen. Du kannst das! Du hast nicht versagt. Deine inneren Stimmen sind einfach zu laut geworden und du hast ihnen unglücklicherweise zugehört. Diese Zweifel sind ganz natürlich und ich werde dir in diesem Kapitel zeigen, wie du mit ihnen umgehen kannst, so dass sie dich nicht mehr an deiner Entwicklung hindern.

Wer ist der innere Kritiker?

Bevor wir uns mit den anderen inneren Stimmen befassen, wollen wir uns erst einmal intensiv eine der stärksten, penetrantesten und fiesesten inneren Stimmen, die wir haben, ansehen: den **inneren Kritiker.** Der innere Kritiker ist diese mäkelige Stimme, die dir bereits am Morgen, noch vor dem Frühstück und dem ersten Kaffee, sagt, dass dieser Pulli gar nicht geht und deine Haare heute wirklich furchtbar sind. Es ist jene innere Stimme, die **ständig etwas zu stänkern hat und die niemals deine guten Seiten und Erfolge anerkennen würde.** Ganz im Gegenteil: Wenn du irgendwo erfolgreich bist, dann wird diese innere Stimme garantiert finden, dass du es aber noch besser hättest machen können und dass andere da viel erfolgreicher gewesen wären. Mit anderen Worten: Der innere Kritiker ist ein sehr unangenehmer Zeitgenosse und wirklich mühsam. Meiner Erfahrung nach ist der innere Kritiker auch die Stimme, die die meisten Menschen bestens kennen, und ein wirklicher Tyrann, der in der Lage ist, uns das Leben ganz schön schwer zu machen.

Dummerweise hat der innere Kritiker es an sich, **sehr laut und penetrant** zu sein. Er ist keine leise, zurückhaltende innere Stimme, sondern eine Stimme, die unüberhörbar ist. Und leider ist es so, dass wir es uns in unserer westlichen Kultur angeeignet haben, dem inneren Kritiker sehr viel Raum und Platz zu geben, so dass der Kerl dann auch noch das Gefühl hat, wirklich jede Gelegenheit beim Schopfe packen zu müssen, um uns zu erklären, wie und was wir besser zu machen haben. Wenn ich dir diese innere Stimme beschreibe, könnte ich mir vorstellen, dass du sie wiedererkennst und genau weißt, wovon ich hier spreche. Aber falls du jetzt unsicher bist, sind das die typischen Anzeichen des inneren Kritikers:

- Er ist laut, er ist penetrant, er mischt sich in alles ein, auch sehr gerne in Dinge, die ihn wirklich nichts angehen.

- Er ist unüberhörbar und sehr oft sind seine Stimme und Tonlage etwas unangenehm. Er hat keine angenehme, ruhige Stimme, sondern eine Stimme, die deine Nerven unangenehm zum Schwingen bringt.

Du hast jetzt angefangen, deine intuitiven Gaben zu trainieren und zu schulen. Diese Gaben sind bei vielen Menschen eng mit ihrem Gefühl für ihr Selbst und Sein verbunden. Gerade, wenn diese Gaben in deiner Kindheit verschüttet wurden und du lange das Gefühl hattest, irgendwie falsch zu sein oder nicht auf diese Welt zu passen, dann kann es sehr gut sein, dass dein innerer Kritiker extrem laut und fies wird. Denn er kann bei dir im Zusammenhang mit deinen Fähigkeiten in eine Kerbe schlagen, die schon lange wehtut und in die schon lange viel zu intensiv geschlagen wurde. Vielleicht ist genau das passiert und du hast (wieder) angefangen, dir einzureden, dass du diese Gaben gar nicht hast. Vielleicht sagst du dir, dass du dafür nicht gut genug bist oder dass deine Zugänge anders sind und du darum irgendwie falsch bist. DAS ist dein innerer Kritiker, der laut und fies wird.

Ich möchte dir gerne ganz einfach sagen: Hör ihm nicht zu! Aber unter Umständen ist das gar nicht so nachvollziehbar für dich, weil du nicht weißt, welche dieser inneren Stimmen jetzt tatsächlich gerade mit dir spricht und wie du gegen diese Stimmen vorgehen kannst. **Darum wollen wir uns anschauen, welche inneren Stimmen es gibt, mit welchen du ins Gespräch kommen möchtest und wie; und welche Stimmen du besser auf eine einsame Insel schickst.**

Welche inneren Stimmen gibt es noch?

Wenn ich mir überlege, welche und wie viele innere Stimmen es neben dem inneren Kritiker außerdem noch gibt, komme ich tatsächlich auf einige. Allerdings wollen wir uns hier nicht alle anschauen, es sind nicht alle wichtig für unsere Arbeit. Die Stimmen, die für dich zu diesem Thema generell wichtig sind, sind der innere Kritiker, der innere Saboteur, der innere Antreiber, das innere Kind und deine innere beste Freundin. In diesem Kapitel wollen wir vor allem den negativen inneren Stimmen auf die Pelle rücken. Du wirst dabei lernen, deine inneren Stimmen auseinanderzuhalten, und wie du welche Stimme zum Verstummen bringen kannst. Wir wollen uns außerdem anschauen, was die eigentlichen Gründe für diese Stimmen sind und warum sie ursprünglich hilfreiche Unterstützer waren, bevor sie so laut und unangenehm wurden.

DAS INNERE KIND

Viele Menschen, die sich schon länger mit Spiritualität auseinandergesetzt haben, sind dem Thema des inneren Kindes schon einmal begegnet. Das innere Kind ist jener Teil von dir, der deinen unschuldigen, kindlichen Anteil repräsentiert. Das innere Kind ist verspielt, unschuldig und oft etwas naiv, denn es hat ja noch nicht so viel Lebenserfahrung sammeln können. Es ist gutgläubig und sieht nur das Beste in allen Menschen. Doch dieses innere Kind trägt auch viele Muster, Konditionierungen und Schattenthemen in sich. Denn in der Entwicklung wird ein Kind vor allem in den ersten zehn Lebensjahren geprägt. Diese Prägungen wirken sich dann auf das Leben und Verhalten jedes Menschen aus. Wenn also ein Kind ein Trauma erlebt, dann ist dieses Trauma auch noch in den Zellen des erwachsenen Menschen vorhanden. Ganz häufig sind diese Traumata dann etwas vergraben und möchten vom erwachsenen Menschen nicht wirklich angeschaut werden. So entstehen Schattenthemen, die uns Angst machen und unruhig werden lassen. Denn in uns selbst ist dieser kindliche Anteil ja noch vorhanden und vielleicht vollkommen verängstigt und vernachlässigt. Du bist zwar dann als erwachsener Mensch sehr gut in der Lage, zu funktionieren, und hast dein Leben im Griff. Aber in dir steckt ein verängstigter, verschüchterter Anteil, der sich vor dem Leben und der großen, bösen Welt fürchtet.

In der Arbeit mit dem inneren Kind geht es darum, diese Erfahrungen, Konditionierungen und Traumata anzuschauen, ans Licht zu bringen und damit in die Versöhnung und Heilung zu gehen. Das kann allerdings auch bedeuten, dass du zur Mutter oder zum Vater für dein inneres Kind werden und dem Kind klarmachen darfst, dass du ab jetzt die Verantwortung trägst und es sich jetzt entspannen und zurücklehnen darf. Die Prägungen und Traumata können sehr vielfältig sein und jeder Mensch darf seine eigene Geschichte erfahren und erforschen. Es gibt aber ein paar Bereiche, die sich sehr oft bei der Thematik rund um das innere Kind zeigen:

- Die Angst vor der Ablehnung und ganz allgemeine Verlustängste.
- Die Angst vor zu viel Nähe genauso wie die Angst, allein zu sein.
- Auch allgemeine diffuse Ängste können Themen des inneren Kindes aufzeigen. Wenn du so etwas erlebst, dann lohnt es sich, da genauer hinzuschauen.
- Auch große Traumata gehören hier mit dazu. Zum Beispiel alle Gefühle, die mit einem Mangel an Selbstwert, Selbstbewusstsein und Selbstvertrauen zu tun haben, aber auch Missbrauchsthemen oder ein übermäßiger Perfektionismus.

Tipp

Wenn du merkst, dass du mit deinem inneren Kind in Kontakt treten möchtest, dann wäre es zum Beispiel eine schöne Idee, wenn du es in deinem inneren Garten triffst und dich dort mit ihm unterhältst, mit ihm spielst oder es einfach mal in den Arm nimmst und festhältst. Du darfst ihm dabei vermitteln, dass du erwachsen und in der Lage bist, dein Leben in die Hand zu nehmen und für das innere Kind mit zu sorgen.

DER INNERE SABOTEUR ODER INNERE ZWEIFLER

Für mich sind der innere Saboteur und der innere Zweifler die gleiche Stimme. Der Einfachkeit halber nenne ich sie hier nur den inneren Saboteur, meine damit aber generell auch immer den inneren Zweifler. Ich stelle sie mir gerne als eine Art Mitarbeiter in meinem inneren Unternehmen vor. Dieser Mitarbeiter wäre eigentlich ein wunderbarer Sparringspartner für alle neuen Ideen und Projekte. Denn er hat eine andere Sicht auf die Dinge als wir und kann damit eine andere Perspektive einbringen. Dummerweise ist es so, dass diese innere Stimme ihre eigentliche Aufgabe nicht annimmt. Stattdessen ist sie diese mühsame Stimme, die ständig alles blockiert und überall ihr Veto einlegt. Ihr Verhalten ist meistens sehr destruktiv, denn der innere Saboteur denkt nicht in Lösungen, sondern immer nur in Problemen.

Damit erschafft er die gänzlich falsche Überzeugung, dass du es niemals schaffen kannst. Nun ist diese Stimme allerdings nicht nur einfach fies und gemein. Der Grund für ihr Verhalten liegt in deiner Vergangenheit und in deinem Umgang mit **negativen Erfahrungen.** Zum Beispiel ist es möglich, dass du eine Prüfung nicht bestanden hast. Danach warst du ziemlich sicher traurig und entmutigt und vielleicht für ein paar Tage der Meinung, dass du nicht gut genug bist. Diese Erfahrung speichert sich der innere Saboteur ab. Er merkt sich, wie es dir ergangen ist, als du einen Misserfolg erlebt hast. Je öfter du Dinge erlebst, die dich traurig machen und dir das Gefühl eines Misserfolges vermitteln, umso lauter wird diese innere Stimme. Sie beginnt dann, dir gleich von Anfang an zu vermitteln, dass du es gar nicht versuchen solltest, weil du ja ohnehin wieder scheitern wirst, und ist der Meinung, dass sich der ganze Aufwand eigentlich überhaupt nicht lohnt. Über die Jahre gewinnt der innere Saboteur so sehr an Kraft, dass er beginnt, dich in jeder Entscheidung deines Lebens zu sabotieren und dich damit in deiner Weiterentwicklung zu blockieren. Ursprünglich wollte er dich schützen und sicherstellen, dass du keine negativen Erlebnisse mehr in deinem Leben hast. Aber leider funktioniert das Leben nicht so, wie er das versteht. Er kann nur schwarz-weiß sehen und ist nicht in der Lage, die bunte Vielfalt einer Lebensentwicklung zu verstehen.

Exkurs

Stell dir ein kleines Kind vor, das gerade Laufen lernt. Wie fatal wäre es, wenn dieses Kind bereits einen inneren Saboteur hätte? Nach der ersten Landung auf dem Popöchen würde dieser sofort eingreifen und dem Kind verbieten, es noch einmal zu versuchen. Doch unsere ganze Lebensentwicklung besteht aus Misserfolgen und Erfolgen. Ein Misserfolg sollte uns dabei unterstützen, es noch einmal zu versuchen und andere Methoden und Wege auszuprobieren. Darum ist es wichtig, dass du **mit deinem inneren Saboteur ins Gespräch** kommst. Eigentlich hat er nämlich die richtig coole Rolle, ein echter Partner für dich zu werden, mit dem du ins Gespräch gehen kannst, wenn du für ein Projekt eine neutrale Stimme brauchst. Ich lade diese Stimme sehr gerne zu inneren Sitzungen ein. Dann erzähle ich ihr von meinen Ideen und höre mir ihre Meinung dazu an. Ich bin dann wirklich offen und höre mir ihre Argumente an, ohne gleich dagegenzuschießen. Sie kann mich oft auf Dinge hinweisen, die mir in meiner ersten Euphorie entgangen sind und bei denen es wichtig ist, sie zu beachten. So ist für mich mein innerer Saboteur zu einem fast guten Freund geworden. Ein Freund, der halt immer ein bisschen nervt und meistens eine andere Meinung vertritt als meine eigene. Aber trotzdem eine **wirklich wichtige Stimme,** die mein inneres Team sehr bereichert.

DER INNERE ANTREIBER ODER INNERE PERFEKTIONIST

Die nächste innere Stimme, die ich in dieser Übersicht mit dir betrachten möchte, ist der innere Antreiber, auch innerer Perfektionist genannt. Auch hier nenne ich diese Stimme den inneren Antreiber, meine damit aber auch gleichzeitig den inneren Perfektionisten. Der innere Antreiber ist eine Stimme, die nicht jeder Mensch hören kann. Sie ist ein Gegenspieler des inneren Saboteurs. Denn aus Sicht des inneren Antreibers hast du niemals genug gemacht, egal, wie sehr du dich bemühst. Diese innere Stimme entstammt sehr häufig dem Gefühl, **nicht gut genug** zu sein. Wenn das ein Glaubenssatz ist, den du hast, dann ist es sehr wahrscheinlich, dass du auch den inneren Antreiber kennst. Ihm ist es niemals genug und er will nicht, dass du dich ausruhst, geschweige denn, mit deiner Arbeit zufrieden bist. Den inneren Antreiber kannst du verstehen, wenn du an das Beispiel denkst, für eine Prüfung zu lernen. Du kannst unmöglich jemals fertig sein mit Lernen, denn man kann den Stoff immer noch ein weiteres Mal durchgehen.

Der innere Antreiber ist nun jene Stimme in dir, die niemals mit einer genügenden Note zufrieden wäre. Er ist erst dann – einigermaßen – glücklich, wenn du die Bestnote bekommst und wirklich brillierst. Darum wird er dich vor dieser Prüfung Tag für Tag quälen und dir vermitteln, dass du noch viel zu wenig gelernt hast. Menschen, die einen ausgeprägten inneren Antreiber haben, laufen Gefahr, körperlich oder mental aus dem Gleichgewicht zu geraten und dann ein Burnout oder etwas Ähnliches zu erleben. Denn so lange diese innere Stimme dich anbrüllt und wie ein Drill Sargent der Meinung ist, dass dies gerade mal fünf Prozent von deinem Potential waren, wirst du niemals wirklich in die Ruhe und Entspannung kommen.

Leider belässt es der innere Antreiber aber nicht dabei, dich zu knechten und anzutreiben. Er ist gleichzeitig der Meinung, dass du **lieb und nett** sein solltest und auf jeden Fall dankbar für seine „Unterstützung". Aber nicht nur zu ihm solltest du lieb und nett sein, sondern auch zu allen Menschen in deinem Leben. Besonders zu jenen, die Dinge von dir verlangen, die über jedes Maß an normaler Hilfsbereitschaft hinausgehen, und die es für selbstverständlich erachten, dass du ihnen dies oder jenes erledigst, ohne dass sie sich erkenntlich zeigen. Die Auseinandersetzung mit dem inneren Antreiber hat ganz stark etwas damit zu tun, dich auch mit deinen eigenen **Grenzen und Grenzüberschreitungen** auseinanderzusetzen. Denn der innere Antreiber geht hemmungslos über deine Grenzen hinweg. Wenn du schon zwei Kuchen für den Kindergeburtstag gebacken hast, will er, dass du auch noch Cupcakes produzierst. Leider ist der innere Antreiber nicht sehr offen für Gespräche. Meistens hört er nicht zu, beziehungsweise hat er die allerbesten Argumente, warum er recht hat und du einfach nicht so gescheit bist wie er. Darum ist es keine Lösung, dich mit ihm hinzusetzen und ein vernünftiges Gespräch zu suchen.

Umgehen mit dem inneren Antreiber

Dafür ist der innere Antreiber ein wunderbarer Lehrmeister, um Grenzen zu setzen. Denn da er dir nicht zuhören will und immer alles besser weiß, brauchst du es gar nicht erst zu versuchen. Du kannst hingegen ganz ruhig eine klare Grenze setzen. Wenn du nach den zwei Kuchen ganz ruhig sagst, dass dies genug ist und es dir nicht im Traum einfällt, jetzt noch mehr zu backen, dann wirst du ihn mit dieser klaren Haltung ziemlich in die Defensive drängen. Er wird vermutlich dann argumentieren, dass das der schlechteste Kindergeburtstag aller Zeiten wird. Wenn du aber ruhig und gelassen bleibst und ihm erklärst, dass du bereit bist, dieses Risiko zu tragen, dann nimmst du ihm damit die Luft für jede weitere Argumentation.

In dem Moment, in dem du eine **klare Grenze** setzt, verliert der innere Antreiber seine Größe. Er schrumpft in sich zusammen wie ein Ballon, der Luft verliert, und seine Aggressivität verschwindet. Denn du hast ja gerade ganz klar zu verstehen gegeben, dass du eben gut genug bist. Dass du mit deinem Resultat zufrieden bist und kein Interesse an einer zusätzlichen Nachtschicht hast. In einer Lernsituation erklärst du ihm dann, dass du mit einer genügenden Note zufrieden bist und sowieso nicht vorhast, die hundertjährige Bestenliste zu sprengen. Es geht dabei darum, dich nicht mehr auf den Druck einzulassen, den der innere Antreiber nutzt, um dir ständig zu vermitteln, dass du nicht perfekt genug bist.

Wenn du lernst, deinem inneren Antreiber Grenzen zu setzen, wirst du außerdem ein interessantes Phänomen erleben. Da du nämlich lernst, zu erkennen, welche Anforderungen komplett hirnrissig sind, die dein innerer Antreiber an dich stellt, wirst du auch lernen, zu erkennen, welche äußeren Anforderungen an dich grenzüberschreitend sind. Das heißt, du wirst das nächste Mal besser aufpassen, wenn du für ein Büroessen angefragt wirst, das Dessert zu machen, und erst mal ganz konkret nachfragen, was man sich denn unter diesem Dessert vorstellt, für wie viele Menschen du es machen musst und wer die Kosten dafür übernimmt. Und selbstverständlich wirst du festhalten, dass du das Dessert zwar gerne machst, aber die Arbeit, die du damit hast, als offizielle Arbeitszeit gerechnet wird und du das nicht in deiner Freizeit machst, weil du ja sowieso keine Hobbys und kein Privatleben hast. Und du wirst dir dreimal überlegen, einfach Ja zu sagen, wenn du gefragt wirst, ob du auch die dritte Hochzeit deiner besten Freundin als Trauzeugin organisieren möchtest, weil du es doch die letzten beiden Male so hervorragend gemacht hast. Bevor du etwas sagst, erinnere dich daran, wie das genau war. Was dir daran Freude gemacht hat und was für dich einfach nur Stress, Belastung und Panik war. Es ist absolut in Ordnung, eine liebevolle Grenze zu setzen. Und so wird die Auseinandersetzung mit deinem inneren Antreiber etwas, wovon du in vielen Bereichen in deinem Leben profitieren kannst. Denn es hilft dir, klar und liebevoll **zu erklären, was du möchtest und was du nicht bereit bist zu tun.**

Exkurs zum Thema Grenzen-Setzen

Wenn meine Studenten mich fragen, wie ich gesunde Grenzen setze, dann ist meine Antwort meistens ein lachendes „Ich habe keine Ahnung". Ich bin nämlich wirklich nicht gut darin, Grenzen zu setzen. Wirklich nicht. Zum einen hat das auf jeden Fall mit meiner Lebensgeschichte zu tun, zum anderen aber auch mit der Tatsache, dass ich eine starke Empathin bin. Wenn deine **sensitiven und emphatischen Fähigkeiten stark ausgeprägt** sind, dann kannst du sehr genau fühlen, wie es den Menschen in deinem Umfeld geht. Das ist zwar wunderbar, macht aber das Grenzen-Setzen zu einer kleinen Herausforderung. Denn wenn du jemandem eine Grenze setzt – und sei diese Grenze noch so wichtig und richtig – wirst du automatisch seine Enttäuschung, Wut oder Verbitterung darüber fühlen. Und das sind dann Gefühle, mit denen du klarkommen musst. Doch dieses Klarkommen ist für viele feinfühlige Menschen schwierig und sie entscheiden sich lieber dafür, zu schweigen und die Faust in der Tasche zu machen. Oder sie setzen die Grenzen da, wo sie wollten, und sind damit dann so unflexibel, dass sie wiederum anecken und als hart gelten. So war es für mich sehr lange Zeit und ich bin an diesen „blöden Grenzen" verzweifelt. Entweder ich habe mich für mich eingesetzt und musste mit Frustration und Wut in meinem Umfeld umgehen, oder ich habe mich nicht für mich eingesetzt und musste mit Frustration und Wut in mir selbst umgehen. Das war so unangenehm, dass ich die geistige Welt um Hilfe und Anleitung gebeten habe: Meine Lehrerin wurde die wunderbare griechische **Göttin Demeter.** Sie ist die Ernährerin und wird auch Erdmutter, Göttin der Erde oder Korngöttin genannt. Mit ihrer Energie lädt sie dich ein, dich bei ihr anzulehnen und dich einfach mal zu erholen und in die Annahme zu gehen. Doch Demeter hat als Erdmutter auch eine andere Seite und kann dir zeigen, wo deine Beziehungen ungesund sind und wo du eingeladen bist, Grenzen zu setzen. Das Thema Grenzen-Setzen war für mich damals wirklich ein rotes Tuch und ich hatte eigentlich keine Lust auf leere Worte aus der geistigen Welt. Aber Demeter hat mich vollkommen überrascht. Sie hat mir nämlich vermittelt, dass eine Grenze nichts Hartes ist. **Eine Grenze kann sanft und beweglich sein.** Sie kann sich jederzeit an deine Bedürfnisse anpassen. Früher dachte ich immer, dass ich nur dann eine gute Grenze setze, wenn ich meine Grenze quasi in Beton gieße und dann keinen Millimeter mehr davon abweiche. Demeter hat mich gelehrt, dass ich eine Grenze so oft und so stark verschieben kann, wie ich möchte. Ich kann sie heute hier setzen und morgen da, genau so wie meine Bedürfnisse sind. Und für dieses Verschieben deiner Grenzen musst du dich niemals erklären oder gar entschuldigen. Es ist jederzeit ganz allein deine Entscheidung, wo du eine Grenze setzen möchtest und wo nicht. Diese Erkenntnis hat mir geholfen, viel klarer zu werden und die Flexibilität, die mir Demeter eröffnete, voll und ganz für meine Bedürfnisse zu nutzen. Wenn du beim Lesen dieser Worte bemerkt hast, dass du dich gerne intensiver mit deinen Grenzen auseinandersetzen möchtest, dann bitte Demeter an deine Seite und lass dich von ihr an die Hand nehmen. Du wirst merken, wie fruchtbar die Zusammenarbeit mit der Göttin der Ernte ist.

Ich möchte mit dir in dem Zusammenhang allerdings auch noch die Seite der Grenzen anschauen, über die wir uns oft lieber keine Gedanken machen möchten. Wenn es für dich ein großes Problem ist, klare Grenzen zu setzen, dann darfst du auch sehr genau hinschauen, **wo du selbst die Grenzen anderer Menschen überschreitest.** Denn jede Medaille hat immer zwei Seiten. Wenn du es ständig erlebst, dass deine Grenzen missachtet werden und du damit ein großes Problem hast, dann ist die Wahrscheinlichkeit sehr hoch, dass du dich anderen Menschen gegenüber ähnlich verhältst. Es könnte zum Beispiel sein, dass du deine Freundin ständig mit deiner ehrlichen Meinung verschonst, weil du glaubst, dass sie damit nicht umgehen kann. Damit übernimmst du allerdings die Verantwortung für deine Freundin. Etwas, das sie wunderbar selbst tun kann und wofür sie dich nicht braucht. Auch das kann eine Grenzüberschreitung sein. Oder vielleicht drängst du deine Hilfe auf und machst einfach, obwohl dein Gegenüber gesagt hat, dass es nicht notwendig ist. Natürlich erklären wir uns diese Dinge damit, dass wir emphatisch oder einfach nett sind und doch nur helfen wollen. Aber wenn du diese Situationen ganz neutral betrachtest, wirst du im einen oder anderen Fall merken, dass deine Intervention weder erwünscht war noch wirklich mit offenen Armen empfangen wurde. Auch bei diesem Aspekt des Grenzen-Setzens kann Demeter dich sehr liebevoll anleiten und unterstützen und dir zeigen, wo du noch genauer hinschauen darfst.

DER INNERE KRITIKER – BESCHÜTZER UND LEBENSRETTER

Jetzt kommen wir wieder zurück zum inneren Kritiker und zu seiner ursprünglichen Aufgabe. Denn er wird es sein, der dir die Arbeit mit deinen wunderbaren intuitiven Fähigkeiten am ehesten sauer macht.

Wie bereits gesagt, hast du den inneren Kritiker höchstwahrscheinlich als diese negative, destruktive Stimme in dir kennengelernt, die dir das Leben madig macht. Das ist die Art und Weise, in der sich der innere Kritiker den meisten Menschen zeigt, solange wir nicht anfangen, ihm seine eigentliche Rolle zuzuweisen. Denn eigentlich ist der innere Kritiker eine wichtige Instanz in uns, die nicht schon immer destruktiv war. Lass uns zusammen anschauen, wie es dazu kam:

Unser westliches Gedankengut ist sehr auf **Leistung und Gewinn** fokussiert. Das führt dazu, dass viele Menschen sich selbst jederzeit zu neuen Höchstleistungen antreiben. Natürlich können wir aber nicht ständig eine Topperformance leisten, denn der Mensch braucht auch Pausen und Erholung. Diese sind allerdings oft nicht gerne gesehen und genau dieses Verhalten spielt dem inneren Kritiker sehr zu. Dann hat er die Möglichkeit, sich groß zu machen und laut zu werden. Denn er hat über die letzten Jahre den Eindruck gewonnen, dass genau dies seine Aufgabe sei. So ist das allerdings nicht.

Dass wir den inneren Kritiker als kritische Stimme in uns haben, ist grundsätzlich eine gute Sache. An sich wäre er eine wunderbare Instanz in uns, die uns hilft, zu überlegen, ob wir uns gerade richtig verhalten, und unser **(Über-)Leben zu sichern.** Wenn du auf die glorreiche Idee kommst, betrunken auf der Autobahn spazieren zu gehen, dann sollte der innere Kritiker sehr laut und deutlich in Erscheinung treten und dir vermitteln, dass das nicht geht. Natürlich ist dieses Beispiel etwas drastisch, aber es ist vermutlich tatsächlich so, dass der innere Kritiker dich im Verlauf deines Lebens schon öfter aus der Bredouille geholt hat. Stell dir vor, dass du dir als Kind vorgenommen hast, den größten Baum im Wald zu erklimmen. Dein innerer Kritiker hat dich davon abgehalten und du hast es nicht gemacht. Der Nachbarsjunge allerdings ist auf den Baum hochgekraxelt und dann runtergefallen, so dass er schwer verletzt im Krankenhaus gelandet ist. Was lernst du aus einer solchen Situation? Dass du unbedingt auf diese innere Instanz hören solltest, weil dir dadurch viele Schmerzen erspart bleiben. Und dann beginnst du ganz automatisch, darauf zu hören, was der innere Kritiker dir sagt, und du beginnst, nicht mehr auf deine Instinkte zu vertrauen. Dein innerer Kritiker hingegen bekommt plötzlich unbeschreiblich viel zu tun, weil er dir in jeder Situation in deinem Leben seine Meinung kundtun muss. Dabei wäre er eigentlich nur für dein Überleben zuständig.

MIT DEM INNEREN KRITIKER INS GESPRÄCH KOMMEN

Irgendwann in meinem Leben habe ich verstanden, dass es an der Zeit ist, mit dem inneren Kritiker ins Gespräch zu kommen. Denn so, wie er sich bis dahin verhielt, war das Leben wirklich herausfordernd und ich hatte ständig das Gefühl, mit angezogener Handbremse zu fahren. Dennoch hatte ich furchtbare Angst davor, mich dieser übergroßen inneren Stimme zu stellen, und meine geistige Führung musste mich ganz schön überreden, um mich so weit zu bringen. Ich möchte dir gerne davon erzählen, wie ich persönlich mit meinem inneren Kritiker ins Gespräch gekommen bin und das war so ...

Ich befürchtete, dass ich mich noch kleiner und schlechter fühlen würde, wenn ich mich meinem inneren Kritiker stellen würde. Also schob ich diese Aufgabe ein paar Wochen vor mir her, bis ich mir dann an einem Sonntag die Zeit für eine Meditation nahm und mich darauf vorbereitete, meinem inneren Kritiker wirklich zu begegnen. Ich ging also in meiner Vorstellung in meinen inneren Garten und bat meinen Geistführer, an meiner Seite zu bleiben, damit ich ein wenig Unterstützung hatte. Dann bat ich den inneren Kritiker zu mir. Vor mir tauchte ein sehr gepflegter Herr auf, der selbstbewusst und respekteinflößend wirkte. Am liebsten wäre ich umgekehrt, aber dafür war es zu spät. „Schau ihn dir genau an“, flüsterte mein Geistführer mir ins Ohr. Ich tat wie geheißen und konnte sehen, dass mein innerer Kritiker ganz schön abgekämpft, müde und gestresst wirkte, das aber geschickt zu überspielen wusste. Jetzt, wo er vor mir stand, merkte ich, dass ich nicht besonders gut vorbereitet in dieses Gespräch gegangen war. Hilfesuchend schaute ich meinen Geistführer an. „Frag ihn nach seinem Namen.“

„Wie heißt du?“, fragte ich also.

„Innerer Kritiker, ist ja klar“, kam die Antwort kalt und hochnäsig. Ich war verunsichert.

„Nein, sein richtiger Name. Nicht seine Bezeichnung“, hörte ich da meinen Geistführer in meinem Ohr.

„Ich weiß, wer du bist, aber ich möchte wissen, wie du heißt“, antwortete ich also und fühlte mich sehr mutig dabei. Der innere Kritiker stutzte.

„Wie mein Name ist?“ Er wirkte von dieser Frage total überrumpelt und zögerte sichtlich bei der Antwort. *„Mein Name ist Alaric.“*

„Wie bitte?“, antwortete ich erstaunt. *„Alaric? Ist das überhaupt ein echter Name?“* Ich schaute fragend zu meinem Geistführer, der kichern musste und etwas von einem altdeutschen oder altenglischen Namen murmelte. Viel erstaunlicher war aber die Reaktion meines inneren Kritikers. Er schien tatsächlich in sich zu schrumpfen. Plötzlich war er nicht mehr so groß und überwäl-

tigend, sondern wirkte erschöpft, überarbeitet und kleinkariert. Seinen Namen zu kennen führte für mich dazu, dass er nicht mehr so einschüchternd wirkte. Als ich das realisierte, begann ich, ihn immer wieder bei seinem Namen zu nennen und sicherzustellen, dass er nicht wieder in seine alte Rolle zurückschlüpfen konnte. Das vermittelte mir Selbstsicherheit und ich hatte den Mut, das Gespräch anzugehen. Ich begann damit, ihn zu fragen, warum er sich in meinem Leben so tyrannisch benahm und warum er jede Entscheidung so vehement kritisierte. Als er mir erklärte, dass er die Verantwortung für mein Leben tragen würde und das eine ganz schön anstrengende Aufgabe sei, konnte ich ihn in die Richtung führen, die für uns beide hilfreich war. Ich konnte ihm erklären, dass ich sehr gut in der Lage sei, selbst die Verantwortung für mein Leben zu tragen und außer in echten Notsituationen keine Hilfe brauchen würde. Je länger wir miteinander redeten, umso entspannter wurde Alaric. Schließlich hatte ich eine Idee. Ich fragte ihn nämlich, was er denn mit der gewonnenen Zeit gerne machen würde.

„Lesen!“, war seine Antwort und das war etwas, das ich so gut verstehen konnte. Ich musste lachen und stellte überrascht fest, dass mein innerer Kritiker und ich die Leidenschaft für das Lesen von guten Romanen teilten. Also erschuf ich ihm in meinem inneren Garten eine wunderschöne, riesengroße Bibliothek. Alaric war begeistert und man konnte ihm seine Erleichterung förmlich ansehen. Er blickte sich um, doch dann konnte ich erkennen, dass er sich Sorgen machte.

„Was fehlt noch?“, fragte ich.

„Wie kann ich dich erreichen, wann ich dir etwas mitteilen muss?“, erwiderte er.

„Ich will eigentlich nicht, dass du mich erreichst. Außer, wenn ich mich echt lebensgefährlich verhalte.“

„Das ist auch meine Idee. Aber dafür muss ich dich erreichen können.“

„Wie wäre es mit einem Notfallknopf?“, schlug mein Geistführer vor. Alaric und ich fanden das beide eine gute Idee und installierten einen großen, roten Knopf, mit dem er mich jederzeit erreichen konnte, wenn ich mich gefährlich verhielt. Danach verabschiedete ich mich und konnte beim Herausgehen beobachten, wie er erschöpft auf eines der großen Sofas fiel und die Augen schloss.

Für mich war diese Begegnung sehr aufschlussreich, denn ich erkannte, dass der innere Kritiker nicht nur ein Tyrann ist, sondern auch ein Persönlichkeitsanteil, der seine Bedürfnisse und seine Herausforderungen hat. Dass mein innerer Kritiker die Begeisterung fürs Lesen mit mir teilte, half mir sehr, mich mit ihm zu versöhnen. Denn damit wurde er zu einem Freund, der meine Liebe zum geschriebenen Wort verstand und mit dem ich mich über die Bücher austauschen konnte.

Die ersten Wochen danach waren für mich, als würde ich auf rohen Eiern gehen. Alaric war sehr, sehr still. Plötzlich war da kein Gebrüll mehr in meinem Ohr, das mir ständig einzureden versuchte, dass ich nicht gut genug sei und dass ich gerade dabei sei, die falscheste Entscheidung meines Lebens zu treffen. Das führte dazu, dass ich relativ verunsichert reagierte und oft nicht wusste, was ich jetzt eigentlich wollte. Ich durfte ganz neu lernen, mich auf mich und meine Intuition zu verlassen und mich frei zu entscheiden, dann aber auch zu meinen Entscheidungen zu stehen, wenn ich feststellte, dass ich mich für den schwierigen Weg entschieden hatte. Ich begann, ihn zu vermissen. Plötzlich konnte ich mich nicht mehr hinter einer inneren Stimme verstecken, sondern musste die Verantwortung für jede Entscheidung übernehmen. Doch gleichzeitig fühlte ich mich so frei und glücklich wie schon lange nicht mehr, und ich begann aufzublühen. Ich merkte, dass es die Balance war, nach der ich suchte, und sprach meinen Geistführer darauf an. Er schlug vor, dass ich Alaric in meinem inneren Garten besuchte. Als ich das machte, saß er sehr bequem in einem Sessel in der Sonne, die Nase tief in einen dicken Wälzer vergraben. Als ich ihn ansprach, sah er auf. Er wirkte viel ausgeruhter und frischer als bei unserer ersten Begegnung. Ich erklärte ihm den Grund meines Besuches und er war sehr hilfsbereit, eine Lösung zu finden. Ab dem Moment begann ich, ihn regelmäßig zu besuchen. Manchmal setzte ich mich einfach mit einem Buch zu ihm und wir lasen gemeinsam für ein paar Stunden. Manchmal hatte ich ein Problem, das ich mit ihm erörtern wollte, und wir diskutierten darüber. Ich konnte fühlen, dass wir begannen, eine echte Beziehung aufzubauen, in der wir uns auf Augenhöhe begegneten. Doch natürlich war es nicht immer einfach. Wenn ich über zu lange Zeit vergaß, mich mit ihm in Verbindung zu setzen, wurde er wieder laut und begann, unangenehm herumzubrüllen. Dann musste ich ihn wieder in seine Bibliothek zurückführen und ihm erneut seine Aufgabe erklären. Doch da ich meine Studenten oft durch die Arbeit mit den inneren Stimmen begleitete, war ich selbst immer wieder aktiv und besuchte Alaric immer wieder. Das half uns, ein Miteinander zu erarbeiten, in dem keiner von uns vollkommen überarbeitet und überfordert ist.

Du siehst also

Es kann sehr hilfreich sein, mit seinem inneren Kritiker zu sprechen. In der nächsten Übung findest du eine Anleitung, wie du dich mit deinem eigenen inneren Kritiker aussprechen kannst und ihn notfalls nachdrücklich in seine Schranken weist. Denn gerade, wenn diese innere Stimme in deinem Leben eine übermächtige Rolle übernimmt, dann braucht es am Anfang oft härtere Maßnahmen. Doch keine Sorge, du bist nicht allein, sondern kannst dich auch hier von deinem Spirit Team unterstützen lassen.

Übung

Den inneren Kritiker in seine Schranken weisen

Wenn du merkst, dass dein innerer Kritiker nicht in der Lage ist, mit dir auf Augenhöhe zu diskutieren, bleibt dir nichts anderes übrig, als mit härteren Bandagen zu kämpfen. Dann bist du aufgefordert, ihm einen Riegel vorzuschieben und ihn daran zu hindern, dein Leben weiter durcheinanderzubringen. Dafür gibt es eine wunderbare Übung.

- Achte darauf, dass du für diese Übung Ruhe hast und nicht gestört wirst.

- Bitte nun ein Wesen aus deinem geistigen Team darum, dich für diese Übung zu unterstützen. Das kannst du laut oder in Gedanken tun. Es geht dabei in erster Linie darum, dass du den Impuls setzt, dass du aus der geistigen Welt für diese Arbeit unterstützt wirst. Du kannst gerne auch zwei, drei ganz besondere Wesen um Hilfe bitten. Die aufgestiegenen Meisterinnen Lady Portia und Lady Rowena sowie Erzengel Michael eignen sich sehr gut als Unterstützung für diese Art von Arbeit. Bitte sie einfach für diese Übung zu dir und sie werden da sein und dich unterstützen.

- Stelle dir jetzt vor, dass du in deinen inneren Garten gehst. Komme dafür mit deiner Aufmerksamkeit in dein Herz. Nimm deinen Herzraum ganz deutlich wahr und mache ihn groß und stark. Dein Herz-Chakra wächst und wird größer, bis es dich ganz umhüllt.

- Nun stellst du dir wieder deine innere Leinwand vor. Stelle dir vor, wie sie sich öffnet und groß und größer wird und du auf deiner Leinwand deinen inneren Garten sehen kannst. Lasse das Bild von deinem inneren Garten intensiver werden. Nutze dafür bewusst alle deine Hellsinne, die du gerne nutzen möchtest.

- Irgendwann hast du einen starken Impuls, jetzt in deinen Garten zu gehen. Gib diesem Impuls nach und stelle dir vor, wie du deinen inneren Garten betrittst.

- Wenn du in deinem inneren Garten angekommen bist, bitte das Wesen aus deinem SpiritTeam darum, dir einen Ort zu zeigen, an dem du dich auf neutralem Boden mit deinem inneren Kritiker treffen kannst. Du gehst dorthin und kannst einen Tisch und einige Stühle darum herum erkennen. Setze dich ganz entspannt hin.

- Nun kannst du sehen, dass dein innerer Kritiker auf dich zukommt. Schau ihn dir ganz genau an. Wie sieht er aus? Ist er hell oder dunkel? Ist er groß oder ganz klein? Zeigt er sich dir männlich oder weiblich? Siehst du ihn menschlich oder vielleicht sogar in Tierform? Schau ganz genau hin und versuche, jedes Detail wahrzunehmen.

- Falls dein innerer Kritiker sich weigern sollte, mit dir zu sprechen, wird er von ein paar Wesen aus deinem Spirit Team zu dir gebracht. Er kann dieser Begegnung nicht ausweichen und das weiß er auch.

- Wundere dich nicht, falls dein innerer Kritiker immer kleiner wird, je näher er zu dir kommt. Das ist ganz normal. Die inneren Stimmen fühlen sich groß und stark, wenn wir sie nicht allzu genau betrachten. Beim genaueren Hinschauen schrumpfen sie jedoch in sich zusammen. Aber auch das Gegenteil ist ganz normal. Es ist möglich, dass sich dein innerer Kritiker erst richtig aufbläht, jetzt, wo er deine ganze Aufmerksamkeit hat.

- Stelle ihm jetzt die Frage: „Wie lautet dein Name?". Das ist ganz wichtig und er darf dir die Antwort nicht verweigern. Er ist verpflichtet, dir zu sagen, wie er heißt, darum beharre darauf, wenn er sich am Anfang weigern sollte.

- Sprich ihn jetzt mit seinem Namen an. Beobachte ganz genau, was dabei passiert. Verändert er sich? Wird er größer? Kleiner? Verliert er an Macht, weil du weißt, dass er eigentlich gar nicht „innerer Kritiker" heißt? Wirkt er nicht sehr viel weniger bedrohlich für dich und nimmt dir gleich eine Menge Angst?

- Erkläre ihm nun, was seine Aufgabe in deinem Leben ist und dass er ab sofort kein Recht mehr darauf hat, dich zu tyrannisieren. Sei sehr klar und hart, wenn es nötig ist. Lass dich nicht auf Diskussionen ein, sondern bleibe bei deiner klaren Haltung.

- Wenn dein innerer Kritiker behauptet, dass du nicht in der Lage bist, in die Selbstverantwortung zu gehen, dann erkläre ihm, dass du erwachsen bist und in der Lage, für dich und deine Entscheidungen geradezustehen. Manchmal braucht es, gerade in einem ersten Gespräch, ein bisschen Vehemenz und auf jeden Fall sehr viel Klarheit. Rücke auf keinen Fall von deinem Standpunkt ab, denn wenn er merkt, dass du dich verunsichern lässt, dann wird er dir auf die Pelle rücken.

- Nimm alle Hilfe der Wesen an, die zu deiner Unterstützung an deiner Seite sind. Sie helfen dir, wo sie können, und wenn das bedeutet, dass sie deinen inneren

Kritiker auf seinen Stuhl drücken oder ihn festhalten müssen, dann tun sie das. Sie sind für dich da und tun alles, was für dich hilfreich ist.

- Wichtig ist, dass du ganz klar bist und auch sehr deutlich ausdrückst, dass du in der Lage bist, die Verantwortung für dein Leben selbst zu tragen. Denn das ist es ja, was dein innerer Kritiker als seine Aufgabe betrachtet. Hilf ihm dabei, indem du diese Verantwortung übernimmst.

- Nun frage ihn, wo er in Zukunft gerne leben möchte. Möchte er gerne eine eigene Insel, auf der er sich ausruhen kann? Würde er gerne in die Berge ziehen und lernen, zu klettern? Braucht er einfach einen ruhigen Raum mit einem Bett und einem guten Buch, in dem er sich erholen kann? Oder möchte er gerne in einem altmodischen Kinosaal leben, in dem er jeden Tag neue Filme gucken kann? Wünscht er sich einen Garten, in dem er sich als Gärtner austoben kann? Die Möglichkeiten sind endlos. Verlasse dich darauf, dass du intuitiv wissen wirst, was für deinen inneren Kritiker der richtige Ort ist.

- Erschaffe mithilfe deiner mentalen Fähigkeiten diesen Ort. Erstelle ihn so, dass dein innerer Kritiker den Weg nicht einfach zurückgehen kann, sondern dass es eine Herausforderung ist, wieder in deinen inneren Garten zu gelangen.

- Bringe ihn gemeinsam mit deinen Geistführern an diesen Ort. Zeige ihm alles und erkläre ihm, was er tun darf und was er zu lassen hat. Achte darauf, dass es an diesem Ort einen Notfallknopf gibt, mit dem er dich erreichen kann, falls du dich in eine lebensbedrohliche Situation begibst.

- Denke unbedingt daran, ihm für seine Arbeit zu danken. Auch wenn er es mit seinem Bedürfnis nach Sicherheit übertrieben hat, hat er doch jederzeit sein Bestes gegeben und es ist schön, wenn du dafür deine Dankbarkeit ausdrücken kannst.

- Wenn du merkst, dass das wichtig ist, mach mit deinem inneren Kritiker einen Termin aus, wann ihr euch wieder treffen werdet. Für einige innere Kritiker ist es hilfreich, zu wissen, dass sie weiterhin wichtig sind und dass der Austausch mit ihnen nicht komplett unterbrochen werden soll, sondern einfach auf ein gesundes Minimum reduziert wird.

- Gehe nun mit deinen Helfern zurück in deinen inneren Garten. Frage sie, ob sie dir noch etwas zu sagen haben.

- Bedanke dich auch bei ihnen für ihre Hilfe und finde wieder in deinen Alltag zurück.

Übung

Die positive Stimme in dir – deine innere beste Freundin

Für die letzte Meditation in diesem Buch habe ich mir etwas ganz Besonderes überlegt: Eine Begegnung mit einer positiven inneren Stimme. Du hast viele Übungen gemacht und dich selbst und deine Gaben kennengelernt. Du hast dich getraut, unbekannte Wege zu betreten und neue Erfahrungen zu machen. Du hast deinen Horizont erweitert und vermutlich ist dir die eine oder andere negative oder bedürftige innere Stimme dabei begegnet. Doch es gibt nicht nur diese schwierigen Stimmen. Denn neben all den Herausforderungen in deinem Leben hat deine Seele auch ein wunderbares Geschenk an dich: deine innere beste Freundin.

Wann immer du in Zukunft mit deinem inneren Kritiker oder inneren Saboteur zu tun hast, möchte ich, dass du daran denkst, dass es in dir auch die liebevolle Stimme deiner besten Freundin gibt. Überlege dir: Was würdest du deiner besten Freundin sagen, wenn sie dir erzählen würde, dass sie nun ihre intuitiven Fähigkeiten entwickeln will? Was würdest du sagen, wenn sie dir erzählt, dass sie die ersten Übungen gemacht hat? Vielleicht erzählt sie dir sogar, wie diese Übungen gelaufen sind. Wie wäre deine Reaktion darauf?

Die innere beste Freundin wird sich für dich freuen! Falls es nicht so geklappt hat, wie du dir das vorgestellt hast, dann wird sie ermunternde Worte für dich haben und dich ermutigen, es einfach noch einmal zu versuchen. Deine innere beste Freundin glaubt an dich. Bedingungslos. Sie liebt dich – egal, was du gerade machst. Ohne Wenn und Aber. Sie ist das wunderbare Gegenstück zu dem inneren Kritiker und dem inneren Saboteur, das dir dabei hilft, dich über deine Erfolge zu freuen und deinen Misserfolgen mit einem Schmunzeln auf den Lippen zu begegnen. Lerne deine innere beste Freundin kennen. Beginne, mit ihr zu sprechen, wann immer dein innerer Kritiker dich anbrüllt, weil er findet, dass du angeblich etwas schlecht gemacht hast. Deine innere beste Freundin ist eine Macht, die bedingungslos hinter dir steht. Vertraue ihr und höre ihr jederzeit gut zu. Mit der folgenden Übung kannst du dich mit ihr verbinden.

Deine innere beste Freundin kann natürlich auch ein bester Freund sein. Der Einfachheit halber spreche ich hier von einer Freundin.

- Achte darauf, dass du für diese Übung Ruhe hast und dabei nicht gestört wirst. Komme nun mit deiner Aufmerksamkeit zu deinem Atem und atme ganz entspannt ein und aus.

- Stelle dir vor, dass du in deinen inneren Garten gehst. Komme dafür mit deiner Aufmerksamkeit in dein Herz. Nimm deinen Herzraum ganz deutlich wahr und mache ihn groß und stark. Dein Herz-Chakra wächst und wird größer, bis es dich ganz umhüllt.

- Nun stellst du dir wieder deine innere Leinwand vor. Stelle dir vor, wie sie sich öffnet und groß und größer wird und du auf ihr deinen inneren Garten sehen kannst. Lasse das Bild intensiver werden. Nutze dafür bewusst alle deine Hellsinne, die du gerne nutzen möchtest.

- Irgendwann hast du einen starken Impuls, jetzt in deinen Garten zu gehen. Gib diesem Impuls nach und stelle dir vor, wie du deinen inneren Garten betrittst. Es ist spät am Tag, die Sonne geht langsam unter. Es ist warm und ein angenehmer Wind weht.

- Stelle dir vor, dass du auf einem Spaziergang bist. Du gehst einen Hügel hinauf, weil du weißt, dass du dich dort mit wichtigen Wesen treffen willst. Du warst schon oft an diesem Ort. Auf diesem Hügel befindet sich ein kleiner Wald, der sich für dich vertraut und sicher anfühlt. Du gehst durch den Wald und kannst in der Entfernung ein Lagerfeuer sehen. Du hörst einige Stimmen, die sich unterhalten. Sie hören sich fröhlich und vergnügt an.

- Du gehst auf das Lagerfeuer zu und siehst, dass sich deine Geistführer, Krafttiere und Schutzengel um das Feuer geschart haben und auf dich warten. Sie freuen sich, dass du kommst, und begrüßen dich glücklich. Du kannst wahrnehmen, wie der Rauch dieses Feuers reinigend und befreiend auf dich einwirkt. Du fühlst dich leicht und entspannt. Gibt es in deinem Leben etwas, das dich gerade beschäftigt und das du gerne ins Feuer geben würdest? Dann tu das jetzt. Fühle, wie es sich anfühlt, diesen Ballast in das heilige Feuer zu geben.

- **Nun setzt ihr euch im Kreis um das Feuer. Die Wesen aus deinem Team schauen dich freudvoll an. Jeder der Geistführer, Engel und Krafttiere sagt dir:**
  - Warum er so glücklich ist, an deiner Seite zu sein.
  - Was es ist, was DICH ausmacht, und warum er dich so sehr liebt.
  - Worauf er bei dir besonders stolz ist.

- Lass dir von ihnen erzählen, warum du so wertvoll bist. Packe dieses Wissen in deine innere Schatzkiste, so dass du es niemals vergisst.

✳ **Jetzt hörst du, dass jemand durch den Wald auf das Feuer zukommt. Eine wunderschöne Frau tritt aus dem Wald. Sie ist dir unendlich vertraut und du kennst jeden ihrer Gesichtszüge. Schau sie dir an.**
↘ Wie sind ihre Haare?
↘ Ist sie schlank oder hat sie viele Kurven?
↘ Ist sie groß, klein, wie sieht sie aus?
↘ Was ist ihre Augenfarbe?
↘ Du kennst diese Frau schon seit vielen, vielen Jahren. Ihr habt gemeinsam das Leben geteilt. Wie ist ihr Name?

✳ Sie setzt sich ganz selbstverständlich neben dich, denn dort war schon immer ihr Platz. An deiner Seite – als Stütze und als Stärkung in deinem Rücken. Sie erinnert dich daran, wie sie für dich Partei ergriffen hat, wann immer sie konnte. Wie fühlt es sich für dich an, wenn sich jemand für dich einsetzt und sich wehrt? Wie fühlt es sich an, wenn du weißt, dass du den Weg nicht alleine gehst?

✳ Gibt es ein Thema, das du gerne mit deiner inneren besten Freundin besprechen würdest? Nimm dir dafür alle Zeit, die du brauchst.

✳ Gibt es einen Grund, dich bei deiner inneren besten Freundin zu bedanken? Hat sie in letzter Zeit etwas für dich getan, das besonders wertvoll war und das du jetzt ansprechen möchtest? Dann tu das jetzt. Nimm wahr, wie sich deine innere beste Freundin über deine Worte freut. Sie strahlt über das ganze Gesicht und auch das Feuer wird nochmals heller.

✳ Nun verspricht dir deine innere beste Freundin, dass sie immer an deiner Seite sein wird und dich in deiner Selbstliebe unterstützt. Sie sagt dir, wie du sie am besten wahrnehmen kannst. Lass es dir von ihr ganz genau zeigen.

✳ Dann ist es an der Zeit, dich von ihr und deinem Team zu verabschieden. Du weißt, dass du sie jederzeit wieder treffen kannst. Stehe langsam auf und gehe den Weg zurück, den du gekommen bist. Ein Geistführer ist an deiner Seite und begleitet dich. Du kommst zurück in deinen inneren Garten und schaust dich noch einmal gründlich um. Dann atmest du tief durch und kommst zurück in deinen Alltag.

Tipp

Denke daran, diese Übung oft zu machen. Die innere Freundin ist eines der wichtigsten Wesen in deinem Leben, doch leider wird sie oft vergessen.

Buchabschluss

Dieses Buch zu schreiben, war eine große Freude für mich. Meiner Meinung nach besteht ein Teil der Lebensaufgabe aller Menschen darin, mehr Licht und Freude in die Welt zu tragen. Für mich bedeutet das, meine Community dabei zu unterstützen, sich auf ihre eigene Seele und ihren Seelenweg zu besinnen. Der einfachste Weg, dies zu tun, geht über deine Intuition und über deine intuitiven Gaben. Dich dabei zu unterstützen, diese Gaben besser kennenzulernen und sie leichter zu meistern, ist eine riesige Freude für mich und ich bin glücklich darüber, mein Wissen und meine Erfahrung in diesem Buch mit dir teilen zu dürfen. Wenn du weitere Impulse von mir wünschst, dann findest du diese beispielsweise in meinem Podcast, den ich jede Woche mit dir teile.

Auf diesem spirituellen Weg gibt es einige Dinge, die ich als elementar betrachte. Viele davon habe ich bereits im Verlauf des Buches mit dir geteilt, aber ich will sie hier noch einmal für dich in Worte fassen.

1. Du bist perfekt, genau so, wie du bist. Versuche nicht, eine bessere Version von dir zu werden. Du bist genau richtig, so wie du bist.

2. Vertraue auf dich und deine Fähigkeiten. Zweifle niemals an deiner Wahrnehmung. Sie ist richtig. Vielleicht klappt die Übersetzung davon noch nicht optimal, aber die Wahrnehmung ist korrekt.

3. Sei immer, immer sanft zu dir selbst. Lobe dich, wertschätze dich, gehe in die bedingungslose Selbstliebe.

4. Vergiss nie: Du bist ein göttliches Wesen, das eine menschliche Erfahrung macht. Aus der Sicht deiner Seele ist diese Erfahrung ein Wimpernschlag. Egal, ob dein Leben gerade grandios oder grauenhaft ist, eines ist gewiss: Es wird sich wieder verändern und du wirst daran wachsen. Nimm schlechte Zeiten nicht so ernst und genieße die guten, indem du das Leben in vollen Zügen schöpfst.

5. Denke daran, dein Licht jederzeit hell leuchten zu lassen.

Es ist mir eine Ehre, dass ich dich auf deinem Lebensweg in Form dieses Buches ein Stück begleiten darf.

Alles Liebe, Marisa

Danke

Dieses Buch wäre niemals entstanden, wenn ich nicht großartige Hilfe an meiner Seite gehabt hätte. Zu allererst möchte ich mich darum herzlich bei Marlen Kleinhans und dem EMF Verlag für ihr Vertrauen und ihren Glauben an mich bedanken. Ich habe mich wunderbar an die Hand genommen gefühlt. Vielen Dank.

Ebenso geht mein Dank an die wundervolle Grafikarbeit von Zoe Mitterhuber.

Ein riesengroßes Dankeschön geht an das ganze Team Seelenschimmer. Ohne euch wunderbare Frauen hätte ich niemals den Mut gehabt, dieses Projekt anzugehen. Ihr habt mich motiviert, mir den Rücken freigehalten, mich mit hilfreichen Tipps unterstützt und jederzeit an mich geglaubt.

Anita, Christina, Diana, Doris, Isabelle, Marianne, Petra, Rhena, Sabine und Stephanie. Ich bin stolz darauf, euch als Team Seelenschimmer zu bezeichnen und mit euch ein Stück meines Weges gehen zu dürfen. Egal, wie viel oder wenig ihr für mich und mit mir arbeitet, ihr seid grandios und ich schätze jede einzelne von euch von ganzem Herzen. Ein besonderer Dank geht hier an Myrjam. Du bist nicht nur meine „rechte Hand", sondern irgendwie auch meine „linke Gehirnhälfte". Ich kann und möchte mir mein Seelenschimmer ohne dich gar nicht mehr vorstellen.

Von Herzen möchte ich mich bei Raymond bedanken. Deine wunderbare Inspiration zum Thema Hellschmecken war großartig (und so lustig). Aber auch deine Geduld, dein Vertrauen und dein offenes Ohr sind mir sehr viel wert.

Ganz herzlich bedanke ich mich bei meinen Studentinnen und Studenten. Ohne euch und eure Fragen wäre dieses Buch niemals entstanden, denn ich brauche diese Fragen, damit ich die richtigen Worte finde, um die intuitiven Gaben nachvollziehbar zu erklären. Von dem her: Nur nicht schüchtern sein, immer her mit den Fragen!

Und natürlich hätte dieses Buch niemals entstehen können ohne die ganze Seelen-schimmer-Community. Ohne jeden Einzelnen von euch, der meine Videos schaut, meinen Podcast hört und meine Bücher, wie auch das hier, liest. Ohne eure Treue und Unterstützung wäre ich niemals in die Situation gekommen, dieses Buch und das Wissen darin mit der Welt teilen zu dürfen.

Gemeinsam lassen wir unsere Lichter heller leuchten.
Gemeinsam verändern wir diese Welt.

Über mich

Ich bin Marisa. Ich bin spirituelle Lehrerin und Medium. Meine Seelenaufgabe ist es, die Menschen dabei zu begleiten, ihr eigenes Licht zu erkennen und hell und strahlend leuchten zu lassen. Das mache ich zum Beispiel, indem ich ihnen helfe, ihre eigene Intuition wirklich zu verstehen. Zu verstehen, was sich in ihnen an wunderbaren Gaben und Fähigkeiten verbirgt und wie sie lernen, diese Fähigkeiten umzusetzen und wirklich zu nutzen. Aber um da hinzukommen, wo ich heute stehe, und um die Arbeit zu tun, die ich heute mache, musste ich, wie vermutlich auch jeder andere Mensch, durch einige Höhen und Tiefen gehen.

MEINE KINDHEIT UND JUGEND

Was mich seit meiner Kindheit und Jugend ausmacht, ist mein Interesse an der spirituellen, geistigen Welt, und dieses Interesse hat nie nachgelassen. Ich habe mich schon immer verbunden gefühlt und ich weiß im Rückblick, dass bei mir gerade das **Hellsehen,** das bei mir sehr stark ausgeprägt ist, immer schon präsent war. Es gibt viele lustige und auch erstaunliche Geschichten über Situationen, in denen ich hellsichtig reagiert habe, ohne mir dessen bewusst zu sein.

Aber wie das Leben so ist, gab es in dieser Zeit auch **schwierige Themen.** Ab dem Alter von ungefähr fünfzehn Jahren fühlte sich mein Leben dunkel, traurig und anstrengend an. Da sich diese Stimmung nicht verbesserte, wurde ich zu einem Psychiater geschickt und dieser diagnostizierte bei mir eine schwere Erschöpfungsdepression. Wie das damals üblich war – in meinem jugendlichen Alter und mit der Hilflosigkeit meines Umfeldes und der Ärzte – bekam ich innerhalb kürzester Zeit sehr starke Medikamente verschrieben. Als diese dann nicht in der gewünschten Zeit den erwarteten Effekt hatten, wurde meine Dosis immer weiter erhöht. Im Rückblick auf diese Jahre sehe ich eine Zeit, in der ich mich gefühlt habe, als hätte ich in einer feuchten, klebrigen, schweren, grauen Wolke gelebt. Es hat sich für mich angefühlt, als wären mein ganzer Esprit und mein ganzes Feuer irgendwie gestorben.

Ich lebte mit der Diagnose einer „schweren Depression" und so eine Krankheit dauert länger als nur ein paar Wochen. So habe ich mich viele Jahre lang traurig, bedrückt und hilflos gefühlt. Doch anstatt eine langsame Verbesserung meiner Situation zu beobachten, wurde ich immer hilfloser und verunsicherter. Ich wusste, dass ich realistischerweise noch ungefähr sechzig Jahre leben würde. Das brachte mich in eine verzweifelte Situation, denn ich musste mir überlegen, was ich mit meinem Leben anfangen wollte. Was ich mit Sicherheit sagen konnte, war, dass ich so nicht weiterleben wollte. Das Leben mit diesen starken Medikamenten und der andauernden Verzweiflung war ganz furchtbar und grauenhaft für mich und kein erstrebenswerter

Zustand. So wollte ich auf keinen Fall weitermachen. Daraus ergaben sich für mich zwei beziehungsweise drei Möglichkeiten, aus denen ich damals (scheinbar) wählen konnte. Eine Möglichkeit war, so weiterzumachen wie bisher. Das war für mich keine Option, denn ich fühlte mich damit zutiefst unglücklich. Eine weitere Möglichkeit, die ich in Betracht zog, war, meinem Leben ein Ende zu setzen. Ich will ganz offen sein, ich habe mir zu dieser Möglichkeit sehr bewusst Gedanken gemacht und mich dann aber auch sehr bewusst und sehr achtsam dagegen entschieden. Denn ich wusste damals ganz genau, dass dieser Schritt nicht der richtige gewesen wäre. Eine dritte Möglichkeit war für mich, das Leben wirklich anzunehmen und damit auch all das, was es mir gab. Das Leben in einer Form anzunehmen, in der ich in die Heilung kommen und in der ich es verstehen lernen konnte. Diese dritte Möglichkeit gab mir neue Hoffnung und so machte ich mich auf den Weg.

REISEN IN VERGANGENE LEBEN

Ich war damals davon überzeugt, dass ich, wenn ich verstehen würde, woher ich komme, auch verstehen könnte, warum ich so traurig bin. Da ich schon mein ganzes Leben lang sehr spirituell war und immer schon wusste, dass es mehr gibt als das, was wir sehen können, begann ich, mir zu überlegen, welche ganzheitliche Methoden mich bei meiner Heilung unterstützen könnten. Ich hatte bereits Erfahrungen mit Kinesiologie, Bioresonanz und Osteopathie gemacht, konnte aber fühlen, dass diese Methoden nicht optimal für meinen Zustand geeignet waren. Ich hatte das Gefühl, dass ich etwas brauchte, das mir hilft, meine Vergangenheit zu verstehen, damit ich wieder eine Perspektive für die Zukunft gewinnen konnte. Diese Überlegung führte dazu, dass ich anfing, sogenannte **Rückführungen** zu machen. Das bedeutet, ich unternahm Reisen in meine vergangenen Leben und schaute mir viele davon sehr genau an. Ich schaute mir in jeder Rückführung an, woher ich ganz genau komme. Dabei interessierten mich vor allem die Lebensumstände, in denen ich damals gelebt hatte. Außerdem war ich sehr an meinen Berufen und Berufungen interessiert, denn ich wusste, dass ich viel mehr Perspektive in mein eigenes Leben bringen konnte, wenn ich verstand, warum sich meine Seele für genau diese Inkarnation entschieden hatte. Dieses Anschauen der vergangenen Leben bewirkte in mir sehr viel. Es erschuf mir eine **Berechtigung für das Leben** und gab mir die Möglichkeit, dieses wirklich anzunehmen. Gleichzeitig gab es mir auch den Mut, das Leben an den Hörnern zu packen, es wirklich wahrzunehmen und mit allen Sinnen auszukosten. Es bewirkte bei mir aber auch vor allem, dass ich meine Medikamente endlich absetzen konnte.

MEINE LEBENSAUFGABE

Das waren nicht die einzigen Erkenntnisse, die ich gewinnen konnte. Ich erkannte durch meine Rückführungen auch, dass es mein tiefster Wunsch war, selbst als mediale Beraterin und Rückführungstherapeutin zu arbeiten. Ich wusste ab dem Moment, als ich mit den Rückführungen anfing, dass ich stark hellsichtig bin und dass diese Fähigkeit – die Verbindung zu der geistigen Welt – mein Lebensthema ist. Dass es meine Lebensaufgabe ist, den Menschen ihre eigene Intuition näherzubringen und ihnen zu helfen, diese wunderbaren Gaben wirklich zu verstehen und damit glücklich zu werden. Schon im Alter zwischen zweiundzwanzig und vierundzwanzig Jahren fing ich daher an, meine eigene Praxis aufzubauen. Jedoch nicht, indem ich einfach eine Praxis eröffnete, sondern, indem ich begann, alle meine Hellsinne sehr intensiv zu trainieren. Außerdem ließ ich mich zur Rückführungstherapeutin ausbilden. Diese Qualifikation war für mich sehr wichtig, denn dadurch lernte ich, Menschen auf ihren Wegen optimal zu unterstützen, und konnte zukünftig die Klienten mit einer Methode auf ihrem Weg begleiten, die auch für mich selbst schon so hilfreich und heilsam war. Mit zweiunddreißig Jahren fühlte ich mich dann so sicher mit meinen Fähigkeiten, dass ich ganz offiziell meine Praxis eröffnete. Natürlich brauchte meine Praxis einen Namen. Und so entstand der Begriff **Seelenschimmer.** Denn durch meine Hellsichtigkeit sehe ich die Aura der Menschen in wunderschönen, bunten, schillernden Farben. Unter diesem Namen begann ich, jeden Monat ein Channeling zu machen und dieses über YouTube zu teilen. Ich begann, Blogbeiträge zu schreiben, einen Newsletter zu verschicken und irgendwann wurden dann auch ganze Bücher daraus. Die Arbeit als Bindeglied zwischen der geistigen Welt und der Menschheit war und ist für mich die totale Erfüllung. Über die kommenden Jahre begrüßte ich Tausende von Klienten und widmete einen großen Teil meines Lebens dieser Praxis und dieser Arbeit. Zu beobachten, wie ich mit meinen Fähigkeiten und meiner Arbeit Menschen in ihren Prozessen unterstützen konnte, machte mich glücklich und so lernte ich immer weiter, mich meinen intuitiven Fähigkeiten hinzugeben und mich vollkommen von ihnen führen zu lassen. Während meiner Arbeit wurde ich immer wieder gefragt, wie ich genau arbeite und wie man selbst die eigene Intuition schulen und trainieren könne. Durch diese vielen Fragen und die Bitte darum, mein Wissen zu vermitteln, entstand 2013 mein erster Kurs und ich begann, eine erste Gruppe bei mir in der Praxis in ihre intuitiven Fähigkeiten zu begleiten. Dabei erkannte ich, wie viel Freude es mir macht, als Lehrerin zu arbeiten und mein Wissen zu vermitteln. Und so ist über die Jahre aus diesen Kursen eine intensive Online-Weiterbildung geworden, die ich die **sensitive und mediale Jahresausbildung** nenne. Nun hat mich meine Geschichte hierhin geführt. Zu diesem Buch, zu diesem Moment und zu diesem großen Glück, Menschen begleiten zu dürfen. Und ich bin aus tiefstem Herzen dankbar dafür, dieses Wissen, dieses Glück und diese Freude heute auch mit dir teilen zu dürfen.

Impressum

Bibliografische Information der Deutschen Bibliothek.

Die Deutsche Bibliothek verzeichnet diese Publikation in der Deutschen Nationalbibliografie. Detaillierte bibliografische Daten sind im Internet über http://www.dnb.de/ abrufbar.

EIN BUCH DER EDITION MICHAEL FISCHER

2. Auflage 2023

Bildnachweis:
Cover: Shutterstock: ©Natalia Sedyakina (Fotohintergrund mit Mandala); ©MiOli (Lichtreflexe)
Innenteil: Shutterstock: S. 6, 132: ©sumroeng chinnapan (Bildhintergrund); S. 14: ©photonova (Hintergrund Powertalk); S. 24: ©Birgit Muench (Bildhintergrund); S. 47: ©Aniwhite (Grafik Personen); S. 47: ©simpleblues (Erdball-Illustration, Hände offen); S. 79: ©yaalan (Bildhintergrund); S. 92: ©Nature Peaceful (Bildhintergrund); S. 112: ©Paul shuang (Bildhintergrund); S. 158: ©samantha chea (Bildhintergrund); ©Jacob_09 (Bildhintergrund Inhaltsverzeichnis); © ANITA'S Studio (Mandala); ©svetabelaya (farbige Zweige); © Dedraw Studio (Schmuckelemente gestreut); © Sonya92 (Aquarellfläche); ©MiOli (Lichtreflexe); ©Elena Platova (Zweig-Illustrationen); ©Suwi19 (Lotusblumen); S. 198: ©Shutter Baby photo (Aufmacherbild); ©Tahiku (Mandala); ©B.illustrations (Blumensträuße); ©Natalia Sedyakina (Fotohintergrund mit Mandala Cover und Mehrfachverwendung Innenteil); ©Suwi19 (Magnolie); ©Viktoriia_M (Mandala); ©Silvershine (fliegende Streublüten); ©svetabelaya (Dekohände); ©tatishdesign (abstrakte Schmuckelemente); ©Isarawadee Phansangiemjit (Mandala)

Autorinnenfoto S. 9: ©Marisa Schmid

Covergestaltung: Zoe Mitterhuber
Redaktion und Lektorat: Marlen Kleinhans
Layout und Satz: Zoe Mitterhuber

ISBN 978-3-7459-1601-0

Gedruckt bei Polygraf Print, Čapajevova 44, 08001 Prešov, Slowakei

www.emf-verlag.de